信用风险与异质性企业
国际化路径研究

梁　振　钟昌标　著

摘　　要

　　中国已经是国际投资舞台上重要的参与者。继 2012 年首次位列世界第三大对外投资国以来，中国对外直接投资继续保持强劲增长态势，2013年再创历史新高，达到 1078 亿美元，并且随着国内转型升级和企业竞争力的提高，中国对外直接投资将会持续高速增长。中国企业对外直接投资迅速增长的同时，所受外部风险显著提升。伊拉克电站中方员工撤退失败被困、中铝在秘鲁的铜矿项目被叫停、中国员工在赞比亚受袭、安邦收购纽约酒店被重估等成为投资受阻和失败的典型案例。因此，做好风险预警，进行正确识别并有效应对，是中国企业保持经营稳定性和延续性、提高海外投资成功率的必要保障。

　　异质性企业贸易理论是国际贸易理论的前沿，企业异质性假设是该理论与先前理论的根本区别，也是这一理论的重要创新。基于微观层面分析，异质性企业贸易理论对当前企业国际贸易以及对外投资的问题具有较大的解释能力。因此，运用异质性企业贸易理论解释各国对外贸易及投资问题成为目前及未来国际贸易学的研究热点。当下，中国对外贸易在国内以及国外经济增长中都显得不可或缺。对外贸易成为国内经济增长的动力和发动机，也在世界贸易中取得了数一数二的位置。同时，2005 年以来，中国对外投资步伐不断加快。2012 年，中国对外直接投资流量总额已经位列世界第三。结合这些经济事实，运用异质性企业贸易理论对中国企业出口以及投资的研究不断呈现。然而，这些研究多集中于生产率角度、融资约束角度以及国内市场分割即贸易成本角度。本书另辟蹊径，认为由于国内商业信用体系不完善导致企业面临的信用风险会出现差异，从而影响企业自身流动性，对企业出口以及对外直接投资的决策都会产生较大的影响。

　　本书总结了国内外关于企业国际化路径选择的研究，作为本书与已有理论和研究的衔接点，同时作为文章创作的起始点。随后，本书对比了不同类型国家的信用体系状况（包括征信国家与非征信国家），指出中国目前的信用体系处于建设初期，是信用体制不健全的状态，作为本书创作的体制背景。接着，文章梅里兹（Melitz，2003）的模型、赫尔普曼等人（HMY，2004）的模型以及引入融资约束的梅里兹模型（Chaney，2005）。在此基础上，引入商业信用风险因素，给出信用风险下的梅里兹模型的一般性阐述，作为本书创作的理论基础。

以现有的研究以及文章的信用体系对比分析、理论分析为前提，本书给出关于信用风险、技术水平、市场开拓成本等因素对企业出口决策、出口量以及对外投资决策影响的实证分析。

本书分别用截面数据、面板数据验证信用风险对企业出口决策以及出口量的影响。实证的研究结果表明：面临信用风险较小的企业出口的可能性较大，进一步，在已经进入出口市场的企业中，面临信用风险小的企业出口量也较大；技术水平较高的企业出口的可能性反而较小，同时出口量也是较小的，这是中国企业出口的"生产率悖论"问题，但是我们经过一定的稳健性检验，发现悖论的出现与生产率的构成有一定关系：当我们以全要素生产率（TFP）代替近似全要素生产率（ATFP）以及全员劳动生产率（LP）的时候，所谓的"生产率悖论"消失了。需要指出的，生产率指标的替代都没有改变信用风险指标的稳健性；企业市场开拓投入即营业费用越大，企业出口的可能性是增加的，同时企业的出口量也是较大的；外资企业出口的可能性更大，而国有企业出口的可能性更小。综合信用风险对企业出口决策的影响结果，本书提出应健全信用体系，为企业出口提供更好的信用环境。

本书利用截面数据分析了信用风险等因素对企业对外直接投资决策的影响。研究结果表明：信用风险越大的企业对外投资的可能性越小；技术水平越高的企业对外投资的可能性越大；外资企业对外投资的可能性较小，而国有企业对外投资的可能性大于非国有企业。结合这些研究结论，本书提出应健全信用体系，为企业对外投资提供良好的信用环境，在此基础上，应鼓励更多的民营企业"走出去"。

Abstract

China has been an important participant on the stage of international investment. After she became the world's third largest foreign investor, the foreign direct investment of China has continued to increase strongly. In 2003, the number of Chinese direct investment in foreign countries has been a new high record to 107. 8 billion dollar. Chinese direct investment in foreign countries will be rapid growth continually, with the transformation and upgrade of domestic enterprises and improve the competitiveness. Chinese enterprises direct investment in foreign countries is rapid growth, their external risk improve significantly at the same time. The following are the typical case of investment blocked and failure, Thousands of Chinese employees of Iraqi power plant can not retreat and been trapped. China copper Mine project in the republic of Peru has been halted. Employees in China have been hit in Zambia. Acquisition of New York hotel by Am pang was revaluated. Therefore, it is a necessary guarantee to improve the success rate of overseas investment and maintain the operating stability and continuity of the Chinese enterprises that we should do a good job of warning risk early, have a recognition and effective the correctly.

Trade Models with Heterogeneous Firms (HFTM) is the frontier of the international trade theory, the assumption of firm heterogeneity is the fundamental difference from the previous theories, and also an important innovation of the theory itself. Based on the micro level analysis, HFTM has the most explanatory power to the economic phenomenon of enterprises in international trade and outward foreign direct investment (OFDI). Therefore, using HFTM to explain the international trade and OFDI among different countries has become a spot in the theory of international trade in the near future. Now, in China, foreign trade plays an indispensable role in domestic and foreign economic growth. International trade become the driving force and the engine of economic growth, also made a very good position in world trade. At the same time, since 2005, OFDI has accelerated the pace in China. By 2012, the flow volume of Chinese OFDI has ranked third in the world. Baced on these economic facts, there are lots of research about export and OFDI decision of Chinese enterprises using HFTM. However, almost of these studies focused the view of productivity, financing constraints as well as the domestic market segmentation that enhance domestic trade cost. Finding a new path, this paper believes that the domestic credit system is not perfect which is the very important reason that causing credit risks different among enterprises, thus this situation will affect the liquidity themselies, and hence this will have a greater impact on export and OFDI decision of Chinese firms.

This paper summarizes the research on the choice of internationalization path of firms, as the connection point with the existing theory and research, and also the starting point for the creation. Then, this paper compares the situation of the credit system of different countries, including credit and non credit countries. We points out that the Chinese current credit system which is in the initial construction, is not perfect, these comparative analysis are the system background of the whole article. Then, this paper analyzes the Melitz (2003) model, HMY model (2004) and introduces financing constraints in Melitz model (Chaney, 2005). Baced on these theoretical models, we give a general analysis of credit risk under Melitz model, which is the theoretical basis of the whole article.

The existing research, the comparative analysis of credit system, and the theoretical analysis are the prerequisite for this paper. Then we give an empirical research on the effect of credit risk, technical level, market development costs and other factors to the export and OFDI decisions making of Chinese firms.

First, this paper verified the influence of credit risk and other factors on the export decision and export volume using cross section dataandunbalanced panel data. The empirical results show that: the smallercredit risk of a firm face, the more possibility it exports, and furthermore the export volume is bigger when it has entered the export market; the possibility of export is smaller when a firm's technical level is higer, and meanwhile the export volume is smaller, this is the "productivity paradox" of Chinese export enterprises according to theories, but after a certain robustness test, we found that there is a certain relationship between the productivity calculationand productivity paradox: when we use total factor productivity (TFP) instead of the approximate total factor productivity (ATFP) and labor productivity (LP), the so-called "productivity paradox" disappeared. However, replacement process of productivity indicatorhas not changed the robustnessof credit risk; the moreof a firm's marketing investment, called sales cost, the possibility of export is larger, at the same time, export volume is larger too; the possibility of wholly foreign-owned enterprises to export is larger, while the state-owned enterprises export less likely. Baced on these results, we propose that the government should improve the credit system construction, and provide a better credit environment for enterprises to export.

Then, this paper gives an empirical study about the effect of the credit risk and other factors on OFDI decision of Chinese firms. The results show that: the more credit risk a firm face, the smaller possibility of OFDI it can; and the larger possibility of OFDI when a firm owns higher level of theonology; the possibility of foreign-funded enterprises's OFDI is smaller, and the possibility of state-owned enterprises's OFDI is higher than which are non state owned enterprises. According to these conclusions, the paper proposes that we should perfect the credit system, to provide a good credit environment for OFDI, based on these result, we should encourage more private firms "going out".

目　　录

第一章

绪　　论

第一节　问题提出

进入 21 世纪以来，特别是 2008 年国际金融危机后，全球外商直接投资（Foreign Direct Investment，FDI）的格局出现一些新变化，新兴经济体成为世界直接投资的新力量。

中国已经是国际投资舞台上重要的参与者。继 2012 年首次位列世界第三大对外投资国以来，中国对外直接投资继续保持强劲增长态势，2013 年再创历史新高，达到 1078 亿美元，并且随着国内转型升级和企业竞争力的提高，中国对外直接投资将会持续高速增长。自 2003 年中国商务部联合国家统计局、国家外汇管理局发布权威年度数据以来，中国对外直接投资流量实现连续 11 年增长，2002 ~ 2013 年均增速达到 39.8%。未来，随着中国经济转型升级以及企业竞争力逐渐增强，再加上资本项目的渐进加快开放，"海外中国"的量体将更为巨大。

中国企业对外直接投资迅速增长的同时，所受外部风险显著提升。千余伊拉克电站中方员工撤退失败被困、中铝在秘鲁的铜矿项目被叫停、中国员工在赞比亚受袭、安邦收购纽约酒店被重估等成为投资受阻和失败的典型案例。因此，做好风险预警，进行正确识别并有效应对，是中国企业保持经营的稳定性和延续性、提高海外投资成功率的必要保障。

中国对外投资企业从所有制看，国有企业在中国对外直接投资中的确扮演着重要角色，但其相对重要性正在下降。相对于民营企业，国有企业在海外扩张过程中能够从政府获得更多的资金支持，较少关注盈利性，并且承担了部分实现国家战略目标的责任。而民营企业受制于资金约束以及较少委托代理问题，在海外投资上更为谨慎，投资规模普遍更小。无论是国有企业还是民营企业对外投资风险日益凸显。仅在 2014 年上半年，中石化子公司 Addax Petroleum 至少支付了 4 亿美元，用于结束与加蓬政府之间的开采纠纷；中国铝业在秘鲁的一处铜矿被暂停；伊朗政府将取消与中国石油天然气集团公司为开发一处面积庞大的伊朗油田而签订的 25 亿美元协议。海外资源类投资风险凸显再加上国内经济转型升级的大背景，使得资源行业"走出去"势能下降。

新兴经济体国家对外投资呈现出增长迅速、资源寻求、国有企业主导等不少新特点，给理论研究提供了丰富的素材。众所周知，自 1776 年亚当·斯密发表《国民财富的性质及其原因的研究》以来，经济学已经历经 230 多年的积淀和发展。国际贸易理论作为其中重要的一个分支，致力于解释贸易原因、贸易模式和贸易利益等问题。以贸易与投资为主体的国际化研究一直没有逃离经济学家的视野。[1] 文艺复兴和地理大发现为之后的技术革命奠定相应的基础。第一次科技革命带来了技术的膨胀，使得分工行为由国内社会转向国际世界，从而导致国际化行为由一种偶然性走向必然性、专业性的结果。从贸易理论的更替来看，依次经历了古典、新古典以及新贸易理论；从投资理论看，大致有海默（Hymer）的垄断优势论；维尔森（Verson）的产品生命周期论；巴克利和卡松（Buckley & Casson）的内部化理论；邓宁（Dunning）的国际生产折衷理论；渡岛小岛（Kojima）的比较优势投资理论等。

但需要指出的是，早期的研究都是基于同质性企业的假设，一直到 20 世纪 90 年代，经济学家逐渐开始关注企业异质性的问题研究，异质性企业贸易理论成为国际贸易理论的研究热点和主线。基于微观角度出发的异质性企业贸易理论，在解释当下国际贸易以及对外投资行为时也具有很大的实用性。

基于国内外的研究，我们发现对企业异质性的认识逐渐多元化（Roberts & Tybout，1997；Bernard & Jensen，1999 & 2004；Bernard & Wagner，2001；Melitz，2003；Das，2007；Cole，2008 & 2010），生产率、企业自身特征、各种要素投入等都被认为是异质性，但是以梅里兹（Melitz，2003）建立的企业生产率异质性模型为代表。以该模型为理论基础，有关于企业出口以及对外投资的研究层出不穷。研究多集中于生产率角度、融资约束角度以及贸易成本角度等。

我们认为除这些角度之外,企业所面临的商业信用风险也是影响企业出口以及对外投资决策的重要因素。[2] 由信用体系缺失导致企业面临的信用风险是存在差异性的。企业所面临信用风险的差异,会进一步导致企业自身流动性的不同。在生产技术水平、融资约束以及市场开拓成本相同的情况下,企业同样会因为自身流动性的不同,而做出不同的出口决策以及对外投资决策,从而会出现企业不同的国际化路径选择。因此,理论研究层面,从信用风险角度研究其对企业出口决策、出口量以及对外投资决策的影响显得尤为重要。

从经济现实状况看,中国的贸易和对外投资在国内经济发展以及世界经济中都扮演了至关重要的角色。从国内经济发展看,中国应该鼓励哪些行业、何种企业出口?中国应该营造怎样的商业信用环境来促使企业出口?中国目前对企业"走出去"的呼声越来越高,究竟何种企业更适合"走出去"?政府应该构建何种商业信用体制来推动出口以及投资的战略调整以及转型?这些问题都影响中国对外贸易和投资的继续深化和提升。针对这些问题,本研究在梅里兹(2003)异质性企业贸易理论,赫尔普曼、梅里兹和耶普尔(Helpman, Melits & Yeaple, 2004)(后文简称 HMY)以及钱尼(Chaney, 2005)的分析基础上,加入信用风险这一维度,研究商业信用风险对企业出口以及对外直接投资的影响,其现实意义是不言而喻的。

正是基于这样的理论研究以及中国贸易、对外直接投资现状促使了本文选题的产生。

第二节 本研究的目的及意义

本书的选题的意义体现在两个方面:一是理论研究价值,二是对现实的解释需要。

从理论的研究现状看,传统的跨国投资理论对新兴工业化国家企业投资行为的新问题解释不力,比如,传统的资源观理论认为:资源是稀少的、难以模仿和难以替代的,是企业维持竞争优势关键要素,企业国际化的动因是企业拥有一定的资源优势。资源观认为企业国际化是企业利用已有资源（包括技术能力，品牌和管理能力等）在海外寻求利润的一种路径。然而，新兴经济体企业并没有与跨国企业一样的企业优势，但是新兴经济体企业在国际化进程中也取得了一定的成功。

异质性企业贸易理论是以微观企业作为研究对象，引入企业异质性假设，分析企业国际化路径选择问题以及全球组织生产选择（企业内生边界理论，Antras，2003）问题。学术界对企业异质性的认识已经有多元化的趋势，但是还没有分析商业信用环境的不完善所导致的信用风险不同对企业国际化决策的影响。同时，异质性企业贸易理论的出现和发展也仅仅有十几年的时间，其自身的理论构建和逻辑体系还有待进一步完善。因此，以理论的现有研究为前提，加入信用风险维度，对于理论研究的完善具有重要意义。

从现实意义看，异质性企业贸易理论能够解释当下我们看到的国际贸易现象。以加入信用风险角度的异质性企业贸易理论来对中国企业的出口以及对外投资的现状进行解释，具有重大的现实意义。

从贸易现状看：中国已经成为贸易大国。根据世界贸易组织（World Trade Organation，WTO）发布的《2013年世界贸易发展报告》中的数据显示：中国在2012年的商品贸易出口位列世界第一位，进口位列第二位，总额排名第二，仅仅比美国低150亿美元；中国在2012年的服务贸易出口位列世界第五位，进口位列第三位，总额排名第三，位于美国和德国之后。在这样的贸易地位现实背景下，探究以信用风险、生产率等因素如何影响中国企业出口决策以及出口量大小显得十分必要。怎样能够使得中国维持贸易大国的地位？怎样能够使得中国由贸易大国向贸易强国转变？这些问题具有重要的现实意义。

从对外投资现状看：根据《2012年度中国对外直接投资统计公报》以及联合国贸发会议的《2013年世界投资报告》的数据显示，中国2012年对外投资流量达到878亿美元，位列世界第三位，位于美国以及日本之后。同样，在如此大的对外投资规模下，探究信用风险、生产率等异质性因素如何影响企业的对外直接投资决策显得极为有意义。当下，中国企业面临由出口向FDI的转型，并一直鼓励企业"走出去"；我们应该如何给予更好的体制层面支持？商业信用体系的建立急不可待，从商业信用以及信用风险的角度研究企业国际化路径的决策同样具有重大的现实意义。

第三节 研究方法

本书的研究方法主要有三种，分别是对比分析、理论分析以及实证分析。对不同征信国家的对比分析是本文的描述性前提；对 Melitz 模型及其在此基础上引入信用风险要素的扩展的分析是本文的理论基础；对信用风险影响企业出口决策、对外投资决策的实证分析是本文的落脚点。

在对比分析上，我们对比了征信国家与非征信国家信用体系的差异。在征信国家中，我们描述了美国、欧洲国家以及日本等信用体系的构成；在非征信国家中，我们首先描绘了印度、巴西以及南非等国家的信用体系，并在此基础上，进一步分析中国征信体系的建设情况。最后，我们对比两类国家的信用体系，并指出发展中国家应如何健全信用体系。

在理论分析上，我们首先分析了梅里兹（2003）的理论模型以及 HMY（2004）的基本逻辑，给出了异质性企业贸易理论的基本模型，并对其进行拓展。引入融资约束的 Melitz 模型即钱尼（2005）的研究，对本书的理论贡献是较大的。在这些研究的基础上，我们阐述了引入信用风险的一般理论机制。引入信用风险的异质性企业模型与中国企业的现实状况更为贴近。

在实证分析上，我们集中在两个方面：一是分析信用风险、技术水平等因素对中国企业出口决策以及出口量的影响。我们构建了实证分析模型，以中国工业企业数据库的截面数据、面板数据为研究对象，运用 Logit 方法、Probit 方法以及 Tobit 方法，对信用风险、技术水平、市场开拓成本以及企业的一般特征等因素对其出口决策以及出口量的影响进行分析；实证的第二个方面是分析信用风险、技术水平等因素对企业对外投资决策的影响。运用中国工业企业数据库 2010 年的截面数据以及商务部关于中国对外投资的记录，建立实证分析模型，并运用 Logit 方法以及 Probit 方法得出相应的实证结果。

第四节 创新及未来需要推进的研究

本书的创新主要体现在以下几个方面：一是研究角度的创新。已经有过一些运用异质性企业贸易理论解释中国贸易和投资的现象的研究，但多集中于生产率角度、融资约束角度以及贸易成本角度。他们的研究集中在中国的出口是否存在"生产率悖论"及其对悖论的相应解释，从生产率的构成方面、融资约束方面以及国内市场结构方面都给出一定的分析。而本文则另辟蹊径，认为由于国内信用体系的不健全导致企业面临一定的信用风险，而且不同企业面临的信用风险是不同的，从而对企业的出口决策、出口量以及对外直接投资决策产生影响。

理论研究方面的创新：文章在分析了梅里兹（2003）的模型，HMY（2004）模型之后，对引入信用风险之后的异质性企业贸易模型给出了一般阐述，形成文章的理论基础。

实证方面的创新：以理论分析为基础，运用中国工业企业数据库的截面数据以及面板数据，分析信用风险、技术水平等因素对中国企业出口决策以及出口量的一般影响；运用中国工业企业数据库的截面数据与商务部的数据，分析信用风险等因素对中国企业对外投资决策的影响。在这些实证结果的基础上，给出了关于中国贸易以及投资方面的政策建议。

但我们需要指出的是，我们的研究是在引入信用风险的情况下，重新阐释异质性企业贸易理论，并将重新构建的框架应用于中国实际，这些都是在理论以及实证上的探索以及尝试，在研究层面需要进一步推进点很多，至少有：从理论层面上，可以考虑严格构建模型，给出更一般理论机制的阐释；从实证层面上，如何更深入结合中国情景，采用先进的计量方法，比如对技术水平的处理，我们在应用 LP 方法计算全要素生产率的时候，在指标构成上选用了一些简易替代指标；在对企业对外投资数据的合并上，商务部的数据没有法人代码，我们直接采用法人单位进行合并，当然我们也进行了一定的人工校正。这些技术处理结果可能会存在一定的问题，需要更科学的方法运用在这类问题的研究上。

第五节　本书的结构安排

如图 1 - 1 所示。全书的结构安排如下：

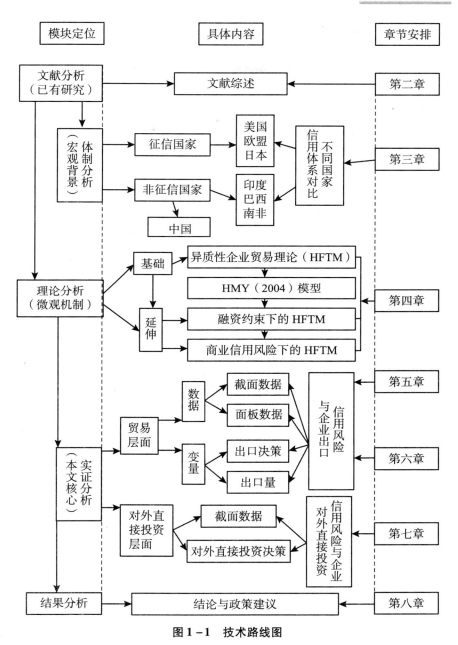

图 1-1　技术路线图

第二章是本文的文献综述。在已有的研究中，我们分析关于企业国际化路径选择的问题。主要集中在两个方面：一是同质性企业的国际化路径问题分析；二是异质性企业国际化路径问题分析。第二个问题是本文的分析重点，阐述的是异质性企业贸易理论的相关研究以及结合中国情景的实证分析。

第三章是对比分析。我们对比分析不同类型国家的信用体系构成。就信用体系方面，国家可以分为两类：一是征信国家，余下的则是非征信国家。征信国家中，我们分析美国、欧洲国家以及日本的征信建设情况；非征信国家中，我们分析印度、巴西以及南非的信用体系。最后，我们将阐述中国的信用体系建设情况，并对比两类国家在信用制度上的差别。

第四章是本文的理论基础。我们分析了梅里兹（2003）以及 HMY（2004）给出的异质性与企业出口、对外投资决策的影响理论，并进一步分析扩展模型，即引入信用风险之后的异质性企业贸易模型。我们阐述了在引入信用风险之后，异质性企业贸易模型的一般机制。

第五章、第六章是本文的实证部分。分析信用风险对企业出口决策以及出口量的影响，运用的是中国工业企业数据库 2007 年的截面数据，得出了 Logit 方法、Probit 方法以及 Tobit 方法的一般结果。

第七章分析信用风险对企业对外投资决策的影响。面临信用风险较小的企业选择出口的可能性较大，在已经进入出口市场的企业中，面临信用风险小的企业出口量也较大；技术水平较大的企业选择出口的行为反而较小。

第八章是本书的结论和政策建议部分。在对比分析、理论分析以及实证分析的相关结论基础上，赋予结论一定的政策含义，对中国企业出口以及对外投资决策具有一定的借鉴意义。

本 章 注 释

1. 关于企业国际化路径的分析，有学者指出出口并不在国际化路径的选择之中，而对外直接投资等则是国际化路径的选择之一（Zan L., Zambon and Pettigrew A., 1993）。但是在本书的分析中，我们将出口也认定为企业的国际化决策之一（李春顶，2009 等）。

2. 文章中给出的信用风险，是指在商业信用下的风险，而非银行信用风险，这是区别于融资约束的重要所在。

第二章

企业国际化路径：文献述评

自 1776 年亚当·斯密发表《国民财富的性质及其原因的研究》以来，经济学已经历经 230 多年的积淀和发展。国际化的研究一直没有逃离经济学家的视野。文艺复兴和地理大发现为之后的技术革命奠定相应的基础。第一次科技革命带来了技术的膨胀，使得分工行为由国内社会转向国际世界，从而导致国际化行为由一种偶然性走向必然性、专业性的结果。但需要指出的是，早期的研究都是基于同质性企业的假设，一直到 20 世纪 90 年代，经济学家逐渐开始关注于企业异质性的问题研究，包括异质性对出口决策以及对外直接投资决策的影响分析。

国际贸易理论的演化经历了三个明确的阶段。每个阶段的突破，都无一例外地依托于一种新的理论，至少是原有经济理论或体系的翻新理论。

第一个阶段是古典贸易理论。从大卫·休谟—亚当·斯密的绝对优势理论开端，到李嘉图—托伦斯的比较优势理论成型，均置于古典政治经济学理论框架之下，后者则以劳动价值论为基础。

第二个阶段是新古典贸易理论。基于 19 世纪 70 年代经济学"边际革命"形成的新古典经济学框架，延续到 20 世纪 70 年代。这期间的贸易研究有两个重要脉络：一是对比较优势理论进行新的诠释。其实，就是把老的理论置于新古典之完美竞争的一般均衡分析框架之下，引入边际成本、边际收益、生产可能性边界以及生产者剩余、消费者剩余等新概念进行解释。甚至把 20 世纪头 30 多年（1919 年赫克歇尔，1935 年俄林）提出并成型的要素禀赋理论与比较优势理论打通，形成一个庞大的比较优势理论体系。二是以两国家、两要素、两商品（产业）为假定的建模尝试与模型拓展。这顺应了 20 世纪中叶兴起的经济学数学化趋势，经济学家们遵循新古典经济学之一般均衡框架，提出各种各样的模型，把贸易分析发展成一种"结构上的一般均衡"分析。这方面最具代表性的,要数对要素禀赋理论四个定理(H－O定理,SS定理、雷布钦斯基定理和要素价格均等化定理)的提炼、模型化处理和数学推导,以及各种各样的拓展尝试。

第三个阶段是新贸易理论。由保罗·克鲁格曼及其多位合作者辟出并予以拓展,将收益递增情景纳入贸易理论分析。他们先在新古典经济学之一般均衡框架下引入垄断竞争的市场结构,令人信服地解释了产业内贸易现象,并做了内生化处理;继而将贸易理论与经济地理研究打通,辟出了一种"有区域无国家"的分析意境。新贸易理论最引人瞩目的地方,当在其从D－S模型(迪克西特—斯蒂格利茨模型)出发,对垄断竞争市场产品多样性与贸易福利的全新刻画和处理,以及对于贸易福利内涵的拓展。"多样性等于增加的福利",展示了经济学关于贸易福利的一种新的理解与模型化处理方式。

新贸易理论并不排斥古典贸易理论。一般认为,新贸易理论只是解释了新古典贸易理论难以解释的那一部分。即便有了新贸易理论,植入新古典理论框架的李嘉图比较优势理论,依然有效且有用。这点就连克鲁格曼自己也承认。他曾写道:"在20世纪最后10年里,教给学生最重要的知识还是来自休谟和李嘉图。也就是说,我们需要教会他们,贸易赤字是自我校正的,贸易的利益也不依赖于一国相对于其所有对手拥有的绝对优势。"

纵览贸易理论和庞大的经济学体系本身演化之间的关系,不难看到这样的事实:所有突破或创新,都和西方经济学整个理论体系上大的突破联系在一起。如果说新古典贸易理论是由19世纪70年代经济学之"边际革命"催生的,那么克鲁格曼的新贸易理论,则是和20世纪70年代发端的"收益递增革命"相适应的,属于"收益递增革命"的重要组成部分。"收益递增革命"当初的发生虽然颇有些波澜不惊的表象,但却引出了多个经济学分支的创新,涌现了一系列冠以"新"字的经济学分支新论,除了新贸易理论而外,还有新增长理论、新产业组织理论、新经济周期理论,以及新经济地理学。所有这些新理论,无一例外地都将此前一度为新古典经济学所舍弃的收益递增因素重新找了回来,作为主要的内生变量。

新新贸易理论转向微观层面成为该理论最大的创新。与贸易理论以往三个阶段相比,目前被冠以"新新"之说的贸易理论,尚处在某种"悬空"境地,缺乏相应的经济理论或框架作为依托。

从宏观、中观层面转向了微观层面。换言之,即从国与国之间或行业与行业之间（包括寡头垄断情景——"一家企业一个行业"）转向了一个个的企业。此前，几乎所有贸易理论围绕的一个基本问题是，一国或者一个地区究竟应该出口什么进口什么？新新贸易理论探讨的一个基本问题，则是企业为什么要出口？其引申的问题包括：哪些企业在出口并且应该出口？由此而对行业资源配置及生产率会发生怎样的影响？

一般认为，马尔科·梅里兹（Marc J. Melitz）2003 年在《计量经济学》杂志上发表的《贸易对产业内资源配置及总产业生产率的影响》（*The Impact of Trade on Intra – Industry Reallocations and Aggregate Industry Productivity*）一文，拉开了这个理论创新的序幕。但有充分的证据表明，触发梅里兹思考的"前置"问题的提出，因而新新贸易理论视点的挑明则要早些。安德鲁·伯纳德（A. Bernard）2001 年发表的《为什么有些企业出口?》（*Why Some Firms Export?*）一文，实际上已经明确地将贸易研究的视点由国家层面移到企业层面。

新新贸易理论所倚重的最重要的"关键词"是"企业异质性"（firm heterogeneity）。此前的贸易理论大多基于一个或明或暗的假定，企业是无差异的，进入国际贸易和进入国内行业一样。新新贸易理论则基于如下的实证发现：出口企业和不出口的企业不同，最明显的不同是生产率差异，或曰生产率异质性。

由于引入生产率异质性，因而同时触发了另一个问题的出现，即贸易与增长之间的关系。在新新贸易研究者辟出的视野下，企业生产率异质性成了进入出口行业的最重要的一道"门槛"，由此拓展了此前关于贸易与增长的视野，从贸易的各种"外溢"效应，拓展至微观企业直接的生产率或效率"竞赛"，且更容易进行内生化处理。就这个意义而言，新新贸易理论确有创新。

然而，与前两次划分阶段的贸易理论创新相比，"新新"贸易理论迄今的创新还不算太大。最重要的一点在于，作为该贸易理论建模核心要素的企业异质性视点，也并非全新的。克鲁格曼基于 D – S 模型拓展的垄断竞争模型，实际上已经考虑了企业异质性特点，只不过那里的企业异质性是指企业产品的差异而非生产率的差异。不仅如此，新新贸易理论考虑的收益递增，已成为此前新贸易理论的老生常谈。考虑到诸如此类的现实，比之前贸易理论几次划时代的突破，新新贸易理论只是"新"了那么一点点，还不足以视为贸易理论发展的一个全新阶段。

本书以异质性假设为基本前提，并做出进一步的分析，给出在不完善的金融市场机制下异质性企业的国际化路径选择机制分析与探讨。文献综述部分包括两个方面问题的回顾与分析，分别是：异质性企业的国际化路径选择研究以及不完善金融市场机制下异质性企业国际化路径选择的分析。

企业的国际化路径有两条：出口或者直接投资。[1] 早期对同质性企业出口行为分析构成了传统的国际贸易理论以及新贸易理论，对同质性企业投资行为分析构成了国际投资理论。[2]

初期的贸易理论是建立在对重商主义的批判基础之上的，形成了以亚当·斯密的绝对优势理论、大卫李嘉图的比较优势理论为代表的古典贸易理论（Classical Trade Theory）以及赫克谢尔－俄林原理（H－O 模型）、里昂惕夫悖论为代表的新古典贸易理论（New－Classical Trade Theory）。该类贸易理论在总体上被称为传统贸易理论（Traditional Trade Theory）。传统贸易理论的基本假设前提是企业以及产品是同质的，同时市场是完全竞争的而且没有规模经济的存在。在这样的基本假设以及现实前提下，各国按照自身的绝对优势或者相对优势来进行贸易，获取贸易利益。传统贸易理论说明各国以劳动生产率的不同进行分工、生产与贸易，并给出劳动生产率不同的原因。该理论解释了产业间贸易现象。同时，传统贸易理论认为贸易是一种"双赢"的正和博弈，鼓励自由贸易，主张各个国家解除贸易壁垒。

传统的贸易理论成功地解释了产业间贸易现象。但是，第二次世界大战后的国际贸易出现了一些传统贸易理论不能够解释的现象。克鲁格曼发现至少有三种程式化的贸易事实，是传统贸易理论不能够做出解释的，分别是：资源禀赋相同的国家之间的贸易取得了快速的发展；大量相似产品之间的贸易；保护贸易主义仍然十分盛行。为给出相应的解释，以克鲁格曼为代表的经济学家做出不懈努力，提出与规模经济有关的贸易理论、与产品差别化和需求多样化有关的贸易理论以及与市场不完全竞争相联系的贸易理论，这些理论也被称为产业内贸易理论，解释了产业内贸易现象。同时，克鲁格曼基于日本等的贸易事实提出管理贸易理论，解释了保护贸易的现象。产业内贸易理论以及管理贸易理论（也称为战略性贸易理论）被称为新贸易理论。综合分析，新贸易理论（New Trade Theory）是以同质性企业、差别产品、不完全竞争市场结构以及规模经济为基本假设前提，解释由于一国行业存在规模经济，并且消费者需求多样化，一国市场结构是不完全竞争的原因引起的产业内贸易以及保护贸易的现象。新贸易理论认为一国市场不完全竞争，并且存在规模经济，所以主张保护贸易。

传统贸易理论与新贸易理论是并行不悖的，新贸易理论的产生并不是对传统贸易理论的否定。两种理论是针对不同贸易现象给出的不同解释。在当下的经济发展中，并非仅仅存在产业内贸易。国与国之间的产业间贸易仍然盛行，传统贸易理论的生命力依然旺盛。

同质性企业的直接投资行为分析理论构成了国际投资相关理论。早期对企业直接投资行为的解释并没有与一般的证券投资的分析相区别，都是基于利率角度分析资本为何在国与国之间流动。包括海默的垄断优势论；维尔森的产品生命周期论；巴克利和卡松的内部化理论；邓宁的国际生产折衷理论；渡岛小岛的比较优势投资理论等。

第一节　异质性企业国际化行为机制研究

新－新贸易理论（New-new Trade Theory）是以企业异质性、不完全竞争以及规模经济为假设前提的，对当前贸易现象的经验统计和理论创新。传统贸易理论从比较优势以及要素禀赋等角度，成功地解释了发达国家与发展中国家之间的贸易以及产业间贸易；新贸易理论则从规模经济、垄断竞争、消费者偏好、产品差异等角度，成功地解释了产业内贸易。而正如我们在前文中提到的，在 20 世纪 90 年代，诸多学者开始关注到，即使在同一个产业内部，也会出现企业出口与不出口的差别。因此，越来越多的研究开始关注于对微观个体现象的研究。新—新贸易理论主要从企业层面来解释国际化路径的问题。各个学者观测到的现实状况是：大多数企业只供应国内市场，也即只选择内销行为；而少数企业供应国际市场，也即出口行为；还有更少的部分企业则是通过对外直接投资的形式参与到国际市场；而在生产组织方面，一方面众多的企业会采取内部化以及一体化的生产结构形式，但同样存在企业又把部分生产环节外包给其他企业的形式。为什么会出现这些并行不悖的现象，这些现象与企业自身特征等的关系又是怎样的……都需要新—新贸易理论给予解释。通过以上的分析，我们可以看出，新—新贸易理论是以微观企业的行为作为理论研究对象，分析企业的国际化路径选择行为以及全球生产组织行为方式。该理论与以往贸易理论最大的区别在于注重企业的异质性，考虑企业生产率的不同。该理论中，最具有代表性的是梅里兹（2003）探索企业国际化路径的研究，又被称为异质性企业贸易（Heterogeneous – Firm Trade Model，HFTM）理论（Raldwin & Okubo，2005&2006）；以及以安特拉斯（Antras，2003）为代表的探索企业国际生产组织行为的研究，又称为企业内生边界理论（Endogenous Boundary Theory of the Firm）。这两个理论模型作为新新贸易理论主要的两个方向，而结合本文的研究对象，此处我们主要给出异质性企业贸易贸易理论的分析。

一、异质性企业出口行为分析

（一）基本事实

对异质性企业的出口分析始于 20 世纪 90 年代末。伯纳德等人（1995）利用美国工业企业层面的数据研究出口企业的基本特征。他们给出两种分析：第一种是分析出口企业与非出口企业的基本特征；第二种是检验这些企业的长期变化，并分析影响出口企业的各种因素。研究发现，出口企业的就业、生产率、资本密集度、单位工人投资以及工资、规模发展等都要优于非出口企业。进一步，他们指出未来的研究应当以企业如何由国内转向国际市场为方向。阿乌和黄（Aw & Hwang，1995）通过研究台湾电子行业企业的数据得出：出口企业的规模以及生产率都比非出口企业要大，这个研究结论与伯纳德（1995）是一致的。蒂博特（Tybout，2003）对美国企业的统计调查指出只有少数企业从事出口，而且从事出口的企业在规模和生产率上比非出口企业更大；进一步，从事出口的企业也仅仅将其产出的一部分出口，而并非产出的全部。伊顿、科图姆和克拉马茨（Eaton，Kortum & Kramarz，2004）通过对 1986 年法国制造业的数据研究得出：制造业企业中只有 17.4% 出口，出口额也只占总产出的 21.6%。伯纳德（2007）的研究指出美国 2000 年只有 4% 的企业从事出口业务。即使一些生产可贸易程度较大产品的行业，例如制造业，也只有 15% 的企业在出口。

（二）理论分析

沉没成本。已有的文献研究表明，企业在从事出口业务的过程中，需要支付前期的沉淀成本，也即沉没成本，这个成本是指企业要进入国外市场所必须支付的费用，主要包括一定的市场开拓成本、信息收集成本、产品调整费用以及国外消费者偏好调查等成本。这笔费用相对较高，而且需要在企业获得相应的出口利润之间支付，因此只有一些有能力支付该沉没成本的企业才能够进入国外市场，有对外直接投资以及出口行为（Muulsz，2008）。沉没成本也影响企业的出口决策。伯纳德和詹森（Bernard & Jensen，1999）通过对美国企业的研究发现，只有企业规模较大的企业才有更大的可能性进入出口市场；巴格梅里和因凡特（Bugmelli & Infante，2002）则对意大利的企业面板数据进行研究，结果表明沉没成本成为广大中小企业进入出口市场的重要阻碍；格里纳韦和克内勒（Greenaway & Kneller，2004）以英国的企业为分析对象，发现企业在出口的过程中存在沉没成本。

　　异质性。文献中提到的异质性，以全要素生产率（total factor productivity，TFP）或劳动生产率（labor productivity，LP）来衡量。其中，劳动生产率的测度是较为便捷的，而全要素生产率的测度则涉及较为复杂的方法。涉及的几种方法有 OLS 方法、FE 方法（Fix Effect）、GMM 方法以及 OP 方法、LP 方法。文献中较多采用的是 OP 方法（Olley & Pakes，1996）以及 LP 方法（Levinsohn & Petrin，2003）。这两种方法可以很好地解决利用 OLS 分析测度索洛余值时出现的内生性、选择偏差以及没有去除价格因素等问题。两者的不同之处在于，OP 方法采用投资作为生产率的代理变量，而 LP 方法选用的是中间投入品做代理变量。同时，两种方法可以同时给出检验以及稳健性检验（Blalock & Gertler，2004；余淼杰，2010）。鲁晓东，连玉君（2012）利用 OLS 方法、FE 方法、OP 方法以及 LP 方法测度了中国主要工业企业的 TFP。同时，考虑对异质性的认识大致经历三个阶段：一是基于企业自身特征（Roberts & Tybout，1997；Bernard & Jensen，1999 & 2004；Bernard & Wagner，2001）；二是强调生产率异质性（Melitz，2003）；三是多因素异质性，包括生产率异质性（Das，2007；Cole，2008 & 2010）。[3]

　　基本假说。伯纳德和詹森（1999）在出口企业比非出口好的基础上，给出两个方面的问题分析：好的企业是否转向出口？出口能否持续改善企业的表现？研究发现好的企业会转向出口，但对第二个问题的研究结论是模糊的。之后的实证文献对这两个方面问题的研究，构成出口与生产率之间的主线，这也衍生出两个假说：一是"自我选择出口"（self-selection into export），即生产率较高的企业才能出口。梅里兹（2003）以及马克·罗伯茨与蒂博特（Mark Roberts & Tybout，1997）指出出口需要有一定的成本，包括海外调研费用、建立海外销售渠道的费用等等，因此只有生产技术水平较高的企业才能够弥补这些出口带来的沉没投入成本（亦称沉没成本）。[4] 伯纳德等人（2003）指出出口企业的产品运输存在冰山型成本（iceberg costs）。二是"出口导致生产率增长"（export-led productivity growth），即出口使得企业的生产率提高（Bernard et al.，2006）。但需要指出的是，两种假说针对的时间段是不一致的，因此两者可能同时存在。金祥荣等（2012）通过对中国 2001~2007 年的工业企业的研究发现，中国从事出口的企业生产率较高；出口会使得出口企业的生产率短期提高，随后呈现衰减情形。

基本模型。异质性贸易理论的研究有两个基本模型框架，一是伯纳德等人（2003）将随机的企业生产率指标引入到伊顿和科图姆（2002）给出的多国 Ricardian 模型分析中，得出企业的生产率以及规模等异质性指标都能够影响企业出口决策行为，出口企业具有较高的生产率和规模，也即具有较高的技术水平；二是梅里兹（2003）将异质性生产率指标引入到克鲁格曼（Krugman，1980）给出的垄断竞争模型和霍朋哈恩（Hopenhayn，1992）给出的动态均衡产业竞争模型，并对模型进行一般均衡分析，结果指出只有生产率较高的企业才能够从事出口，生产率较低的企业则只能够供应国内消费市场，同时贸易自由化的推进会带动高生产率企业的自身发展。同时，关于模型的延伸，HMY（2004）在异质性企业贸易模型（Melitz，2003）的基础上，引入多国、多部门的贸易与投资分析模型。该模型同样假设产业内的企业是异质的，这些企业需要考虑自身的国际化经营的路径选择方式：内销、出口或者对外直接投资三种情况。他们的研究发现，技术水平最高的企业才会选择对外直接投资，技术水平次高的则会选择出口，技术水平低的企业则选择内销，而技术水平最低的企业则会被淘汰出市场。

基本方法。对异质性贸易理论分析的基本方法有案例分析法以及计量分析法。由于 20 世纪 90 年代中期以前微观数据的不可得性，学者多采用案例分析法（Lepoz，2007）。之后，微观数据逐渐应用到经济研究中，方法以计量分析方法为主。在计量分析中，以前文所述的 OP 方法、LP 方法测度 TFP 为主；此外，为控制企业的内生性，也可以采用工具变量，利用广义矩估计方法（GMM）进行估计（Baldwin & Gu，2003；Biesebroeck，2005）；或者利用倾向匹配得分法（propensity score matching，PSM）来控制相应的内生性问题（Wagner，2002；Baldwin & Gu，2003）；有些学者则会采用分位数回归的方法（quantile regression）去检验当企业生产率处于不同区间时对出口产生的影响大小（Wagner，2006）；德尔加多等人（2002）则运用非参数估计的方法（Non-parametric methods）来考察企业生产率的全面分布，即采用 K - S 统计检验方法（Kolmogorov - Smirnov Test）验证出口企业生产率是否总是能够高于非出口企业。

表 2 - 1　　　　　异质性贸易理论在各国（地区）的实证研究

作者	样本	方法	结论
克莱利迪斯（Clerides et al.，1998）	哥伦比亚、墨西哥、摩洛哥	完全信息下极大似然估计	自我选择；出口导致增长（摩洛哥某些行业）
伯纳德和詹森（1999）	美国	最小二乘法（固定效应）	自我选择
阿乌等人（2000）	中国台湾、韩国	最小二乘法（固定效应）	自我选择；出口导致增长（中国台湾某些行业）
伊斯格特（Isgut，2001）	哥伦比亚	最小二乘法（固定效应）	自我选择
卡斯泰拉尼（Castellani，2002）	意大利	最小二乘法（固定效应）	自我选择；出口导致增长（很高出口倾向的企业）
德尔加多等人（Delgado et al.，2002）	西班牙	非参数方法（K - S 统计测试法）	自我选择；出口导致增长（"年轻的"出口企业）
霍尔沃德·德利伊尔（Hallward - Drieeier et al.，2002）	东亚 5 国	工具变量广义矩估计	自我选择；有意识的自我选择
瓦格纳（Wagner，2002）	德国	匹配法	不存在"出口导致增长"，未验证"自我选择"
鲍尔温和顾（Baldwin & Gu，2003）	加拿大	差分回归	自我选择；出口导致增长
伯纳德和詹森（2004）	美国	最小二乘法（固定效应）	不存在"出口导致增长"，未验证"自我选择"

续表

作者	样本	方法	结论
帕尔和南（Par & Nan，2004）	瑞典	最小二乘法（固定效应）	自我选择；出口导致增长
拜格斯滕等人（Bigsten et al.，2004）	非洲国家	联立方程	自我选择；出口导致增长
布莱洛克和格特勒（Blalock & Gertler，2004）	印度尼西亚	固定效应工具变量法	出口导致增长；未验证自我选择
达米安等人（Damijan et al.，2004）	斯洛文尼亚	动态面板系统GMM估计	自我选择；出口导致增长（出口到发达国家的企业）
吉尔马等人（Girma et al.，2004a）	英国	倾向得分匹配双重差分	自我选择；出口导致增长（进入出口市场后2年内）
格里纳韦和于（Greenaway & Yu，2004）	英国	动态面板系统GMM估计	自我选择；出口导致增长（刚进入出口市场的企业）
格里纳韦和克内勒（2004）	英国	倾向得分匹配双重差分	自我选择；出口导致增长（未用匹配方法时存在，用匹配法后消失）
蒙吉斯特和帕蒂洛（Mengistae & Pattillo，2004）	3个非洲附属撒哈拉国家	固定效应随机效应	出口导致增长
哈恩（Hahn，2005）	韩国	最小二乘法（固定效应）	自我选择；出口导致增长（进入出口市场后的前几年）
阿尔瓦雷斯和洛佩斯（Alvarez & Lopez，2005）	智利	倾向得分匹配双重差分	自我选择；出口导致增长（新进入出口市场的企业）

续表

作者	样本	方法	结论
阿诺德和霍辛格（Arnold & Hussinger，2005）	德国	倾向得分匹配双重差分	自我选择
费尔南德斯和伊斯格特（Fernandes & Isgut，2005）	哥伦比亚	倾向得分匹配双重差分	自我选择；出口导致增长（"年轻"出口企业比"年老"企业更为显著）
格里纳韦等人（2005）	瑞典	倾向得分匹配双重差分	两种效应均不存在
贝尔恩布洛克（Biesebroeck，2005）	非洲9国	广义矩估计	自我选择；出口导致增长
亚萨尔和里耶稣斯（Yasar & Rejesus，2005）	土耳其	倾向得分匹配双重差分	出口导致增长
亚萨尔等人（2006）	土耳其	分位数回归	未验证自我选择；出口导致增长
达米安和科斯特弗（Damijan & Kostevc，2006）	斯洛文尼亚	倾向得分匹配法双重差分	自我选择（隐含）；出口导致增长不存
德洛克（De Loecker，2007）	斯洛文尼亚	倾向得分匹配法双重差分	自我选择（隐含）；出口导致增长
法里纳斯和马丁·马科斯（Farinas & Martin-Marcos，2007）	西班牙	最小二乘法（固定效应）；差分GMM、系统GMM	自我选择
格里纳韦和克内勒（2007）	英国	倾向得分匹配法双重差分	自我选择（隐含）；出口促进增长
瓦格纳（2007）	14个国家	元分析	自我选择
克雷斯皮等人（Crespi et al.，2008）	英国	最小二乘法（固定效应）	未验证自我选择；出口促进增长
格里纳韦和克内勒（2008）	英国	简单匹配法	自我选择（隐含）；出口促进增长
埃里亚松（Eliasson et al.，2009）	瑞典	倾向得分匹配法双重差分	自我选择

作者	样本	方法	结论
德洛克（2010）	斯洛文尼亚	工具变量广义矩估计	自我选择（隐含）；出口导致增长
杨和马利克（Yang & Mallick，2010）	中国	各种匹配法双重差分	自我选择；出口导致增长
李春顶和尹翔硕（2009）	中国	最小二乘法等	生产率悖论现象
李春顶（2010）	中国	最小二乘法，AT-FP	生产率悖论现象
余淼杰（2010）	中国	工具变量法	未验证自我选择；贸易自由化导致增长
Dan Lu（2010）	中国	最小二乘法	生产率悖论，同时不存在自我选择效应
戴觅等（2011）	中国	最小二乘法，OP方法，LP方法	不存在生产率悖论
赵伟等（2011）	中国	最小二乘法，LP方法等	自我选择
范剑勇，冯猛（2012）	中国	最小二乘法，LP方法，OP方法	自选择效应，出口学习效应

注：根据史青（2012）及相关文献整理。

基本结论。表2-1给出异质性贸易理论在多个国家以及地区的实证研究结果。借鉴史青（2012）的分析，我们总结了涉及多个国家以及地区的相应研究结论，包括发达国家（美国、英国、德国、加拿大、瑞典等）、发展中国家和地区（智利、哥伦比亚、墨西哥、中国、韩国、中国台湾、印度尼西亚、斯洛文尼亚等），以及最不发达国家、地区等（撒哈拉以南的非洲地区）。综合这些文献的研究，我们发现都支持企业的"自我选择出口"（Self – Selection）行为，即出口之前出口企业比非出口企业的生产率以及增长率高；但是"出口导致增长"（Learning-by – Exporting）并没有得到普遍性支持的结论。究其原因，可能有以下分析：一是模型的实证存在遗漏变量问题。而且影响生产率的变量在各个国家间是不同的，得出的结果可能就会存在不一致的情况。德洛克（2007）发现企业的出口目的地是一个非常重要影响因素，出口到发达国家以及地区的企业与那些出口到发展中国家以及地区的企业相比，生产率增长的更快；而且余淼杰（2010）的研究则发现出口前的各种研发投入行为则可以通过增加企业自身的吸收能力来提高出口的生产率增长效应等；二是存在一定的外部性问题。韦斯特法尔（Westphal，2002）提到由于经济学中外部性的存在，出口企业新获得的技术则会不断地产生溢出效用，最直接的结果是非出口企业会从技术外溢的过程中受益，这种情况在发展中国家更加明显，因此导致一个趋近的结果产生，两类企业有相近的生产率轨迹，从而掩盖了"边出口边增长"（Learning by Exporting）效应。

　　中国现象。自2009年以来，国内利用异质性贸易理论对中国企业出口决策等行为的分析开始逐渐增多。有关于中国的实证研究结果主要体现为两种观点：一是中国的企业符合"自我选择出口"理论预期。即出口企业的生产率水平高于非出口企业，即内销企业，如李春顶（2009），唐宜红和林发勤（2009），易靖韬（2009），余淼杰（2010）等的研究都支持这个结论；二是"生产率悖论"。即出口企业的生产率与非出口企业相比，没有明显差异，而且还可能低于非出口企业。对此，李春顶（2010）、戴觅和余淼杰（2011）认为中国加工贸易大量存在导致这种现象。徐蕾和尹翔硕（2012）指出由于国内是非统一市场，因此国内贸易成本高于国际贸易成本。而史长宽、梁会君（2013）以及盛丹（2013）的研究也指出中国地区性行政垄断会导致企业在地区进入成本水平上处于一个较高的水平，从而对"生产率悖论"有一定的解释力度。

二、异质性企业对外直接投资行为分析

　　企业通过什么方式参与国际化市场，是出口还是对外直接投资（FDI）？HMY（2004）给出相应分析。与梅里兹（2003）模型的基础一致，引入企业异质性。得出只有最有效率的企业才会参与国际市场，而进一步研究表明进行FDI的企业效率最高，出口企业次之。论文使用美国企业数据验证了相应结论。得出从事FDI的企业比出口企业的生产率高15%；从事出口行为的企业比不出口企业生产率高39%。黑德和里斯

（Head & Ries，2003）则建立一个简化的模型用企业间生产率之间的差异解释为什么一些企业只供应国内市场而其他企业则会选择出口，而还有一些企业进行 FDI 行为，得到的结果认为：如果 FDI 不能从东道国获取一定的成本优势，则对外直接投资的企业生产率能够比出口企业的水平更高。同时，他们扩展了 HMY（2004）模型，放松了两国工资相同的基本假设，得出的结果则是：如果外国的工资更低，以上的分析结论会逆转。诺克和耶普尔（Nocke & Yeaple，2006）建立一个包含异质性企业的一般均衡分析框架分析企业国际化行为，得出跨国并购的企业既有最高效率企业，亦有低效率企业。富浦（Tomiura，2007）的研究分析也发现从事 FDI 的企业要比仅仅出口的企业规模更大，而且生产率水平也更高。吉尔马、克内勒和皮苏（Girma，Kneller & Pisu，2005）则是运用 K–S 方法来检验是否从事 FDI 的所有企业的生产率均能够高于出口的所有企业的生产率，而不仅仅是从两者的平均生产率水平进行比较。他们的研究结果指出跨国企业的生产率分布均高于出口企业，而出口企业亦高于非出口企业的相应水平。耶普尔（2008）运用美国制造业企业的数据（来源于 BEA），去验证 HMY 理论的基本结论。实证的结果得出生产率最高的企业能够在更多的国家设立较多的子公司，而且子公司的规模与生产率较低的企业设立的子公司相比更大；当东道国具有吸引力时（即东道国存在资源、市场优势，或者有政策性的诱导等），生产率较低的小企业也会选择投资行为。比斯托（Bustos，2005）将技术选择指标引入梅里兹（2003）的基本模型中，分析阿根廷的贸易自由化对其国内企业技术升级带来的影响。研究结果发现，该国贸易自由化后，中等生产率水平的企业才最有动力进行技术升级，以获得一定的竞争优势。达米安等人（2007）用斯洛文尼亚的微观企业数据进行相应的检验，结果同样支持 HMY 模型的理论分析结果。

国内对于异质性企业出口和 FDI 选择的研究较少。高越和李荣林（2008）将分割生产（Fragmentation）的指标引入 HMY 基本模型中，并利用中国的微观数据进行检验，得出的结论认为：生产率水平较低的企业选择出口行为；而生产率水平较高的企业则选择分割生产形式的对外投资。而且，从生产率的分布看，生产率水平越高的企业，则会选择把更多的生产环节配置到国外；生产率水平最高的企业则会做出水平型投资方式的选择。李春顶（2009）在 HMY 基本模型的基础上，分析企业的国际化路径选择问题。但是他的研究中放弃了企业在生产之前对其自身生产率水平模糊认识的相应假设。他选取我国 36 个行业 1997～2006 年的中观层面的数据，用三种不同的测度方法估算并矫正行业全要素生产率（TFP），得出我国不同行业应该有的国际化路径选择。研究结果指出：具有较高生产率水平的企业应该选择国际直接投资，而与之相比具有较低的生产率水平的企业则选择出口贸易方式。施炳展和齐俊妍（2012）的研究则是从金融发展会从根本上降低企业国际化行为中固定成本的视角，分析金融发展对企业出口和FDI决策的影响。他的研究发现金融发展会促使非出口企业转为出口企业，同时会促使部分出口企业转为FDI企业，充分认识了金融发展的重要性。刘淑琳和黄静波（2011）利用 K - S 检验方法以及2002～2007年中国752家制造业上市公司的全要素生产率的数据进行实证分析，研究的结果发现对外直接投资企业的全要素生产率分布明显优于出口企业和内销企业。田巍和余淼杰（2012）则是采用浙江省制造业企业的微观数据，利用OP方法衡量企业TFP。研究结果发现生产率越高的企业对外直接投资的机会越大，而且同时投资的量也越大；比较有意思的是，他们发现投资目的国的收入水平并不是显著影响企业的投资行为。

第二节　不完善金融市场与异质性企业国际化

市场不完善机制内容可以分析融资约束、信用风险、地方垄断以及寻租和腐败行为，作为本部分的分析，我们主要集中与金融市场不完善的层面。进一步需要说明的是，作为发展中国家的中国，企业面临较为严重的融资约束或者市场机制不完善。这是作为分析企业异质性的重要因素之一。融资约束影响到企业参与出口的行为，同时根据第二部分的论述，由于对外投资的生产率的要求更高，所有面临融资约束的国家很难实现对外直接投资，而它需要的是更多的流入的FDI，以解决内部融资约束问题。

根据已有的研究发现，当企业面临一定的融资约束时，生产率等异质性对企业出口决策的影响将被弱化，而融资约束则成为重要的决定因素。因此，在企业异质性的基础上以及沉没成本的要求下，诸多的学者开始关注融资约束与出口决策之间的关系。

梅里兹（2003），伯纳德和瓦格纳（2003），鲍尔温（2005）以及 IS-GEP（2008）都给出只有高生产率效率的企业才能弥补出口的沉没成本，参与国际出口行为。但需要指出的是，上述的理论以及实证分析都是建立在完全金融市场的基本假设之上的。而在经济现实中，金融市场并非是完善的。这种情况下，企业的融资约束存在一定差异（Fazzari，1988）。因此从金融市场不完善这个角度看，融资约束指标也应当成为企业异质性的因素之一。钱尼（2005）则是最早将流动性约束引入梅里兹（2003）的基本模型的学者。他的理论模型用于分析融资约束对企业出口的影响。他的分析认为企业的融资约束与生产率水平一样，都是企业异质性的来源。而且他得到的结论是：具有较高流动性的企业，其面临的融资约束是较小的，因此能够克服进入出口市场的沉没成本，从而更容易参与出口。而与钱尼（2005）强调内部融资约束不同，马诺瓦（Manova，2009）则强调外部信贷约束的作用，将外部信贷引入模型，分析不同国家的异质性企业出口决策与融资之间的关系，研究的结果发现一国的金融市场影响企业的出口决策：发达国家的融资环境更为完善，企业获取外部融资的成本更低，则企业参与出口的可能性是越大的。穆勒斯（Muuls，2008）则是考虑将内部融资约束与外部融资约束共同加入 Melitz 模型中，分析认为受到融资约束的企业参与出口的可能性更小，而且进一步分析指出只有面临较小融资约束的高技术水平的企业，出口的可能性才更大。恩格曼等人（Engemann et al.，2011）将商业信贷以及银行信贷同时引入到企业出口决策的分析模型中，研究认为两种融资方式对企业出口决策都有重要的影响。

在后续的研究中，学者对融资约束与出口决策之间的关系进行相应的实证检验，综合已有的实证分析，我们发现研究的结论基本一致：融资约束对企业出口决策具有较为重要的影响。莫伊尼（Moini，2007）对美国的非出口企业进行调查，发现沉没成本是企业进入出口市场前首要考虑的问题。格里纳韦等人（2007）使用英国制造业企业数据得出只有那些不受融资约束的企业才能够有更大的出口可能性。贝洛内（Bellone，2008，2009）使用法国制造业企业的微观数据；纳加拉杰（Nagaraj，2010）使用印度制造业的微观数据；福拉尼（Forlani，2010）以及米内蒂和朱（Minetti & Zhu，2011）使用意大利中小企业的微观数据分别分析了融资约束对出口决策的影响。他们的研究得出融资约束对于企业的出口决策具有较为重要的影响。融资约束程度较高的企业因不能克服进入国外市场的沉没成本而无法参与出口。穆勒斯（2008）使用比利时制造业企业的微观数据；伯曼和赫里考特（Berman & Hericourt，2010）使用9个发展中国家企业的微观数据，来分析融资约束对企业出口二元边际的影响。他们的研究同样支持融资约束影响出口参与决策的观点，而且进一步的分析指出，只有企业有足够的外部融资时，生产率对出口决策才有较为重要的影响。达米安（2009）的研究发现获得足额融资的企业能够增加自身的出口规模，而且他指出，相对于大规模的企业来讲，小规模企业的融资约束对其出口额的影响更大。马诺勒和斯巴塔里纳（Manole & S patareanu，2009）的研究指出融资状况越便利的企业，其出口的可能性是越大的。阿什肯纳兹等人（Askenazy et al.，2011）分析融资约束与企业出口地数量之间的关系，研究结果指出融资约束减少了企业出口地数量，并且增大了企业退出出口市场的概率。艾克等人（Eck et al.，2012）则通过实证分析给出了商业信贷以及银行信贷对企业出口同样具有促进作用。

作为最大的发展中国家——中国，国内企业面临较为严重的融资约束的问题以及现实状况。在世界银行曾给出的投资环境调查报告中显示：中国是80个样本中金融约束最为严重的国家（Claessens & Tzioumis，2006）；此外，世界银行在2011年给出的全球183个国家和地区的经营环境排名的情况，中国位列第91名，而中国的信贷融资便利程度位列第67名，说明中国企业在经营过程中存在一定的融资约束。[5] 李和于（Li & Yu，2009）利用中国的工业企业调查的相应数据，分析融资约束对企业出口的影响。他们的研究中，以企业的利息支出来表征企业面临的融资约束状况，研究表明融资约束越小的企业出口的可能性越大。于洪霞（2011）通过使用应收账款相对比率等指标分析融资约束与出口决策之间的影响关系。研究结果发现国内的融资约束限制了企业的出口选择。孙灵燕和崔喜君（2011）认为民营企业的出口相对于国有企业，更加依赖于外源的融资状况。杨东峰（2011）的研究则认为融资环境差的企业面临出口额下降甚至被迫退出出口市场的危险。孙建波和吴迪（2011）的研究表明融资约束对企业出口的阻碍作用，主要体现在集体性质企业。而且他们进一步指出金融改革能够缓解融资约束对出口的阻碍作用。孙灵燕和李荣林（2012）借助格里纳韦等人（2007）利用世界银行投资环境调查数据，给出融资约束对中国企业出口的影响分析。他们的研究认为：融资约束是限制国内企业参与出口的重要因素。进一步分析可得：不同所有制企业对融资约束的依赖程度是不同的。国有企业、外资企业的融资约束对出口参与的影响并不显著，而民营企业的融资约束对出口参与的影响十分显著。阳佳余（2012）采用赫克曼（Heckman，1979）选择模型，并利用中国2000～2007年3万多家工业企业数据，分析包括融资约束，商业信贷等变量的企业融资约束综合指标对企业出口参与的影响。研究结果表明，融资约束的改善可以大大提高企业参与出口的概率；同时也对企业的规模有重要的影响。进一步分析得出：融资状况改善对外资企业出口的影响最显著；与国有企业相比，民营企业虽然受到更为严重的融资约束，但其出口表现并未更差。朱英杰（2012）探讨了融资约束与生产率对企业出口的共同影响，指出生产率对企业出口的促进作用还有赖于企业的融资水平。于建勋（2012）的研究也指出融资约束对于企业的出口决策有显著的影响。同时，陈伟涛（2012）通过对中小企业出口与融资约束的研究以及林玲等（2009）对金融发展与企业出口关系的研究都支持融资约束改善可以增加企业出口。康志勇（2013）研究了融资约束以及货款拖欠等现象对出口的影响。研究发现融资约束以及货款拖欠等行为对企业出口具有负向影响。对于如何缓解企业融资约束的方法，冼国明和崔喜君（2010）指出流入的 FDI 能够通过产品市场缓解民营企业的融资约束。赫里考特和庞塞特（Hericourt & Poncet，2009）以及罗长远等（2011）也给出一致的研究结论。此外，伽内什等人（Ganesh et al.，2001），托内尔和魏特曼（Tornell & Weatermann，2003），坎帕和谢弗（Campa & Shaver，2002），格里纳韦等人（2007）以及布里奇斯和格里哥利亚（Bridges & Guariglia，2008）等的研究则指出，融资约束与出口之间的关系是事后的，也就是说出口能够改善企业的融资约束状况。他们通过对西班牙、英国、美国等国企业层面数据的实证分析，佐证了自己的理论。

第三节　本章小结

　　本章对已有的文献进行了梳理分析，主要集中在同质性企业的国际化路径分析、异质性企业国际化路径分析以及不完善金融市场下异质性企业国际化路径分析。我们通过对比分析发现：

　　第一，已有的研究集中于企业面临银行层面的融资约束，继而导致一定的流动性约束，对企业的国际化经营决策产生一定的影响，而较少涉及企业面临的贸易伙伴的信用风险，从而产生一定的流动性约束，对企业国际化决策的影响。

　　第二，已有的研究集中于分析融资约束对企业出口决策的影响，而较少涉及不完善的金融市场对企业 FDI 决策的影响研究。

第三，已有的研究从数据选择来看，都是从截面或者时间较短的面板数据进行分析，本文则将截面与较长时间维度的面板数据进行对比分析，得出企业面临的信用风险对其出口决策的影响，并在此基础上，分析信用风险对企业 FDI 决策的影响。

本 章 注 释

1. 关于企业国际化路径的分析，有学者指出出口并不在国际化路径的选择之中，而对外直接投资等则是国际化路径的选择之一（Zan L.，Zambon & Pettigrew A.，1993）。但是在本文的分析中，我们将出口也认定为企业的国际化决策之一（李春顶，2009 等）。

2. 对于企业国际经营的基本解释，出口层面是国际贸易理论；在对外投资层面，主要是对外投资理论，投资的基本动机与经济学中提到的内部化有很大的影响。内部化的理论则主要包括区位成本理论以及交易成本理论等。

3. 对于异质性，从企业层面而言，可以通过生产率、专门性的技术水平、工人技能水平以及产品质量等方面给出。

4. 关于自我选择效应的提出，首先是由 Clerides，Lacn 以及 Tybout 在1998 年给出的。

5. 具体可以参见世界银行给出的《全球营商环境报告（2011）》。

第三章

不同类型国家信用体系对比分析

第一节 商业信用的一般描述

"信用"的内涵与外延是十分丰富的，不同学科都赋予它不同的意义。本研究仅从经济学的角度去理解"信用"。

经济学意义上的"信用"指的是经济活动中不同经济主体间的相互借贷关系，是借贷行为的总称。近代西方经济学家如亚当·斯密、西斯蒙第等人认为"信用"就是指一定的借贷活动，即在相应的借贷过程中"让渡一定使用价值"、"借贷财富的使用权"、"借出货币"等[1]。而马克思指出"信用"是价值运动中的特殊形式："信用，在它最简单的表现形式上，是一种适当或者不适当的信任，它使一个人把一定的资本额，以货币形式或以估计为一定货币价值的商品形式，委托给另一个人，而这个资本额到期一定要偿还"。[2]《新帕尔格雷夫经济学大辞典》指出："提供信贷就是意味着把对某物的财产权进行让渡，以交换在将来的某一时刻对另外物品的所有权。"因此，经济学普遍意义中的"信用"有三个特征：一是让渡货币或商品的有偿性；二是让渡货币或商品与得到价值补偿的时间间隔性；三是交易行为的契约性。[3]

同时，经济学意义上的"信用"可以依据不同的标准进行分类。以信用行为主体进行分类，可以划分为商业信用、银行信用、国家信用以及消费信用等；以社会形态进行分类，可以划分为前资本主义时期信用（即所谓的高利贷信用）、资本主义时期信用、社会主义时期信用。学术界多以这样两种划分标准对信用类型进行划分。而本文的分析则是以第一种为基础，主要涉及商业信用层面。

信用是为适应商品经济发展的需要而产生并同时不断变化发展的，而且信用已经成为市场经济的重要特征和基础。不论在何种社会制度下，只要存在着较为发达的商品货币关系，就一定存在信用关系。而在商品经济的信用体系中，商业信用和银行信用是最为基本的信用形式。银行信用在整个信用体系中居于主导地位，而商业信用则是整个信用体系的基石。信用在商品经济发展过程中的作用是至关重要的，尤其是商业信用和银行信用。但同时，作为一枚硬币的两个面，它也会带来一定的风险，产生虚假繁荣，引发经济危机。有学者认为，发端于美国的次贷危机并由此引发的全球金融危机，就是一场信用危机。[4]

本书的分析着眼于商业信用。商业信用并没有脱离经济学信用范畴。马克思在分析 19 世纪资本主义制度下的商业信用之后，指出商业信用是"从事再生产行为的资本家互相提供的信用，这是信用制度的基础"。[5]鲁道夫法西亭指出，商业信用是生产资本家互相为对方提供的作为商品资本的商品，是"流通信用"。[6]而国内对商业信用的解释，存在三种不同的说法。第一种是：企业在正常的经营活动和商品交易中由于延期付款或预收账款所形成的企业之间的信贷关系；第二种是：在商品销售过程中，一个企业授予另一个企业的信用。如原材料生产厂商授予产品生产企业，或产品生产企业授予产品批发商，产品批发商授予零售企业的信用；第三种是：工商企业之间相互提供的，与商品交易直接相联系的信用形式。包括企业之间以赊销分期付款等形式提供的信用以及在商品交易的基础上以预付定金等形式提供的信用。[7]

在信用的发展历程中，商业信用是最早出现的，其演变的形式是多种的。具体而言，包括赊购赊销、预收预付货款或定金、分期付款、补偿贸易、商业汇票、应收应付款等，这些类型可以归纳为两大类："先货后款"以及"先款后货"。[8]其中，赊购赊销、分期付款、商业汇票以及应收应付款属于"先货后款"形式；预收预付货款或定金属于"先款后货"形式。[9]

随着信用在现代经济的不断发展，信用已经无处不在。但是，也正是因为信用的无处不在，会带给经济交易的双方带来不确定性。而这种不确定性，就是我们在金融学中提到的风险。信用风险在经济活动中表现为两种情况：一种是银行信用风险，另外一种是商业信用风险。前者是企业向银行借款而有可能不还给银行带来的风险，这样，银行可能面临坏账损失或者承担企业延期支付欠款的成本。后者是指企业以信用方式销售商品或者提供服务，但客户可能无法全额支付货款，或者在承诺的时间之后才能支付货款，企业所面临的损失。[10]

商业信用风险产生的必备条件是债务人违约，债务人之所以违约，其原因可以归纳为两种：一是没有能力偿还欠款以至于违约；二是有能力但是主观不偿还欠款以至于违约。没有能力偿还欠款的，有可能是经营者能力的问题，也有可能是经营者能力足够，但是却不够"勤奋"，或者太过"懒惰"，以至于所有者没有能力偿还欠款，这种形式的违约具有暂时性、短期性、客观性、被动性等特点。有能力但是主观不偿还欠款的，可能是由于信息不对称造成的，授信企业[11]对客户[12]的信用并没有完全信息，客户的主观行为导致授信方的损失；也有可能是由于预期造成的，受信方对于未来预期是悲观的、不确定的，所以选择违约。[13]这种违约相对来讲，具有主观性、主动性甚至是长期性等特点。

第二节　征信国家的信用体系

正如前文分析中提到，市场经济就是信用经济。一国信用体系的建设是随着市场经济的发展而不断发展并逐渐走向成熟的。企业征信制度，是指由专业化的信用管理或服务企业（公司）对全社会企业以及个人的资信状况进行系统的调查并且评估，按照市场化原则向全社会开放征信资料和数据，并提供信用报告的企业信用征信管理制度。专门的信用管理或者服务公司则被称为征信企业。由此我们也可以把国家依据是否征信分为两类，即"征信国家"和"非征信国家"。"征信国家"是指一个国家的信用体系比较健全，形成了独立、公正且市场化运作的征信服务企业主体，从而保证以信用交易为主要交易手段的成熟市场能健康发展；[14]"非征信国家"则指该国的企业征信制度相对欠发达，同时征信企业相对较少或在社会经济生活中没有发挥重要作用的国家。[15]

本节主要论述征信国家的信用体系。自 1830 年以来，当时最为发达的国家英国在伦敦设立了第一家征信公司，为各种市场主体顺利进行市场交易进行服务，由此开始了信用制度建设的实践。在此后近 200 年的时间里，几乎所有的市场经济国家都在进行信用制度建设。借鉴李新庚[15]（2002）以及潘华[16]（2013）的论述，文章把征信国家分为三大类：第一类是以市场化的商业运行形式为主体的企业征信体系。美国则是这种信用体系；第二类是以中央银行建立的中央信贷登记为主体的企业征信体系。德国、法国等欧洲国家都是这种。中央银行建立中央信贷登记系统主要由政府出资，建立全国数据库的网络系统，征信加工的产品主要是供银行内部使用，服务于商业银行防范贷款风险和中央银行监督及货币政策决策[17]；第三类是由银行协会建立的会员制征信机构与商业性征信机构共同组成的企业征信制度体系。日本是该体系的典型代表。

一、美国信用体系分析

毫无疑问，美国是世界上信用制度最为完善的国家，其信用制度的发展已经超过 170 年的跨度。美国的信用行业产生于 19 世纪 40 年代初期，20 世纪 30 年代前后开始快速发展。[18]现代的信用管理则产生于 20 世纪 50 年代，到了 80 年代而更为成熟，形成了规范、稳健、高效的信用管理体系。综合来看美国的信用体系，其最为突出的特点是市场化程度高，可以说在信用行业的每一个环节都是让市场自由地发挥功效，而政府充其量只是从旁协助。美国的整个信用制度逐渐形成由法律制度、信息系统以及中介机构到具体交易法则构成的较为完善的信用体系。[19]

（一）法律建设

美国信用法律经历了 20 世纪 60 年代之后近 20 年的快速发展与出台，已经逐渐形成相对完善的框架体系。与信用相关的法律共计 17 项之多，除其中的一项《信用控制法案》（Credit Control Act）是在 20 世纪 80 年代终止。一直在使用的其余 16 项法律分别为：《公平信用报告法案》（Fair Credit Report Act）、《公平债务催收作业法案》（Fair Debt Collection Practice Act）、《平等信用机会法案》（Equal Credit Opportunity Act）、《公平信用结账法案》（Fair Credit Billing Act）、《诚实租赁法案》（Truth in Lending Act）、《信用卡发行法案》（Credit Card Issuance Act）、《公平信用和贷记卡公开法案》（Fair Credit and Charge Card Disclosure Act）、《电子资金转账法案》（Electronic Fund Transfer Act）、《储蓄机构接触管制和货币控制法案》（Depository Institutions Deregulation and Monetary Control Act）、《甘恩－圣哲曼储蓄机构法案》（Garn – St Gremain Depository Institution Act）、《银行平等竞争法案》（Competitive Equality Banking Act）、《房屋抵押公开法案》（Home Mortgage Disclosure Act）、《房屋贷款人保护法案》（Home Equity Loan Consumer Protection Act）、《金融机构改革－恢复－执行法案》（Financial Institutions Reform，Recovery，and Enforcement Act）、《社区再投资法案》（Community Investment Act）、《信用修复机构法案》（Credit Repair Organization Act）。[20]上述各项法案，涉及信用经济中的各个方面，无论是法人还是自然人，都有一定的信用管理和约束机制，保证该国信用体系的正常运转。

美国所有与信用有关的法律都是围绕规范授信、平等授信机会、保护个人隐私等问题来制定的。这也就意味着，商业银行、金融机构[21]等资信调查都受到法律的明确约束和保护。而这些法律中，最为重要的当然是《公平信用报告法》。

（二）征信系统

是否有完善的征信系统是社会信用体系健全的与否的重要标志之一。征信系统的根本功能在于将资本、企业以及消费者等各个市场上的信息在法律约束下能够公开而且公正地予以报道，以便经济行为人可以做出正确的选择。由此可见，征信系统中最为重要的是征信数据。而基于征信对象分类，征信数据则包含企业资信数据以及个人征信数据。

美国企业资信数据主要四个重要数据库，分别是邓白氏商业记录编号、美国标准工业编码、北美工业分类系统以及美国信用评级服务公司。[22]邓白氏商业记录编号（DUNS 编码）是美国邓白氏公司为全球企业设立的身份号码。而一个邓白氏编码则能够表明企业的良好信誉以及优质管理。邓白氏公司的"世界数据库"（World Base）是目前世界上最大的企业征信数据库，其数据库囊括了全球 23380 万家企业的信用档案分析，其中包括中国 130 多万家企业的资信数据。数据库中这些企业都是根据 DUNS 编码对号的，通过编码可以很快查找并编写出对应企业的资信报告。标准工业编码（Standard Industry Classification，SIC）是美国最为主要的编码体系。而且标准工业编码已经被各国广泛应用，并被国际标准化组织（International Standard Organization，ISO）所接收。SIC 所采用的是纯粹的数字编码体系"杜威法"（Dewey Decimal Classification），即采用 4 位数字的数字编码形式。前两位数字表示企业所在的行业大类，而后两位则表示行业内企业的专业划分。北美工业分类系统是随着经济的不断发展而建立的。20 世纪 70 年代之后，美国的第三产业在整个经济中的比重已经超过第一、第二产业，因此作为最初的 SIC 分类与当时的经济不相符合。在北美自由贸易区成立之后，北美工业分类系统也建立起来，并且逐渐取代SIC 编码。最后，关于信用评级公司，世界有三大著名的信用评级公司，[23]美国则拥有其中两家标准——普尔公司以及穆迪公司。从公司特点看，标注－普尔公司在全球的覆盖面要大于穆迪公司，但是后者具备对亚洲的良好的研究。根据国际清算银行的报告，穆迪覆盖了超过 80% 的银行以及近80% 的企业的信用评级，标普则涵盖了近 40% 的银行以及 70% 的公司的信用评级。[24]信用评级在市场经济中的作用是明显的，它可以影响到各国主权发行体以及企业的融资行为，具体来看，信用评级较高，则融资相对容易，而且利率较低；反之，信用评级较低，则融资比较困难，而且利率较高。同时，信用评级的高低也是投资换机优劣的一个重要指标。

消费者个人信用数据主要集中在品行（Character）、能力（Capability）、资金（Capital）、条件（Condition）以及抵押担保（Collateral），同时还有个人的付款记录、收入、债务等。[25]在美国国内，负责对消费者个人信用数据进行调查整理的公司被称为"信用局"（Credit Bureau）。在其《公平信用报告法》的规定下，信用局对消费者的个人征信过程有一个基本流程。消费者可以每年要求征信机构免费提供其个人征信报告，以便确认报告的正确性。如若存在不实之处，消费者可以致电或者致信该机构予以更正。征信机构在接到消费者申述之日的 30 天内，对申述事件进行调查分析，并做出判定。同时，为了防止滥用法律，信用局还会设置预防欺诈小组，以专门处理各种异常事件。政府工作人员若向征信机构或者征信局索要消费者个人的信用数据时，征信局则会免费供应，但仅仅限于那些拥有由地方、州级和联邦所属法院法官签发公函的人，而对于检察官、联邦调查局以及警方索取时，征信局则依据法律不予供应。进一步，说到美国信用局的发展，则开始于 20 世纪 20 年代。第二次世界大战之后，是信用局的快速发展时期。目前，美国最重要的三家信用公司为：Equifax，Experian，TransUnion。Equifax 公司的征信数据资料库是相当庞大的，拥有 1.9 亿以上美国人以及 1500 万以上加拿大人的个人征信数据档案。[26]其服务的范围主要集中在信用服务以及保险服务两大块。Experian 公司是美国最大的信用公司，掌控美国三分之二的信用咨询业务，其主要的客户是银行以及金融信托等机构。Trans Union 公司是三个公司中成立最晚的一个，但是发展速度却非常迅速。运用兼并的策略，用仅仅几年的时间，就跻身美国三大信用公司行列。

（三）信用管理机构

美国的信用管理是采取政府与民间管理相结合的方式进行。而在官方，对于信用管理行业以及相关业务，美国并未设立相应的信用管理局。而是根据市场的发展以及各项法律的逐渐设立，自然分配给相关的部门。从法律立法的针对性看，美国信用管理相关法律主要针对银行以及非银行机构两大类别。进一步分析，银行相关的法案则主要在规范商业银行的相关信贷业务行为，而非银行相关的信用法案主要在于规范信用管理行业的行为。根据这个分析，美国信用法律的主要执法机构也大致有两大类，分别是银行系统的执法机构财政部货币监理署（Office of Comptroller of the Currency，OCC）、联邦储备系统（Federal Reserve System）以及联邦储蓄保险公司（Federal Deposit Insurance Corporation，FDIC）；非银行系统的执法机构则有联邦贸易委员会（Federal Trade Commission，FTC）、司法部（Department of Justice）、国家信用联盟管理办公室（National Credit Union Administration）、储蓄监督办公室（Office of Thrift Supervision）等等。[27]

信用管理的民间机构在征信管理方面起着至关重要的作用，这些民间的管理机构主要是：美国信用管理行业协会、美国银行业公会、信用报告行业协会、信用研究中心还有全国零售商协会。美国信用管理协会是国内最大的、历史最久的信用管理组织，他在同美国联邦政府等交往的过程中代表各个会员的利益，并参与政府关于信用法律的制定和修改。美国银行公会则更为专业，提供各种教育培训机会。信用报告协会是由美国信用报告机构以及信用公司构成的。信用研究中心则由美国印第安纳州普渡大学成立。全国零售商协会专门设立信用管理小组，对会员提供零售信用管理。

关于惩戒机制。美国的不良信用惩戒机制是由民间运作的。不良的信用记录会保留 10 年，在此期间内，企业或者个人不得进行银行贷款、信贷消费、信用卡服务等。若骗取他人信用报告的，则被处以一年以下的徒刑，并处以 5000 美元的罚款等。[28]

　　基于美国征信体系的历史发展，笔者介绍了美国在征信体制上的法律建设、征信系统即征信数据、征信管理机构等几个方面，给大家从宏观上展示了美国征信体系的不断发展。除此之外，美国在跟人信用体系方面还设有一定的评分体系，以便于商业银行做出是否给个人贷款的决策；在信用教育方面，学校相应专业的设立有严格的规定以及条件，美国的信用管理教育问题做的是非常到位的；在证券市场方面，《1933 年证券法》以及《1934 年证券交易法》都给出完善的制度保障。这些体制建设都应该被我国所借鉴，并不断发展应用。

二、欧洲国家信用体系分析

　　欧洲的大部分国家都是征信国家，在信用体制建设方面都比较健全。欧洲的整个征信系统和征信数据的保护，都是十分完善的体系。总体来看，这都是值得国内借鉴的。

（一）法律建设

　　欧盟成员国内，对于有关信用管理的法律，通常被称为《欧盟数据保护法》。在一定程度上，这个法律可以与美国的《公平信用报告法》相媲美。欧盟的信用管理法律，首先是保障消费者个人的隐私，同时又必须使得征信数据健全。在 1990 年，德国产生了欧盟历史上第一部《数据保护法》。此后 5 年，欧盟部长会议通过了《数据保护指南》。并于此后不断修改，最终命名为《在处理个人数据以及自由传播数据时对个人的保护》。同时，欧盟要求各成员国都制定关于个人数据处理的法律。这些法律都被要求个人有权使用并且能够更正相关信息，同时，这些数据必须以简单明了的方式传送给消费者个人，并指出信息的来源以及使用的具体情况。而且该《数据保护指南》也明确指出跨国企业的数据处理也应当遵循欧盟的法律规定。

　　当然，由于国别不同，信用数据的管理以及保护的程度、水平是不同的。所谓的低水平的保护，即不问任何目的，任何人都能够获得消费者的征信数据；中水平的保护则只有被认可的查询才可以获得数据，比如贷款等；高水平的保护必须有消费者的签名，才可以获得相应的征信数据资料。在德国，1990 年颁布的《联邦数据保护法》指出，个人征信数据的处理以及使用都必须征得本人的书面同意。在法国，《隐私保护法》对个人的数据保护比其他国家更为严格。无论任何机构使用个人数据，都必须告知本人，并且得到授权。丹麦的《私营登记法》对隐私也作出了严格的规定。只有持有执业许可的信用公司才可以对个人数据进行收集，而且必须获得个人的同意，同时这些数据只能够给信用公司自身客户使用。比利时同样需要书面通知个人。意大利则遵循 1996 年颁布的《675 号法》，需要使用或者处理数据的机构以及个人必须征得本人的同意并获得授权，才能够有相关行为。而与其他国家不太一致的是，英国的信用公司只要拥有许可证，就可以对个人的数据进行收集，不需要事先征得个人的同意。西班牙、葡萄牙等国家都指出，收集和使用个人信息都必须征得个人同意并授权。从总体来看，奥地利、比利时、德国、希腊、意大利、葡萄牙、瑞典以及英国等国家在信用管理的法律建设方面甚至比《数据保护指南》的要求更为苛刻，但同样有一些国家，其信用管理法律是需要进一步完善的，比如丹麦、芬兰、法国、爱尔兰、卢森堡、荷兰以及西班牙等。[29]

（二）征信系统

整个欧洲征信系统由两个部分组成：私营的征信公司以及公共信用系统。一般信用公司对于信息的交流以及传递，是遵循个人的自愿原则。公共信用系统则是中央银行的管理下，由贷款人报告借款人的基本情况，系统对相应个人数据进行处理后，把最后的信息反馈给贷款人。

对于私营的征信公司而言，由于国别不同，自然收集和整理的数据也是不同的。奥地利最大的征信公司是 KSV，它负责收集正面和负面的所有信息；比利时依靠 UPC – BVK 来提供征信服务，但该协会只是处理负面信息；丹麦的 RKI 提供国内企业以及个人的征信数据，但同样也只有负面数据；芬兰是运用私营机构 Suomen Asiakastieto 进行公告信用登记的唯一国家，该机构作为芬兰工商业者的代理机构，仅提供负面信息的相应数据；法国目前只通过法兰西银行进行消费者以及企业负面信息数据处理；德国最大的征信公司是 Bundes Schufa，该公司成立于 1927 年，它同时对正面以及负面信息进行整理；希腊的征信机构发展较其他国家而言，较为落后。只是有一个记录面临流动性约束的企业家以及一些消费者的数据库，该数据库是瑞士银行协会支持的一家私营企业在管理；爱尔兰的征信公司 ICB 成立于 1963 年，它管理 100% 的消费者市场信用数据以及 80% 的商业企业市场，同时处理正面以及负面数据；[30] 意大利最大征信公司 CRIF，对消费者以及中小企业的正面以及负面信息同时进行处理和收集；荷兰仅有一个征信公司，BKR 建立于 1965 年，同样也处理正面以及负面信息；葡萄牙的征信公司 ASNEF–Equifax 同时整理正面以及负面信息；瑞典有两个征信公司，Soliditet AB 以及 UC，他们都处理正面以及负面信息，并发布消费者个人以及企业的信用报告；瑞士的征信公司 ZEK 建立的比较早，成立于第二次世界大战后初期，同时处理消费者以及企业的正面以及负面信息，到 1972 年已经基本实现计算机化；英国的征信业是比较发达的，但是征信公司基本都是美国的跨国公司，主要是 Experian 以及 Equifax，他们同时处理正面以及负面信息。[31]20 世纪 90 年代以来，欧洲的征信公司出现了集中化发展以及并购浪潮，美国三大征信公司将欧洲的一些征信公司兼并、收购。这种并购趋势，则在根本上催生欧洲整体征信系统的快速发展。未来短期内，欧洲大陆可能形成与美国一样的，仅有几家征信公司立足的征信体系。

此外，欧洲的各个国家还具有不动产抵押信息的公共信用登记信息系统。这种公共信用登记信息系统，是指"为向商业银行、中央银行和其他金融监管部门提供关于公司、个人乃至整个金融系统的负债情况而设计的一套信息系统"。[32]该公共信用系统一般有中央银行管理，芬兰是个特例，该国的所有征信系统都是由一家私营公司负责。只有被授权的央行职员出于监管的原因而且要严格保密的前提下，或者是提交报告的金融机构才能够使用公共信用系统。奥地利的公共信用系统建立于 1986 年，其国内所有的信用机构、金融机构、保险公司以及超过 500 万先令的贷款都必须在公共信用系统登记。但是公共信用系统只是记录正面信息，这些数据可以在所有的成员信用机构共享；比利时有两个公共信用系统，一是关于企业的，二是关于个人的。企业的公共信用系统包括正面以及负面的所有信息，而个人的公共信用系统则只是包括负面信息；法国的公共信用系统与比利时的相似，包括同时记录正面以及负面信息的企业公共信用登记信息系统以及仅记录负面信息的个人公共信用登记信息系统；德国的公共信用系统建立于 1934 年，按照德国《金融法案》的要求，德国所有的信用机构、金融机构以及国外分支机构都必须按季度向德意志银行报告相应的数据，但要求的是在前三年间贷款超过 300 万马克的贷款人信息必须上报，以备成员机构查询；意大利的公共信用系统建立于 1962 年，可以说是欧洲最为完整、精确的公共信用系统，其国内的商业银行、意大利央行监管下的其他金融机构以及外国分支机构都被强制性的加入到公共信用系统，而且必须每月提交相应信息；葡萄牙的公共信用系统建立于 1977 年，大部分借款人、所有的信用机构、金融公司、保险公司等以及超过 1000 埃斯库多的违约、拖欠都要上报，因此该公共信用系统主要处理负面数据；西班牙公共信用系统建立于 1963 年，同样规定所有的信用机构、存款保险机构、金融机构等都必须上报直接以及间接信用风险。这些国家建立的公共信用系统存在一定的差异性，但总体看来，都具有一定的强制性、机密性以及电子信息化。[33]

（三）信用管理教育以及信用评级体系

位于英国 Oakham 的信用管理学院（Institute of Credit Management，ICM）是为整个欧洲提供信用管理教育的机构，成立于 1939 年。其目的在于培训企业高级信用管理人才，同时培养信用管理从业人员。此外，英国的里斯大学（Leeds University）也专门在商学院设立了信用管理研究中心，提供信用管理专业的硕士培养。当然，欧洲其他国家的大学也都开设信用管理的相应课程，但并没有相应的信用管理专业学位。

欧洲的信用评级体系是因国家而异的，而且一般都是由各国的中央银行进行。在这个方面，法国做得比较好，通过法兰西央行在全国范围内的数据收集，建立了 FIBEN 数据库，在此基础上，对企业做出一定的信用评级。具体评级可以分为一般规则的信用评级以及财务规则的信用评级。[34]

笔者较为粗略地介绍了欧洲各国的征信体系的建设，大致围绕法律建设、征信系统即征信数据的收集和处理，以及信用管理教育和评级问题展开论述。我们可以看到，整个欧洲以央行为主体，建立公共信用系统，同时有一定的私营征信企业运营的征信体系，其覆盖面是比较广的，信息的完善度是比较高的。这些都是我国值得借鉴的。

三、日本信用体系分析

日本信用体系的发展，与欧美相比是不足的，但与发展中国家相比，总体看仍然是相对完善的。该国的信用体系，是比较典型的会员制行业协会式的征信体系。之所以出现这种模式，最主要的原因在于日本国内的行业协会具有十分大的影响力。在这种模式下，各个行业协会则会发起并建立相应的信用信息中心，为协会的成员提供个人以及企业全部的信用信息，同时实现对个人以及企业的信用信息的数据收集以及整理。而且重要的是，这种形式的信用信息中心等机构并不以盈利为目的。

（一）法律建设

日本的有关信用管理法律主要有：1987 年 3 月，日本银行家协会制定出了《关于金融机构等保护个人信用数据的指针》。1988 年 12 月，日本则颁布了《行政机关保有的电子计算机处理的个人信息保护法》，对行政机关中保存的个人信息提供相应的法律保护；1993 年，日本行政改革委员会提出了《行政改革委员会行政信息公开法纲要》，该纲要对征信机构收集政府部门信用信息的数据提供一定的法律根据和保障。1999 年，日本制定了《信用信息服务机构的个人信用信息保护方针》，该方针规定征信机构在收集个人信息的时候，只能将收集的信息集中在判断个人信用档案主体的支付能力与偿还能力上，而不能过多地牵涉个人信用档案主体的隐私问题。2005 年 4 月，《个人信息保护法》在日本出台并实施，该部法律标志着日本一部相对完整的个人信息保护法律体系的基本构建。[35]同时，日本所有的行业协会的内部规定都对信用管理的发展发挥着至关重要的作用。

日本的法律对个人信息的保护主要集中以下四个方面：一是在对个人信用信息的档案归档以及内容确认的具体监管上；二是在对个人信用信息的使用以及传播的控制上；三是对个人信用信息数据的管理上；四是对个人或者企业请求、数据更正或删除的管理上。[36]

（二）征信系统

日本的征信系统主要是行业协会主导建立的。日本的征信机构大体上可划分为银行体系征信机构、消费信贷体系征信机构和销售信用体系征信机构三类。而与这三大体系相对应的行业协会分别是：银行业协会、信贷业协会以及信用产业协会。而这些协会的会员主要包括银行、信用卡公司、商业企业以及零售店铺等。这三大协会则建立了不同的征信公司：日本银行家协会对应个人信用信息中心；日本信用企业联合会对应日本信用信息中心；日本消费者信用协会对应信用信息中心。首个个人信用信息登记中心于 1973 年建立并投入使用，随后日本全国各地的银行协会分会相继建立多家地方性的个人信用信息登记中心。截至 1988 年，全国银行业协会把日本国内的信用信息登记中心统筹运作，建立个人信用信息登记中心。此外，三家征信公司在 1987 年通过 CRIN 系统实现相互之间的信用信息的共享。而且，与此同时日本征信系统也存在一些商业性的征信公司，如"帝国数据银行"，它拥有亚洲最大的企业资信数据库，有 4000 户上市公司和和 230 万户非上市企业资料，占领 70% 以上的日本征信市场份额。[37]日本国内消费者信用信息并不是完全公开，只是在协会成员之间可以交换使用，这其中并无明确的法律规定。但是在银行授信前，会要求借款人签订一系列关于允许将其个人信息披露给其他银行的相应合同。

第三节　非征信国家的征信制度建设

在前文的分析中提到，非征信国家是指该国的企业征信制度欠发达，征信企业较少或在社会经济生活中没有发挥重要作用的国家。[38]而就这些国家经济发展现实来看，他们都是发展中国家。随着这些国家国内市场经济的不断发展，他们在 20 世纪 80 年代初期开始逐渐重视其国内信用体系的建设。[39]根据国际货币基金组织对全球各国经济体的划分，全球国家可以分为两种类别：一类是发达经济体（包括亚洲新兴工业经济体），一类是其他新兴市场[40]和发展中国家。[41]同时结合 21 世纪对"金砖国家"[42]的提法，本节将分析印度、巴西、南非三个国家的征信制度建设情况。[43]为了更有针对性，同时结合全文的分析，笔者在本节较多地分析四个国家企业征信制度建设的状况。

一、印度征信制度状况

在诸多的发展中国家中，印度是较早开始信用制度建设的国家之一，其国内的信用制度建设主要靠中央银行的推动。印度央行筹备并建立信用信息局（Credit Information Bureau，CIB）的初衷在于降低管辖的金融行业的信用风险。从这一点看，印度的征信体系与欧洲的征信体系更为相似。

（一）法律建设

印度的银行法中要求数据公开限制以及不允许数据共享，因此在成立CIB之前就必须更改这些规定。在更改之后，CIB 的成立，就可以综合公共数据以及一些原本受到限制的数据。同时，CIB 对正面以及负面信息都进行收集和处理。印度储备银行出台了《信用信息公司管理条例》，向信贷提供者颁布了多项规范性文件，强调印度储备银行对信用信息公司的设立、运行、退出的审批监管，并对信用信息的披露使用作出限制和规定。印度尚未制定明确的隐私保护法或信用信息保护条例，但在有关法规中对保护个人隐私问题提出了原则要求。印度储备银行积极推动信用评级的发展，出于对本国评级机构成长期保护，外国评级机构只能以与本地机构合资或合作方式进入。印度储备银行与印度证监会要求特定的公开证券发行人进行信用评级，印度证监会制定了《信用评级机构管理条例》，对信用评级机构开立、运行、监督、处罚等作出具体规定。[44]此外，由于 CIB 的数据不仅来源于银行，而且还有法院、税务等部门，因此它不能够作为独立的拥有数据保护权的部门，只能在中央银行的管理下运行。[45]

（二）征信系统

CIB 同时手机消费者以及企业的正面以及负面的信息。收集的负面信息包括：账目、疑似的诈骗行为、在银行的折衷解决方案等；收集的正面信息包括：所有资金性的信用资料，包括保证书、信用证等。CIB 的数据可能来自会员机构，也可能来自公众或者企业本身。它可以通过银行、金融机构以及非银行金融机构收集信息，并通过收集破产信息、法院判决等，公司登记协议，股票交易等来扩大数据库的信息。印度目前筹划建立多个 CIB，以便进行数据的收集，做到尽可能大的市场覆盖，并加强对信息的更新、存储、管理等工作。

（三）信用管理

CIB 是提供信用信息数据的信用管理公司。因此，它必须尽最大可能排除人为因素的干扰。在其最初的设计中，它有一个非常强大的市场调查组，主要用于资金的商业计划的设置以及相应信息的收集。同时，CIB 是通过高强度的过程招募具备资格的人。

对于系统内部数据的安全性，CIB 所采用的安全标准是由印度央行内部技术委员会所制定的，而且这些安全技术的制定都是符合印度国家标准局以及国际标准化组织的规定的。

同时对于数据的更新问题，CIB 则是坚持每月进行一次数据的更新。

二、巴西征信制度状况

巴西作为发展中国家，信用体系发展的较为有特色，是发展中国家中信用体系较为健全的国家之一。巴西的征信体系既不是美国的市场化的征信体系，也不同于欧洲以中央银行为主的征信体系，与日本的协会征信、商业征信的混合体系也有一定的区别，它是由私有征信机构以及公共征信机构共同发展的混合征信体系。

（一）法律建设

与美国、欧盟不同，巴西没有专门的信用管理的法律出台。与其信用数据收集、管理以及使用的相关法条出现在巴西的宪法以及相关法律之中。这些法律包括：《消费者保护条款，8087 号法律》（Consumer Protection Code），《Habeas data 法律，9507 号法律》，《4595 号法律》，《普通电信法》（The General Telecommunications Law）。《消费者保护条款》第六部分中"消费者数据库和调查资料"第 43 条是有关消费者信用信息收集的。[46]其条款说明所有消费者都有关免费查阅调查文件、记录、数据库以及其他各种来源中有关自身的数据。核心内容有以下几点：（1）不良信用记录最长保存 5 年；（2）消费者可以对不正确的数据进行修正的权利；（3）征信机构以及公司必须修正不准确的消费者信息。《Habeas data 法律》则给出个人对自己非正确信息的抗辩权。

（二）征信系统

巴西的征信系统是由私有的、商业化的征信机构以及公共信用登记系统并行发展的模式。

巴西的公共信息登记系统主要有巴西央行下辖的无效支票登记中心，财政部下辖的违约者登记中心以及在 1998 年新设立的仍然由央行管理的信用信息登记中心。这些公共信用信息机构的信息来源主要是商业银行以及一些政府机构，巴西出台法律规定，这些机构必须及时地向公共信息登记机构提供信息并作相关登记。

无效支票登记中心是巴西最为传统的信用登记机构。早在 20 世纪 70 年代到 90 年代初期，该信用登记机构在当时恶性通货膨胀时期就起到了巨大的作用。巴西政府为遏制当时的恶性通胀，在任何的商业交易中都不准使用现金，只准使用支票进行相应的结算。而在当时巴西的中小银行的信贷业务是非常小的，又因为通胀率居高不下，从而导致企业或者个人所担负的债务是减少的，因此贷款违约率是很小的。因此当时的重点便转移到规范支票的使用上来，因此无效支票登记中心应运而生。

违约者登记中心则主要登记与其国内金融机构有关的违约信息，它的作用在于不仅要登记一般的债务违约信息，还要登记企业以及个人的拖欠电费、偷税以及漏税等信息。而且违约者登记中心建立的初衷在于帮助其国有银行有效地控制风险，巴西曾有法律规定，国有银行严禁向违约者登记中心数据库出现的企业或者个人提供贷款。可以想象，一旦被记录违约者登记中心，其以后将受到诸多的贷款限制。

信用信息登记中心是由巴西央行于 1998 年组建的，具体由央行下的银行监督管理部进行管理。[47]这个中心设立之后，有两大功能：一是它能够登记企业以及个人的总的负债情况，但是没有违约情况，而这些信息可以提供给一定的金融机构，以便帮助这些金融机构可以更好地管理自己的风险资产；二是由于这个机构囊括了之前其他机构所不具备的更多的信息，在这方面能够弥补巴西央行原有的信息弊端，加强央行对其他商业银行的监督管理工作。

巴西的商业化的征信机构发展的是非常有特色的，其中有两个非常重要的商业信用机构，分别是 Serasa 以及 SPC。之所以认为巴西的商业化征信机构是比较有特色，原因在于他们既不是所谓的公共信息征信机构，也不是美国意义上的信用公司，而与日本会员征信机构类似，但巴西并不是由行业协会来主导，所以业界称为"行业合作式"征信机构。

Serasa 是巴西最大的信用征信机构，而且是整个拉丁美洲最大的信用征信机构。它是由巴西所有的主要银行参与创建的信用机构。其成立于

1968 年，是由巴西当时三个最大的银行共同建立。而且在之后的发展中，几乎所有的银行都成为它的股东和建设者。它的信息来源主要集中在两个方面：一是来自所有的银行业股东所提供的信息；二是它会从其他的信用机构获取一定的信息，比如下文即将介绍的 SPC。关于 Serasa 的基本运作框架可以参见图 3 – 1。[48] 在图中，我们可以看到该信用征信机构从信息源头直到将自己的产品销售给最终客户的基本流程。

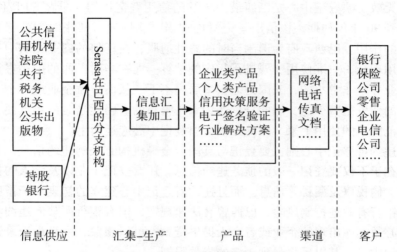

图 3 – 1　Serasa 的基本运作框架

　　SPC 的性质与日本的信用信息机构是一致的，也是由行业协会建立的，同时由协会成员提供信息。SPC 是一家非营利性的信用机构，它是由巴西国内的零售商协会成立的。其发展的时间较长，早在 1955 年，SPC 就开始其基本的运作。当下，SPC 已经覆盖了巴西 130 多个城市，形成庞大的信息网络。SPC 的基本运作框架见图 3 – 2。[49] 图 3 – 2 的基本信息显示出该非营利性的基本性质，没有所谓的产品，但是有一定的使用群体。

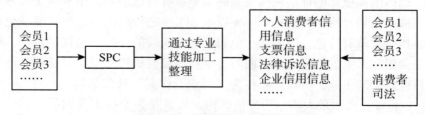

图 3 – 2　SPC 的基本运作框架

（三）信用管理

巴西在信用管理这一块，并没有太大贡献，国内并没有建立相应的信用管理的基本法律。没有法律的管理以及制约，这会成为信用管理行业发展的掣肘。但是关于信用数据的管理以及更新，巴西还是有相应的法律规定。《Habeas data 法律，9507 号法律》，《4595 号法律》都规定国内的商业银行以及一些政府机构都必须向公共信息登记系统及时提供数据。而商业征信机构主要靠协会管理，央行具有监督职能。

三、南非征信制度状况

南非的征信业是"舶来品"。早在 100 多年前，南非就有了外资设立的征信公司。[50] 目前，南非已经建立起较为成熟的征信制度和体系。在此处，我们主要介绍南非的法律制度，征信系统以及监管机构这几个方面的内容。

（一）法律建设

2005 年，南非议会通过了本国的《国家信用法》。经总统于 2006 年 3 月签署后，2006 年 6 月 1 日起正式开始分阶段实施。与此同时，南非之前的两部有关于信用制度建设的法律，1968 年颁布的《高利贷法》以及 1980 年的《信用合同法》被废除。《国家信用法》的出台及实施规范了南非的信用市场以及征信体制，有利于推动南非建立一个没有歧视，且公开透明的消费者信用市场，同时能够保障消费者或者公平信贷的权利。该部法律规定：所建设的信用市场要覆盖全国人民并为之服务；要平等地对待不同的授信机构；鼓励诚信履约，禁止过度借贷行为；让消费者与授信机构保持同等的谈判能力；规范征信机构，提高相应的服务水平。此外，法律还规定了国家信用的监管机构——国家信用监督管理委员会，以及消费者对个人信用信息存有异议的非司法处理机制。

（二）征信系统

南非的征信机构实现了市场化的运作方式。征信系统实现了授信者、征信公司以及消费者个人之间信息的共享。目前在南非，较大的征信公司包括 Experian 公司、MLCB 公司、Compuscan 公司以及 TransUnion 公司等，其中，MLCB 公司、Compuscan 公司则是专门的小额信贷征信公司。[51] 各个征信公司都有自身的信用信息数据库，同时公司之间还可以相互共享信息。

征信公司的信息以及数据主要来自以下机构：债务催收机构、移动通讯公司、各个零售商、信用卡发卡机构、资产融资机构、提供各类贷款的金融机构、小额信贷机构以及一些担保机构。[52]

（三）征信管理

前文已经提到，南非的《国家信用法》规定了国家信用监督管理机构为国家信用监督管理委员会。2006 年，该机构成立之后，原来 1999 年成立小额信贷监督管理委员会合并入这个机构。《国家信用法》赋予了该机构一系列的职能，并且规定该委员会向国家贸易和工业部报告工作。其职能包含以下几个方面：一是遵循法律，促进南非国内信用市场的健康发展；二是各个征信公司、授信机构等注册申请事宜；三是通过接受违法行为的举报、调查违法行为、发布处罚意见书等各种措施来实现自身职能；四是在全国范围内发挥一定的教育、研究以及宣传职能，诸如对《国家信用法》的宣传等。

此外，我们还提到了消费者若对个人的信用信息存有异议，则可以通过信用信息调查协会来进行相关处理。该协会是一个非司法性质、非官方性质的机构，成立于 2004 年，是由征信公司、消费者协会以及一些征信公司的客户等联合发起成立的。针对异议提出后的处理流程大致为：消费者提出有关个人信息的异议申请，接受的征信公司则必须在 20 个工作日内解决；若未能解决或者不满意解决，消费者可以进一步向信用信息调查委员会继续提出申请，委员会则会作出相应的判断以及裁定；若消费者对裁定不服，则可向法院起诉。

第四节　中国征信制度状况

中国征信业的发展，起始于 1932 年成立的第一家征信机构——"中华征信所"。但真正取得较大发展，还要从改革开放后开始。从目前我国征信体系的发展看，处于正在向成熟的体制转变过程中。

一、法律建设

21世纪以来，征信法规制度一直在不断健全过程中。人民银行在借鉴国外征信立法的基础上，研究起草了《征信业管理条例》，并通过多次征询社会各界意见并修订。2012年12月26日，国务院第228次常务会议通过了《征信业管理条例》，于2013年3月15日正式实施。[53]

《征信业管理条例》规定了征信机构设立的条件和程序，征信业务的基本原则，以及征信信息主体的权益；对已经建立的金融信用信息基础数据库赋予一定的法律地位；规定了征信业的监管体制。在《条例》实施后，《征信机构管理办法》也即将颁布实施，该《办法》能够对《条例》中涉及的征信机构管理的条款，征信机构设立、变更以及终止的程序等给出更为详细的规范。

二、征信体系

根据中国人民银行的调查统计，截至2012年，我国征信公司主要有三类：第一类是政府性质的信息服务机构，这类机构主要接收各类政务信息，并向社会各界提供信用信息服务；第二类是社会征信机构，这类机构主要从事企业征信调查，而较少涉及个人征信问题；第三类是信用评级机构，主要从事债券市场评级业务，信贷市场评级业务等。

而人民银行从信贷征信起步，建立了金融信用信息数据库。数据库于2004年开始建设，于2006年全国联网。其收集的信息包括企业信息以及个人信息两大类。该数据库基本覆盖市场上所有的授信机构类型；并为每一个有信用活动的企业以及个人建立信用档案。截至2012年年底，企业信用信息基础数据库已经建立了1859.6万户企业的信用档案，个人信用信息数据库已经覆盖了8.2亿自然人的信息。[54]

三、征信管理

2003年，国务院赋予中国人民银行管理征信业的职责。2013年3月，

《征信业管理条例》正式实施后，国内以法律的形式确立了中国人民银行对征信业的监督管理职能。

中国人民银行建立了对金融信用信息基础数据库运行的监督管理机制，确保数据库运行的正常以及安全；根据《中国人民银行法》，中国人民银行负责对信贷市场以及银行间债券市场信用评级的管理工作；此外，人民银行还要对社会征信机构进行监管。

关于异议申请的解决。金融信用信息基础数据库向个人开通了个人异议申请的服务。个人提出申请后，人民银行相关机构需在 30 个工作日内予以解决。

基于以上的分析，我们可以看出中国的信用体系还处在不断的发展阶段。信用是市场的基础，而由于我国市场经济体制建立的时间尚短，所以整个社会的信用意识也是比较欠缺的。经济主体在发生经济行为时，往往会因为争取一定的利益而发生失信行为。究其根本原因，一个在于信用意识淡薄，而另外一个在于信用违约的成本太低。所以，我国应完善自身的信用体系建设，切实达到"守信激励，失信惩戒"的根本原则。

第五节　本章小结

基于以上的分析，我们可以看出，一国的征信体系是否成熟，取决于三个方面：一是一国信用管理体系相关法律、规章的建立和执行，包括信用数据收集、如何使用的法律规范以及违规行为惩罚机制的建立、健全；二是征信资料以及信用查询的开放，征信企业合法地市场化运作机制建立；三是政府或者民间机构对信用交易和征信企业的管理。

征信国家的信用体系是围绕上述三个方面展开。欧美国家的信用交易已经有 200 多年的历史，信用交易已经成为市场交易最为主要的方式；[55]法律健全，形成了完善的信用管理的法律框架。法律的建设不仅在于数据的收集和使用，还要涉及各个惩罚机制的建立；征信公司以及机构实现市场化运作；同时要有相应的机构对信用行业进行监督管理，无论是官方性质还是非官方性质。前文的描述给出了三种方式，一是欧洲模式，二是美国模式，三是日本模式。除此之外，国外还较为重视对信用问题的教育以及研究。

相比之下，非征信国家在这些问题上存在一定的缺陷。就中国而言，我们还只是在征信建设的过程中，法律还不健全，还没有完全实现征信公司的市场化运作，也没有对征信公司形成有效的管理，更没有形成有效的惩戒机制。这些问题都是亟待解决的。最为重要的，整个社会缺乏信用意识。社会的经济主体缺乏在市场交易中的守信意识。中国征信体系的建设，似乎仍然任重而道远。在发达的市场经济国家即征信国家，企业之间发生逾期的应收账款额度占总体贸易额度的 0.25% ~ 0.5%。而我国这一比例高达 5%。而有的学者研究表明，中国企业每年因为信用问题导致的损失在 5855 亿元，相当于中国财政收入的 37%。而银行业的风险更甚，截至 2009 年，四家国有银行累计剥离的不良资产高达 3.2 万亿元。[56]我国的市场交易中，只有不到 20% 是采用信用方式结算的，现金交易达到 80% 以上。[57]守信是市场交易能够持续并扩大的根本前提，是市场能够持续运转的基础。若缺失了信用这一环，则市场经济运行的基础——以非人格化的交易为特征的市场交易——则将成为无源之水、无本之木。[58]

政府在信用管理系统中居于重要的位置。若要实现以信用交易为主流的市场经济，就必须建设国家信用管理体系。而就现有的两大类国家，征信国家以及非征信国家，其政府在国家信用管理体系的工作重心是不同的。从征信国家的经验看，他们的政府在信用管理上的作用，主要是对已有的法律进行相关的解释，监督商业企业以及商业银行机构是否守法等；而非征信国家，由于征信体系不健全，因此政府的责任主要有两大块：一是继续深化体系建设，二是行政执法。[59]而在信用管理初期，政府更大的精力应该在数据库建设，数据的开放以及应用，市场化经营信用行业，并不断地推动新的立法。因此，征信国家的政府其信用管理的工作重点在于完善有关法律的实施，而非征信国家的工作重点则在数据库建设并不断推动立法。

本 章 注 释

1. 赵学军：《中国商业信用的发展与变迁》，方志出版社 2008 年版，第 17 页。

2. 马克思：《资本论》（第三卷），人民出版社 1975 年版，第 452 页。

3. 赵学军：《中国商业信用的发展与变迁》，方志出版社 2008 年版，第 17 页；曾康霖、王长庚：《信用论》，中国金融出版社 1993 年版，第

181 页。

4. 陈建中：《社会信用管理体系建设构想》，中国经济出版社 2009 年版，序第 1 页。

5. 《马克思恩格斯全集》（第 25 卷），人民出版社 1974 年版，第 452 页。

6. 鲁道夫法西亭：《金融资本——资本主义最新发展研究》，商务印书馆 1999 年版，第 76 ~ 96 页。

7. 《什么是商业信用》，中国商业信用网，http：//www.ccccn.org.cn/。

8. 赵学军：《中国商业信用的发展与变迁》，方志出版社 2008 年版，第 20 页。

9. 补偿贸易既不是"先款后货"，也不是"先货后款"。但从补偿贸易的本质上看，它是二者的综合。

10. 潘华：《商业信用管理概论》，中国书籍出版社 2013 年版，第 5 页。

11. 即以信用方式进行商品或者服务销售的企业。

12. 即整个信用行为的受信方。

13. 潘华：《商业信用管理概论》，中国书籍出版社 2013 年版，第 5 ~ 8 页。

14. 陈文玲：《美国信用体系的构架及其特点》，载于《南京经济学院学报》2003 年第 1 期，第 1 ~ 8 页。

15. 李新庚：《我国企业征信模式及管理办法》，载于《中国企业报》2002 年 10 月 16 日。

16. 潘华：《商业信用管理概论》，中国书籍出版社 2013 年版，第 194 ~ 198 页。

17. 潘华：《商业信用管理概论》，中国书籍出版社 2013 年版，第 195 页。

18. 陈建中：《社会信用管理体系建设构想》，中国经济出版社 2009 年版，第 96 ~ 97 页。

19. 张亦春：《中国社会信用问题研究》，中国金融出版社 2004 年版，第 217 页。

20. 张亦春：《中国社会信用问题研究》，中国金融出版社 2004 年版，第 219 页。

21. 美国针对企业资信调查以及市场调查并没有明确的法律规定。

22. 张亦春：《中国社会信用问题研究》，中国金融出版社 2004 年版，第 223 页。

23. 世界三大信用评级公司为：标准－普尔公司、穆迪投资者服务公司以及惠誉国际信用评级公司。前两者为美国公司，而后者为欧洲（法国）控股的评级公司。

24. 根据国际清算银行的报告指出，另一评级公司惠誉则涵盖了全球 27% 的银行以及近 10% 的企业的信用评级。具体见陈建中：《社会信用管理体系建设构想》，中国经济出版社 2009 年版，第 97 ~ 101 页。

25. 张亦春：《中国社会信用问题研究》，中国金融出版社 2004 年版，第 226 页。

26. 谭中明：《社会信用管理体系》，中国科学技术大学出版社 2005 年版，第 140 ~ 159 页。

27. 林钧跃：《美国信用管理的相关法律体系》，载于《世界经济》 2000 年第 4 期。张亦春：《中国社会信用问题研究》，中国金融出版社 2004 年版，第 219 页。同时需要指出，关于信用管理执法机构的主要任务，银行的执法机构其任务在于商业银行的信贷业务，非银行的执法机构的主要任务在于对征信和追账业者的约束以及规范。

28. 陈建中：《社会信用管理体系建设构想》，中国经济出版社 2009 年版，第 104 ~ 107 页。

29. Jappelli and Pagano（1999），the European Experience with Credit Information Sharing, Working Paper of CSEF。张亦春：《中国社会信用问题研究》，中国金融出版社 2004 年版，第 242 ~ 247 页。

30. 爱尔兰的 ICB 是有国内主要银行资源以会员的形式建立的，目的是为了降低银行的成本。参见李曙光：《中国征信体系框架与发展模式》，科学出版社 2006 年版，第 152 ~ 159 页。

31. 张亦春：《中国社会信用问题研究》，中国金融出版社 2004 年版，第 248 ~ 252 页。

32. Jappelli and Pagano（1999），the European Experience with Credit Information Sharing, Working Paper of CSEF。张亦春：《中国社会信用问题研究》，中国金融出版社 2004 年版，第 248 页。

33. 张亦春：《中国社会信用问题研究》，中国金融出版社 2004 年版，第 254 ~ 262 页。

34. 笔者在文章中不详细描绘企业评级体系的构成以及规则，具体可以参见张亦春：《中国社会信用问题研究》，中国金融出版社 2004 年版，第 264 页。

35. 张亦春:《中国社会信用问题研究》,中国金融出版社 2004 年版,第 264 页。

36. 具体法律管理的论述可以参见张亦春:《中国社会信用问题研究》,中国金融出版社 2004 年版,第 267～268 页。

37. 张亦春:《中国社会信用问题研究》,中国金融出版社 2004 年版,第 268 页。

38. 李新庚:《我国企业征信模式及管理办法》,载于《中国企业报》2002 年 10 月 16 日。

39. 张亦春:《中国社会信用问题研究》,中国金融出版社 2004 年版,第 285 页。

40. 国际货币基金组织将"新兴市场"定义为金融市场发展程度低于发达国家,但是仍然可供外国投资者大范围投资的发展中国家。IMF 给出了 26 个新兴市场国家:阿根廷、巴西、保加利亚、智利、中国、哥伦比亚、爱沙尼亚、匈牙利、印度、印度尼西亚、拉脱维亚、立陶宛、马来西亚、墨西哥、巴基斯坦、秘鲁、菲律宾、波兰、罗马尼亚、俄罗斯、斯洛伐克、南非、泰国、乌克兰、土耳其、委内瑞拉。

41. 国际国币基金组织:《世界经济展望》,2004 年。

42. [美] 吉姆奥尼尔:《全球需要更好的经济"金砖"》,高盛,2001 年 11 月。

43. 查阅了诸多资料,并未发现有关于俄罗斯或者苏联的征信建设研究。

44. 中国人民银行《中国征信业发展报告》编写组,《中国征信业发展报告(2003～2013)》,第 24 页。

45. 根据印度《联邦储备银行法》的相应规定,具体可以参见张亦春:《中国社会信用问题研究》,中国金融出版社 2004 年版,第 275 页。

46. 该 43 条共 5 款内容,具体可以参考石晓军:《巴西征信体系的三维分析及政策启示》,载于《学术研究》2007 年第 5 期,第 50～56 页。

47. 石晓军:《巴西征信体系的三维分析及政策启示》,载于《学术研究》2007 年第 5 期,第 50～56 页。

48. 石晓军、蒋虹:《征信体系中的行业合作模式及对我国的启示》,载于《金融理论与实践》2006 年第 6 期,第 12～15 页。

49. 石晓军、蒋虹:《征信体系中的行业合作模式及对我国的启示》,

载于《金融理论与实践》2006 年第 6 期，第 12～15 页。

50. 徐新彦：《南非征信体系对我国征信业发展的启示》，载于《征信》2010 年第 3 期，第 53～56 页。

51. 除此之外，还有一些规模较大的征信公司。具体可以参见徐新彦：《南非征信体系对我国征信业发展的启示》，载于《征信》2010 年第 3 期，第 53～56 页。

52. 这些机构与征信公司签署一定的信息共享协议。具体机制可以参见徐新彦：《南非征信体系对我国征信业发展的启示》，载于《征信》2010 年第 3 期，第 53～56 页。

53. 中国人民银行《中国征信业发展报告》编写组：《中国征信业发展报告（2003～2013）》，2013 年 12 月。

54. 关于更为详尽的分析描述请参见《中国征信业发展报告（2003～2013）》，2013 年 12 月。

55. 据已有的研究表明，美国个人信用消费占全社会消费的 10% 以上，企业间的信用支付占社会经营活动的 80% 以上。参见叶陈毅：《企业信用管理》，高等教育出版社 2008 年版，第 38 页。

56. 李豫：《中国金融市场信用风险模型研究与应用》，企业管理出版社 2011 年版，序。

57. 叶陈毅：《企业信用管理》，高等教育出版社 2008 年版，序。

58. 张亦春：《中国社会信用问题研究》，中国金融出版社 2004 年版，序。

59. 两类国家的社会环境以及经济发展水平是不同的，因此政府在信用发展过程中的管理作用也是不一致的。叶陈毅：《企业信用管理》，高等教育出版社 2008 年版，第 41～45 页。

第四章

信用风险与异质性企业
国际化理论框架

论文的理论是在梅里兹（2003）模型以及钱尼（2005）模型的基础上，进行进一步的分析，并将信用风险纳入到体系中来。笔者更为关注商业信用风险以及全要素生产率（Total Factor Productivity，TFP）等对企业国际化路径的影响，[1] 也即对企业出口决策以及对外直接投资决策的影响。因此，文章首先分析梅里兹（2003）以及 HMY（2004）的基本理论，并对钱尼（2005）模型作为基本修改，加入信用风险因素来阐述本文的理论基础。

第一节　异质性企业贸易理论

作为理论分析的基础，首先分析异质性企业贸易模型（HFTM），也即梅里兹在 2003 年提出的模型。基于克鲁格曼（1979，1980）提出的规模经济、垄断竞争、产品差异等贸易模型以及霍朋哈恩（1992）提出的产业动态模型，梅里兹将企业生产率水平作为异质性的表现，引入到模型分析，探讨企业异质性对其出口决策的影响。在梅里兹（2003）的模型中，我们知道无论是内贸企业还是外贸企业，只要进入生产环节，都将面临一定的贸易成本。相对于内贸企业，外贸企业有一个额外的沉没成本（sunk entry costs）。因此，在最终选择内贸还是外贸的问题上，只有生产率较高的企业（more productive firms）才会进入出口市场，较低生产率的企业（less productive firms）只在国内进行贸易，进而生产率最低的企业（least productive firms）将会被淘汰出市场。

在 Melitz 模型的基础之上，诸多学者进行进一步的创新分析。HMY（2004）在异质性企业贸易模型的基础上，引入多国、多部门的贸易与投资分析模型。该模型假设产业内的企业是异质的，这些企业考虑自身的国际化经营的路径选择：内销、出口或者对外直接投资。他们的研究发现，技术水平最高的企业才会选择对外直接投资，技术水平次高的则会选择出口，技术水平低的企业则选择内销，而技术水平最低的企业则会被淘汰出市场。

根据 HMY 的分析，我们可以给出如图 4-1 所示的图形。根据图形的分析，我们可以看出，从市场进入的沉没成本角度，内销企业小于出口企业小于对外直接投资企业。随着生产率的不断增加，内销企业首先出现正的利润；若生产率进一步扩大，出口企业开始出现正的利润；而投资企业出现正的利润对生产率的要求水平是最高的。HMY 的分析指出，由于冰山型贸易成本（iceberg transport costs）的存在，导致出口企业的利润线的斜率小于内销以及对外直接投资企业的利润线斜率。同时根据图中的生产率的分布状况看，有专门从事内销的企业，有专门从事出口的企业，也有专门从事对外直接投资的企业。

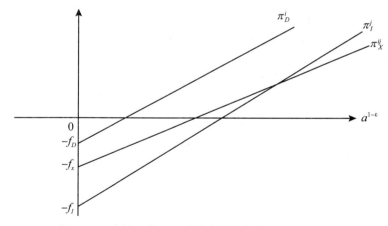

图 4-1　内销、出口、对外直接投资企业的利润变动

第二节　引入商业信用风险

在前文的分析中，我们提到关注的信用风险为商业信用风险，而非银

行信用风险。在上一节梅里兹（2003）以及 HMY（2004）模型中，其所分析的重点在异质性对企业出口以及对外投资决策的影响。而钱尼（2005）的模型中指出银行信用风险所导致的融资约束对企业出口会产生较大影响，而且我们发现流动性约束会降低企业出口的可能性。我们认为企业不仅在面临银行信用风险（即钱尼所指出的金融约束）时对其自身出口选择有负向影响，当企业面临商业信用风险时，也会对自身的出口选择有负向影响。其根本机制在于当企业面临一定的商业信用风险时，会导致其自身流动性受到约束，而流动性的约束则直接影响企业对出口以及对外直接投资等国际行为的沉没成本的支付，从而降低企业国际化的可能性。

一、信用风险模型的一般分析

首先，我们需要对信用风险作出一般性分析。当下是一个全球化加速的时代，在过去的 30 多年里，由于金融压抑的理论，全球的金融监管都是在不断放松的，因此在世界范围来看，所有的银行以及企业都面临越来越大的信用风险，因此银行以及企业都加强了信用风险的管理意识。时下，信用风险管理技术以及相应的工具都在快速的发展过程中。现有的信用风险模型大致可以分为三类：以多元统计分析方法为基础的信用风险模型（包括回归分析、判别分析、聚类分析、因子分析等）；以人工智能为基础的信用风险模型（人工神经网络、专家系统）；以期权理论为基础的信用风险模型。[2] 虽然有诸多的信用风险模型，但是大致可以分为两大类，一类是预测模型，一类是管理模型。两类模型都是客户的信息而言的，预测模型主要是用来预测客户的前景以及发展，而且能够衡量企业面对的客户破产的可能性。包含两个模型，一个是 Z 分析模型，一个是多微区分模型；管理模型则很显然不具备预测性，但是它能够较为均衡的解释客户的信息，在这个基础上它能进一步分析客户的实力。同样包含两个模型，一个是营运资产分析模型，一个是特征分析模型。基于这两类模型的分析，都需要企业所拥有的客户的翔实信息，以便企业对自己的客户做出一定的预测或者综合性的判断。这一点从企业本身来看，是比较可行的。但是我们在研究的过程中，只能够获得微量的数据，比如工业企业数据库，而该数据库中并没有企业所拥有的客户相关信息。所以我们需要转换一个角度，从企业自身的角度去看其所面临的信用风险问题。

二、商业信用风险的指标分析

企业所面临的信用风险，要由内而外的分析。影响企业信用风险的基本要素中，企业内部的制度安排会影响到企业的员工对信用风险的基本态度以及对信用风险管理的积极性。企业内部的分析是作为风险管理并改进的一个基础，而更为重要的是企业外部的分析。企业外部一些关键的因素发生变化会导致企业所面临的信用风险发生根本性的改变。企业外部的关键因素，则包括我们刚刚提到的通过一定的信用风险预测模型得到的企业有关客户的信用预测，并根据企业自身所有的该客户的赊销额度，测度自己所面临的真实的信用风险。

根据孙灵燕和李荣林（2011）、于洪霞等（2011）、阳佳余（2012）以及潘华（2013）的分析，企业的应收账款的管理是自身信用风险管理的重要组成部分。应收账款的持有能够给企业带来销售收入的增加，但同时能够增加企业一定的成本。企业应当关注自身应收账款周转率的大小，若企业当期销售全部是以赊销的形式进行，则很显然企业的信用风险很大；反之则亦然。而且，根据金碚（2006）的研究，中国企业债务拖欠已经成为已经"强制性的信用"。因此，应收账款制约着企业自身的融资能力。同时，企业也应当时刻关注并掌握应收账款在总资产中所占的比例，是其处于一个合理的结构。因此我们更为关注应收账款周转率以及应收账款资产比所代表的企业面临的商业信用风险。

我们知道，对于企业来讲，应收账款是其流动资产中及其重要的部分。公司若能及时收回应收账款，则公司的资金使用效率大幅度提高，相应公司的信用风险也较小；反之亦然。应收账款周转率就是公司应收账款周转的比率，它能够说明公司在一定的时间内应收账款转为现金的平均次数。此外，以时间来衡量应收账款周转速度的指标为应收账款周转天数。应收账款净额在工业企业数据库中有明确地给出，而应收账款周转率则需要通过简单的数据处理得出。从计算公式上看，应收账款周转率的计算方法为：应收账款周转率等于赊销收入净额除以应收账款平均余额。但是在实际处理上，是与理论公式有所不同的。在实际运用上，一般应用当期销售净收入来代替赊销收入净额。同时在计算的过程中，考虑到工业企业数据库中企业的有些企业法人代码等识别性变量在不同年份中是不同的，所以很难计算由年初余额以及年末余额给出的平均余额，因此为考虑计算过程的简便，我们直接应用当期销售净收入除以当期应收账款余额来表示应收账款周转率。而就其所表示的含义和计算的方法看，应收账款周转率越大越好。其值越大，说明企业周转率越高，资产流动性越高，收回账款的速度越快，账龄则越短，而相对应的信用风险也就越小。关于具体指标的算法，可以见表4－1。除此之外，潘华（2013）指出应收账款与企业总资产的比值也可以作为衡量企业信用风险的指标之一。我们在文中称为应收账款资产比，它的大小直接衡量应收账款的大小。

关于应收账款的形成，造成的原因是多种的：首先就是信用缺失导致的货款的拖欠行为；再者有信用良好的企业高额赊销行为；或者是出于一定的商业习惯，等等。

表4－1 企业面临信用风险指标分析

指标	算法	含义
应收账款	由工业企业数据库直接可得	企业面临的信用风险，绝对值
应收账款周转率	赊销收入净额/应收账款平均余额	企业面临的信用风险，理论值，相对值
应收账款周转率	销售收入净额/应收账款平均余额	企业面临的信用风险，实际应用值，相对值
应收账款周转率	销售收入净额/应收账款净额	企业面临的信用风险，本文计算值，相对值
应收账款资产比	应收账款净额/资产总额	企业面临的信用风险

资料来源：作者根据理论整理而得。

三、商业信用风险对企业市场选择的影响

基于基本的财务分析，面临商业信用风险较大的企业，由于销售产品的收入不能及时收回，自身的流动性是较低的。同时，企业进入出口市场是需要固定成本投资的，这在上一节也明确给出。现有的研究都表明，出口需要额外的固定成本。在这个前提下，面临信用风险较大的企业，没有足够的流动性支付进入出口市场的沉没成本，从而导致其无法出口。

　　我们的分析与钱尼的分析是类似的，都是存在一定流动性约束的前提下，分析异质性企业的贸易行为。但是此处的分析与钱尼的理论分析还是存在一定的区别：钱尼强调金融市场不完善带来的融资约束以及流动性短缺，更多的来自银行的信用风险的层面；而本文分析的由于信用体系不健全导致企业的流动性短缺，则来自商业信用层面。也即从根本机制的出发点上是不同的。因此，此处的分析建立在钱尼模型的基础之上。

　　梅里兹在异质性企业贸易模型中分析的前提是金融市场是完善的，不存在银行信用风险以及商业信用风险。而在现实的经济中，金融市场并非是完善的，存在一定的信用风险。钱尼（2005）的融资约束模型是在梅里兹（2003）的基础上加入融资约束（Financial Constraints，也称为流动性约束，Liquidity constraints）后进行分析，也就是说该模型主要是从银行信用风险角度给出的融资约束下异质性企业贸易分析。钱尼认为企业进入出口市场需要支付一定的固定成本，因此只有那些拥有充足流动性的企业能够进入出口市场。而一些企业虽然拥有进入出口市场的技术水平，但是由于受到融资约束，则并没有能够进入出口市场。因此，钱尼指出拥有较高技术水平同时拥有充足流动性的企业，以及能够获得足够流动性的富裕企业，有较大可能性进入出口市场。同时，钱尼的模型还认为流动性不足以及流动性分配不均，会导致该国总出口的降低。同时，穆勒斯（2008）则是考虑将内部融资约束与外部融资约束共同加入梅里兹模型中，分析认为受到融资约束的企业参与出口的可能性更小，而且进一步分析指出只有面临较小融资约束的高技术水平的企业，出口的可能性才更大。恩格曼等人（Engemann et al.，2011）将商业信贷以及银行信贷同时引入到企业出口决策的分析模型中，研究认为两种融资方式对企业出口决策都有重要的影响。关于有流动性约束的企业异质性模型的描述如下。

　　所有的前提假设表示为：2个国家，国内和国外，产品生产只使用劳动。所有外国变量都用星号标注。本国现有人口为 L（L * 为外国人口）。共有 2 个部门，其中一个部门提供单一的同质性的商品，此商品可以自由买卖。这种商品用来计价，并设定其价格等于 1，同时它是在规模报酬不变的条件下生产。国内生产一单位同质性产品的劳动需求为 $1/\omega$（$1/\omega *$ 为国外）。假设每个国家都生产该同质性产品，工资将分别是 ω 和 $\omega *$。我将只考虑均衡情况因为这是该假设成立的条件；另一个部门提供联系性的差异化产品，每个企业都是它所生产的产品的垄断者。

（一）需求

劳动者是唯一的消费者，每个人被赋予一单位的劳动。对于差异化的产品，他们具有同样的 CES 偏好。一个消费者拥有 q_0 单位的同质性产品，$q(x)$ 单位的第 x 种差异化产品，其中 x 取均衡集合 x 中所有值，因而得到一个效用函数 U：

$$U \equiv q_0^{1-\mu} \Big(\int_{x \in X} q(x)^{\frac{\sigma-1}{\sigma}} dx \Big)^{\frac{\sigma}{\sigma-1}\mu} \quad \sigma > 1$$

σ 是指两种差异化产品之间的替代弹性。

如果集合 X 中的所有产品在国内都是可得的，且价格分别为 $p(x)$，那么可以将国内的差异化产品的理想的价格指数定义如下：

$$p = \Big(\int_{x \in X} p(x)^{1-\sigma} dx \Big)^{\frac{1}{1-\sigma}} \qquad \text{公式 （4 - 1）}$$

有代表性的消费者对于每一种差异化的产品具有相同的弹性需求函数。她在每一种产品 x 上的花费为 $r(x)$：

$$r(x) = \mu \omega L \Big(\frac{p(x)}{P} \Big)^{1-\sigma} \qquad \text{公式 （4 - 2）}$$

$\mu \omega L$ 是指在差异化产品上的总花费。

（二）生产和贸易

有两种类型的贸易障碍，固定成本和可变成本。如果一个企业要出口，它必须支付以外国劳动计量的固定成本 C_f，或者说 $\omega^* C_f$ 的价格。关于进入国外市场的进入成本以外国劳动来衡量的假设是非常重要的。一个出口商必须涵盖国内和国外的劳动力成本。需要假定以外国劳动力计价的进入成本的一部分是正的。有证据表明，进入国外市场的成本很大部分包括获取本地信息，建立本地分销网络，并定制商品以适应当地市场的成本。可以说，这些费用取决于当地市场的条件。可变成本采用的是"冰山"运输成本的形式。如果任何一个单位的差异化产品被运往国外，只有 $1/\tau$ 的部分到达，其余的部分融化在运输途中。τ 越高，可变贸易成本越高。

每个国家具有相同的技术水平。劳动的边际产品是恒定的。为了能够生产，公司必须支付以国内劳动力衡量的固定进入成本 C_d，或者说 ωC_d

的价格。固定进入成本的存在意味着企业在报酬递增的条件下经营。在差异化的部门，每个企业拥有一个随机的单位劳动生产率 $x \geq 0$。对于生产力为 x 的企业，在国内市场生产 q_d 单位的产品成本为 $c_d(q_d)$，在国外市场生产 q_f 单位的产品成本为 $c_f(q_f)$：

$$c_d(q_d) = q_d \frac{\omega}{x} + \omega C_d$$

$$c_f(q_f) = q_f \frac{\tau\omega}{x} + \omega^* C_f$$

企业是价格的决定者。鉴于需求函数是等弹性的，最优价格是一个恒定的基于单位成本（包括运输成本）的加成，

$$国内 \; p_d(x) = \frac{\sigma}{\sigma - 1} \times \frac{\omega}{x}$$

$$国外 \; p_f(x) = \frac{\sigma}{\sigma - 1} \times \frac{\tau\omega}{x}$$

鉴于这些定价策略，更高效的企业无论在国内还是国外，都能收取更低的价格，占领更大的市场份额，并产生更大的利润。一个企业的生产力为 x，则其在国内市场产生利润的潜力为 $\pi_d(x)$，在国外市场为 $\pi_f(x)$：

$$\pi_d(x) = \frac{r_d(x)}{\sigma} - \omega C_d = \frac{\mu}{\sigma}\omega L\left(\frac{\sigma}{\sigma-1}\frac{\omega}{xP}\right)^{1-\sigma} - \omega C_d$$

$$\pi_f(x) = \frac{r_f(x)}{\sigma} - \omega^* C_f = \frac{\mu}{\sigma}\omega^* L^*\left(\frac{\sigma}{\sigma-1}\frac{\tau\omega}{xP^*}\right)^{1-\sigma} - \omega^* C_f$$

只有那些在国内生产产生利润的企业才能生存，同样只有那些为出口市场生产并能产生利润的企业才能出口。可以定义两个生产力临界值，$\bar{x}_d$ 为在国内市场生存的生产力临界值，$\bar{x}_f$ 为进入国外市场并有利可图的生产力的临界值，且都没有任何额外限制。只有那些在国内销售产生非负利润的企业才能生存，也只有那些在国外市场销售并产生非负利润的企业才能出口。生产力的临界值定义如下：

$$\pi_d(\bar{x}_d) = 0, \; 且 \; \pi_f(\bar{x}_f) = 0 \qquad 公式（4-3）$$

企业异质性和垄断性竞争使企业间有以下区分：更高效的企业（更高的 X 的公司）能够获取更大的市场份额，并产生更大的利润。效率最低的企业不能支付间接费用因此不能够生存。然而，尽管企业之间的生产率差异，一些低效率的企业仍然可以生存，因为竞争存在不完全性。只要不同产品之间的替代弹性 σ 是有限的，低效率的企业就能从竞争中得到庇护，并且可能生存。相同的选择也同样发生在进入出口市场的企业之间。生产

效率最高的企业能产生足够的利润弥补进入国外市场的进入成本。生产力较低的企业不出口。

假设不存在任何其他的摩擦，所有生产率高于 $\bar{x}_f$ 的企业将出口。但由于各国之间潜在的不对称，这种模型对于梅里兹（2003）的国际贸易模型来说几乎是相同的。在所有事项中，一个公司的出口状态与其国内销售的规模相关的唯一原因是：高生产力的企业销售得更多、更可能出口。一个企业出口什么，出口到几个国家与企业在国内做什么之间并没有什么直接的联系。

接下来，模型将介绍流动性约束。我们将看到金融不完善的存在怎样将不同的市场联系联系起来，并优化外生变量的变动调整。

（三）流动性约束

上述模型的一个关键假设是，有一些与国际贸易相关的固定成本。有不断增加的证据证明贸易壁垒的一部分是固定成本。这些费用大多必须提前支付。这些成本是巨大的。所有先前的模型假定存在完美的金融市场，因而任何可以出口获利的公司将会找到投资者为它们进入国外市场的进入成本融资。

但是，现实的状况是，这种投资可能不容易获得融资。外包以及信息环境的性质与国内具有类似的进入成本的投资是不同的。这主要是由于两个原因：第一，出口活动基本上比国内的风险更大。部分原因是存在客观新增的风险，如外汇风险。获得国外市场的信息是较为困难和昂贵的，而且信息也可能很难验证。与国际贸易相关的固定成本的一部分，实际上相当于在国外市场获取信息的成本。潜在投资者可能不愿意自己支付这笔费用。但是，由于这些信息比对国内市场类似的信息来说是更难验证的，一个潜在的投资者可能不愿意相信一个将要成为出口商的企业。第二，国际交易的合同环境相对较弱。销售是在另一个国家完成的，如有不同意见，投资者很难收回这些销售所得款项。换句话说，一个潜在的出口商不能对其国外活动承诺太多的担保，而这就转为事前投资者的不愿投资。

同样的问题适用于外国投资者：信息不对称和契约不完备性困扰着这种关系。一个外国投资者拥有的关于外国公司的信息很少。如果她的确成为投资者的角色，如果其合同的条款被违反，她会发现很难获得公司拥有的任何资产。可以说，贸易信贷将减轻许多这些问题。然而，贸易信贷通常提供给现有的出口商，也就是向特定的市场出口具有已知的并可验证的历史的公司。这样的企业可以说已经支付了进入到国外市场的大部分。

文章将对于潜在的出口商面临的金融市场的局限性提出一个极端的观点。我们将假定国内和国外外市场之间的极端对立。一个企业对于国内活动的任何投资都可以找到投资者，但对于出口活动却无法找到。因此，企业必须依靠自己现有的流动资金支付进入到国外市场的成本。此外，我将假定企业的流动性（它可能被认为是一种进入到金融市场的可信赖资本）是外生变量。这是一种关于流动性约束的极端的、过于简单化的看法。这些假设具有两个属性：第一，相对于国内贸易来说，流动性约束对于国际贸易更重要。第二，企业都或多或少地受到流动性约束的严重阻碍，并且他们面临的约束的多少与他们目前的生产力是不完全相关的。

流动性约束以下列方式表示：企业面临进入国外市场的流动性约束。我们作一个极端假设，即国内投资者并没有关于国外市场状况的任何信息。因此，他们都不愿意借钱给那些为了出口的企业。同样，我认为国际契约的不完备是这样的，外国投资者不愿意资助国内出口商。因此，想出口的企业需要自己有足够的流动性来支付进入国外市场的固定成本。

我再假设每家企业被赋予了一个随机的流动性冲击 A。由于 A 是国内流动性冲击，它以国内劳动力来衡量，计价为 ωA。国内销售产生的利润 $\pi_d(x)$ 也可抵押。(A, x) 是从联合分布 c.d.f. $F(A, x)$ 位于 $R^+ \times R^+$，$F_x(x) \equiv \lim_{A \to \infty} F(A, x)$ 处于 R^+ 范围中得出的。一个企业的生产效率与流动性约束的程度可能会也可能不会相关，这取决于分布函数 F 的具体形状。我们还假定进入国外市场的公司规模与这个国家的大小 L 成正比。

为了出口，企业必须有足够的流动性来支付固定进入成本 $\omega^* C_f$，它从国内销售 $\pi_d(x)$ 产生一定的流动性，并且它可以拥有一些额外的外生的流动性 ωA。所以一个出口商面临着如下的流动性约束：

$$\pi_d(x) + \omega A \geqslant \omega^* C_f \qquad \text{公式（4-4）}$$

更高效的企业在国内产生更大的利润，因此较少依赖于外部资金。我定义 $\bar{x}(A)$ 为最低生产率，低于此值的流动性为 A 的公司不能收集足够的流动性进入国外市场。$\bar{x}(A)$ 定义为：

$$\pi_d(\bar{x}(A)) + \omega A = \omega^* C_f$$

所有的生产力低于 $\bar{x}(A)$ 的公司都会受到流动性约束而不能出口，即使他们出口能够盈利。

（四）开放经济均衡

假定外国公司没有面临流动性约束。我作另外一个简化假设：价格指数仅依赖于本地公司设定的价格。换句话说，外国出口商设定的价格对国内价格总指数影响甚微。这对于相对封闭的经济体来说是比较切合实际的。形式上，我用以下的近似值替代价格指数公式（4-1）。

$$P \approx \left(\int_{x \geq \bar{x}_d} p_d(x)^{1-\sigma} L dF_x(x) \right)^{\frac{1}{1-\sigma}} \qquad \text{公式（4-5）}$$

用如下的方式定义 $g(\cdot)$ 是很方便的：

$$g(\cdot): \bar{x}^{\sigma-1} = \left(\frac{\sigma}{\mu} \int_{x \geq \bar{x}} x^{\sigma-1} dF_x(x) \right) \times C \Leftrightarrow \bar{x} = g(C)$$

$$\text{公式（4-6）}$$

很简单我们可以证明 $g > 0$。重新排列公式（4-3）生产力临界值和公式（4-4）流动性约束的条件，如下，

$$\bar{x}_d = g(C_d) \qquad \text{公式（4-7）}$$

$$\bar{x}_f = \left(\frac{\tau \omega}{\omega^*} \right) \left(\frac{C_f}{C_d^*} \right)^{\frac{1}{\sigma-1}} g(C_d^*) \qquad \text{公式（4-8）}$$

$$\bar{x}(A) = \left(\frac{C_d + \frac{\omega^*}{\omega} C_f - A}{C_d} \right)^{\frac{1}{\sigma-1}} g(C_d) \qquad \text{公式（4-9）}$$

所有生产率高于 $\bar{x}_d$ 的企业在国内生产和销售它们的产品。只有生产率高于 max $\{\bar{x}_f, \bar{x}(A)\}$ 的企业才能出口。

在公式（4-9）中的流动性约束 $\bar{x}(A)$ 的决定因素是什么？ $\bar{x}(A)$ 是一个向下倾斜的曲线。只拥有少量的外生流动性 A_{small} 的公司，必须有一个非常高的生产率从而自身产生足够的流动性并进入国外市场。而公司如果拥有大量的外源性流动性 A_{large}，则不需要太多额外的流动性，并且也不需要有一个很高的生产率才能出口。进入国外市场的进入成本 C_f 越高，曲线 $\bar{x}(A)$ 也越高。固定的间接生产成本 C_d 对于曲线 $\bar{x}(A)$ 的影响并不确定。国内固定成本 C_d 的增加会减少公司的一部分流动性，并降低其进入国外市场的能力。然而固定成本 C_d 的增加会使得公司的生存变得困难，致使某些国内公司歇业。这使得竞争减缓，增加了每个留存企业的市场份额和利润，并因此增加了流动性。哪种力量占据主导地位取决于公司生产

率函数的分布。汇率越高，ω^*/ω 越低，曲线 $\bar{x}(A)$ 也越低。原因很简单：如果汇率升值（ω^*/ω 下降），以国外货币表示的国内资产价值上升，并且进入国外市场所需的国内流动性减少。产品的替代性越强，即 σ 越高，$\bar{x}(A)$ 越平坦。这是因为当商品高度替代，生产力的任何微小差别就意味着利润的较大差异，因此在国内销售所产生的流动性差异也大

有趣的是，只有一部分公司会受到流动性约束。具有非常高的生产率的公司，不管它们拥有多么少的外生流动性，都能够出口。从形式上看，$\bar{x}(0)$ 是有界的，从而导致生产率高于 $\bar{x}(A)$ 的公司不需要任何外生流动性。另一个极端，拥有相当大的外生流动性的公司不需要从国内销售中生成任何额外的流动性。如果他们的外生流动性 A 大到足以覆盖国内和国外市场的固定进入成本，即使没有任何国内销售，这些公司也可以出口。以公式的形式表示则是 $\bar{x}\left(C_d + \dfrac{\omega^*}{\omega}C_f\right) = 0$。从社会有效性的角度来说，没有必要分配超过 $C_d + \dfrac{\omega^*}{\omega}C_f$ 的外生流动性。我们将在下一节中看到，盈利能力条件意味着一个公司进入国外市场可能需要的最大的流动性实际上是低于 $C_d + \dfrac{\omega^*}{\omega}C_f$。我们已经可以看到，企业间流动性的分配（以及其如何与企业的生产效率密切相关）将对公司的出口能力产生重要的影响。

我们已经看到，一个企业的生产力可能会允许它克服流动性约束，而无需进入金融市场。那么对于任何公司来说流动性约束是否会是捆绑的？换句话说，是否会有公司盈利方面足够成为一个出口商，但流动性约束阻止其进入国外市场呢？下面命题正是以一批受流动性约束的出口商为背景。

根据分析，我们可以得出：如果 $\left(\dfrac{C_d^*}{C_f} + \dfrac{\omega^* C_d^*}{\omega C_d}\right)^{\frac{1}{\sigma-1}} \dfrac{g\ (C_d)}{g\ (C_d^*)} > \dfrac{\tau\omega}{\omega^*}$ 有一个流动性约束公司的非空集合（设为 Ω）。这些公司如果出口可以盈利，但是由于缺少足够的流动性而无法出口。[3]

从现在起，受流动性约束公司的集合 Ω 是非空集合。生产率 $\bar{x}_f$ 低于的公司出口不能盈利。这些公司的生产效率太低因而不能产生足够的利润去支付进入国外市场的固定进入成本。生产率高于 $\bar{x}(0)$ 的公司会出口而不论它们拥有的外生流动性多么小：他们在国外市场有足够的竞争力产生正的利润，它们从国内活动可以产生足够的流动性来支付进入外国市场的进入成本，而不需要任何额外的流动性。生产率处于 $\bar{x}_f \leq x < \bar{x}(0)$ 之间的

企业出口可以盈利，但不能从国内市场的销售产生足够的流动性，他们需要额外的流动性。如果没有这种额外的流动性，即使出口可以盈利，它们也无法出口。这可以通过图4-2看出。黑色的阴影区域 Ω 对应于流动性约束的企业：这些企业都愿意出口（$x \geq \bar{x}_f$），但实际不能这样做，因为他们缺乏足够的流动性（$x \leq \bar{x}(A)$）。

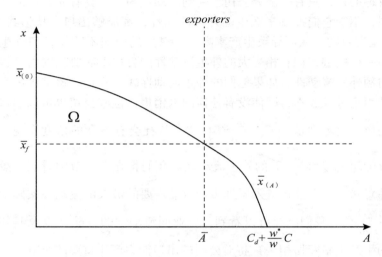

图4-2　面临融资约束的出口商

我们可以注意到企业间的流动性分布的确比较重要。从图中可以看出，外生流动性大于 $\bar{A}$（已知 $\bar{x}(A) = \bar{x}_f$）的企业流动性会存在"过剩"。$\bar{A}$ 则代表生产率最低的出口商想要进入外国出口市场的流动性临界水平。生产率低于 $\bar{x}_f$ 的企业将不能出口，因而它们也不会用到外生流动性。同样的道理，生产率高于 $\bar{x}(0)$ 的企业则不需要任何外生流动性。这样高生产率的企业已经能够从自己的国内销售产生足够的流动性，不需要额外资金来源。只有生产率位于 $\bar{x}_f$ 与 $\bar{x}(0)$ 之间的企业必须有一些外生流动性以克服金融约束。但是这些企业需要的流动性最大也不会超过 $\bar{A}$。

上文的分析指出受融资约束的企业不能出口。受融资约束的企业是指既缺乏足够的外生流动性，自身又不具有足够的生产能力来产生足够的流动性。坎帕和谢弗（2001）发现，受流动性约束更大的公司更不太可能出口。他们将受融资约束的企业定义为投资与现金流相关的公司。我预期在我的模型中受融资约束的企业，即不仅缺乏现有的流动性，而且从自身的销售中产生很少量的流动性的企业，可以进入坎帕和谢弗关于受金融约束企业的范畴。因此有证据支持存在一组受融资约束的公司不能出口。

（五）流动性约束和"消失"的贸易

如果一个企业出口，若生产率为 x 的则出口的总价值（f. o. b.）是 $r_f(x)$。利用公式（4-7）、公式（4-8）、公式（4-9）中生产率临界值的表达式，将其与公式（4-5）中的价格指数方程代入收入方程（2），得到，

$$r_f(x) = \sigma \omega^* C_d^* \left(\frac{\omega^*}{\tau \omega} \times \frac{x}{\bar{x}_d^*} \right)^{\sigma - 1} \qquad \text{公式（4-10）}$$

所有生产率高于 $\max \{\bar{x}_f, \bar{x}(A)\}$ 的企业都会出口。集合 Ω 中的企业都不能出口。这些受约束的出口商丢失的贸易（f. o. b.）总量 $T_{mis\sin g}$ 及出口（f. o. b.）的总量 T_{total} 定义如下：

$$T_{mis\sin g} = L \iint_{(A,x) \in \Omega} r_f(x) dF(A, x)$$

$$T_{total} = L \int_{x \geq x_f} r_f(x) dF_x(x) - T_{mis\sin g}$$

丢失贸易的总量取决于生产率分布和流动性冲击的几个参数。这既取决于整体经济可得的平均流动性，也取决于流动性的分布。如果只有高生产率的企业是受流动性约束的，则不会有任何丢失的贸易。如果只是那些不会出口的低生产率的企业受到流动性约束，也不会有任何丢失的贸易。为了更好地理解丢失的贸易的重要性，我们考虑一种流动性分布和生产率冲击的特殊情形 $F(A, x)$。

为了得到受流动性约束企业的出口行为的简单预测，我将用一个生产率和流动性冲击联合分布的简化形式，$F(A, x)$。假定流动性冲击和生产率冲击是不相关的。进一步假定比例为 θ 的企业是受流动性约束的（$A < \bar{A}$），其余的部分 $1 - \theta$ 则不受该约束（$A \gg \bar{A}$）。$\bar{A}$ 被定义为使得金融约束不会结合的最低的流动性水平，唯一的约束是盈利约束：$\bar{x}(\bar{A}) = \bar{x}_f$。具有足够高的正向流动性冲击的公司将永远能够在国内市场产生足够的流动性。只有当出口有利可图时它们才会出口。因此可以将 $T_{mis\sin g}$ 和 T_{total} 重新写成如下形式，

$$T_{mis\sin g} = \theta L \int_{\bar{x}(A)}^{\bar{x}_f} r_f(x) dF_x(x) \qquad \text{公式（4-11）}$$

$$T_{fotal} = L \int_{x \geq \bar{x}f} r_f(x) dF_x(x) - T_{mis\,\sin g} \qquad 公式（4-12）$$

金融市场的深化对应于 A 的增加，即受融资约束的企业可获得流动性的数量。金融市场的广化对应于 θ 的减少，即受融资约束的企业数量。金融市场的深化和广化对总贸易流量有正向的影响。[4]

该模型预测潜在的出口商，由于面临一定的金融约束，会对其贸易流量产生负面影响。而且流动性的绝对量以及如何在企业之间进行流动性的分配都会对贸易总量产生影响。该模型预测，受融资约束更大的行业应该有较低的贸易流量。流动性的分布更加不平等的部门应该有较低的贸易流量。此外，当进入国外市场的进入成本（$C_l l\,arg\,e$）更大时，融资约束的影响更大。

（六）流动性约束与对外直接投资

已有的研究都集中于融资约束对企业出口决策等行为的影响分析，而并没有涉及企业对外直接投资的决策分析。我们在这里，借鉴 HMY 在 2004 年的分析以及上文提到的钱尼在 2005 年提出的融资约束或者流动性约束对企业出口决策的影响，继续分析流动性约束对企业对外直接投资决策的基本影响。

根据图 4-3 所示，整个分析与图 4-2 是一致的。生产率低于 $\bar{x}_{FDI}$ 的公司出口不能盈利。这些公司的生产效率太低因而不能产生足够的利润去支付进入国外市场的前期投入成本。生产率高于 $\bar{x}(I)$ 的公司对外直接投资而不论它们拥有的外生流动性多么小：他们在国外市场有足够的竞争力产生正的利润，它们从国内活动可以产生足够的流动性来支付进入外国市场的进入成本，而不需要任何额外的流动性。生产率处于 $\bar{x}_{FDI} \leqslant x < \bar{x}(I)$ 之间的企业可以进行对外直接投资，但不能从国内市场的销售产生足够的流动性，他们需要额外的流动性。如果没有这种额外的流动性，即使对外直接投资能够产生正的受益，但是却不能进行投资行为。这里流动性约束的概念与我们提到的商业信用所产生的货款拖欠等行为在一定意义是较为接近的。因此，当企业面临较大的商业信用风险时，也即有较多的应收账款，这时企业自身的流动性是不足，对于企业自身的出口以及投资行为都具有较大的影响。

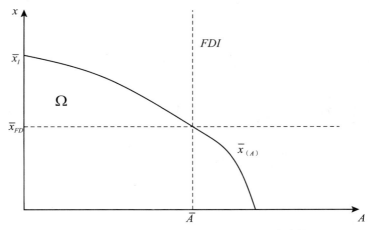

图 4 - 3　流动性约束与企业对外直接投资决策

第三节　本章小结

本章分析了梅里兹在 2003 年给出的异质性企业贸易理论以及 HMY 在 2004 给出的出口、FDI 与企业生产率之间的分析，钱尼在 2005 年以梅里兹模型为基础推导的流动性约束导致贸易"消失"的理论。在此基础上，我们以商业信用风险作为企业可能面临流动性约束的一个指标，做出了简单分析。借鉴 HMY 以及钱尼的分析，我们得出：当企业面临较大的商业信用风险时，也即有较多的应收账款，这是企业自身的流动性是不足，对于企业自身的出口以及投资行为都具有较大的阻碍作用。

本 章 注 释

1. 关于生产率的衡量问题，可以选用的指标：全要素生产率（TFP）、近似全要素生产率（ATFP）以及全员劳动生产率（LP）。

2. 潘华：《商业信用管理概论》，中国书籍出版社 2013 年版，第 165 页。

3. 关于命题的证明可参见 Chaney（2005）的文章。

4. 具体的证明过程请见 Chaney（2005）的文章。

第五章

信用风险与异质性企业贸易
行为实证分析（上）

基于已有的研究，出口的企业是存在异质性的。即生产技术水平高的企业更容易出口，而生产技术水平低的企业则在国内销售，生产水平最低的企业则退出市场。我们认为影响企业是否出口的变量中不仅包括企业的生产技术异质性，还有所面临的市场环境的信用不确定性。根据信用体系的建设，我们认为中国的贸易伙伴，包括美国、欧盟以及日韩等都具有较为健全的信用体系。而不同的企业所面临的信用风险又是不同的，从而导致企业的流动性是不同的。我们认为面临较高信用风险的企业，他们有更小的可能出口；而一些面临较低信用风险水平的企业，他们会做出选择国外市场的决策，而且是一些信用体制较为健全的国家。本章的根本目的在于检验信用风险与异质性企业的贸易行为之间的关系。需要研究的关系包括两个层面：一是企业是否出口与其面临信用风险的关系；二是企业出口多少与其面临信用风险的关系。[1]

第一节　信用风险与异质性企业
出口或内销行为分析

异质性企业的市场选择问题是近年来的研究热点。根据我们前文的理论分析，我们认为企业都是有出口意愿的，都希望获得更大的市场，以便获得更高的利润。但是实际情形是，根据我们在工业企业数据库中的统计，不超30%的企业在出口，余下的企业都是只在国内销售（见图5－1）。企业没有选择国内市场的原因有多种，但可以归结为企业面临各种约束：技术水平约束（Melitz，2003）、融资约束（Chaney，2005）、成本约束（Poncet，2003；Treece and Webb，2004）。而我们认为企业所面临的信用风险导致的流动性约束对企业出口有重要影响。本节以企业是否出口为被解释变量，应用 Logit 模型以及 Probit 模型进行分析，旨在研究包括信用风险指标、技术水平指标、成本指标等对企业是否出口的影响。

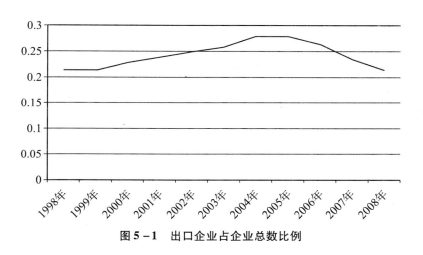

图 5 - 1 出口企业占企业总数比例

一、数据的来源及处理

下一节描述性分析的数据来自中国工业企业数据库（1998～2007年）。[2] 该数据库是根据国家统计局的工业企业报表制度统计得到的，其统计范围以及对象主要是中国大陆地区销售额超过 500 万元人民币的大中型企业，[3] 从性质上开，有国有企业、集体企业等，[4] 其统计指标主要有企业的技术以及财务等指标。该数据库已经收录了大陆 50 多万家企业（2011年），占国内工业总产值的 90% 左右。[5] 另外，我们之所以选择这个时间段，原因在于由于美国在 2007 年以后爆发了次债危机从而引起了全球的金融危机，因此，2008 年已经是全球较为集中的信用违约开始的节点。同时，在文章中没有加入 2008 年以后的数据的根本原因在于 2008 年以后的数据太过杂乱，缺失指标过多，可用性太差。而同时，由于中国在 2001年 12 月 11 日正式加入 WTO，因此我们在后文的描述性分析中考虑由于加入 WTO 对于变量的影响。但是我们也需要指出，加入 WTO 只是一个系统性变化，对所有企业而言，只是存在环境和政策的变化，而不存企业之间的异质性。将该变量加入到实证分析中并不理想。本章的分析中由于是截面数据分析，所以并没有加入 WTO 的分析。而若将 WTO 这个量加入到面板数据中，则会因为共线性问题而被剔除。所以文中关于 WTO 只是一些描述性分析，并没有加入到实证分析中。

本章的描述性分析应用到 1998～2007 年的数据。实证分析利用 2006 以及 2007 年两年的截面数据，基本回归分析利用 2007 年数据，稳健性分析用到 2006 年数据。与余淼杰（2010，2011，2012）的研究类似，在数据处理上，我们删除了营业状态处于停业、筹建、撤销以及其他的企业类型，只关注营业状态处于营业的企业。去除出口交货值为负值的企业。删除了应收账款为负值（即存在预收账款）以及为零的企业，预收账款的负值或者零对企业来讲，并不构成信用风险。同时我们去除成立年份为异常值的企业，所谓异常值是指成立年份不存在或者大于当年统计年份的企业。关于剔除前后企业数量如表 5－3 所示。此外，文章删除了营业费用为负以及营业费用异常值的企业。通过统计可得，2006 年以及 2007 年，我们剔除企业占比在 10%～15% 的水平，因此最终进入文章实证分析的企业占原有企业的 85% 以上，企业的覆盖程度是比较理想的。

在分析中，我们将企业划分为两种类型：一种是出口企业（Ex-type），另一种是内销企业（De-type）。在下文的描述性分析中，我们做出这样的设定：若企业的出口交货值大于 0，则定义为出口企业；若企业的出口交货值为 0，则定义为内销企业。在回归分析中，我们会根据模型的不同而给出不同的说明以及定义。同时我们还将划分不同行业，运用两位行业代码表示各个行业，工业企业数据库中涉及的 2 位数的行业如表 5－1 所示。

表 5－1　　　　　　　　工业企业数据库中行业及代码

代码	行业名称	代码	行业名称
B	采矿业	09	有色金属矿采选业
06	煤炭开采和洗选业	10	非金属矿采选业
07	石油和天然气开采业	11	其他采矿业
08	黑色金属矿采选业	C	制造业

续表

代码	行业名称	代码	行业名称
13	农副食品加工业	30	塑料制品业
14	食品制造业	31	非金属矿物制品业
15	饮料制造业	32	黑色金属冶炼以及压延加工业
16	烟草制品业	33	有色金属冶炼以及压延加工业
17	纺织业	34	金属制品业
18	纺织服装、鞋、帽制造业	35	通用设备制造业
19	皮革、毛皮、羽毛（绒）及其制品业	36	专用设备制造业
20	木材加工及木、竹、藤、棕、草制品业	37	交通运输设备制造业
21	家具制造业	39	电气机械及器材制造业
22	造纸及纸制品业	40	通信设备、计算机及其他电子设备制造业
23	印刷业和记录媒介的复制	41	仪器仪表及文化、办公用机械制造业
24	文教体育用品制造业	42	工艺品以及其他制造业
25	石油加工、炼焦以及核燃料加工业	43	废弃资源以及废旧材料回收加工业
26	化学原料及化学制品制造业	D	电力、燃气及水的生产和供应业
27	医药制造业	44	电力、热力的生产和供应业
28	化学纤维制造业	45	燃气生产和供应业
29	橡胶制品业	46	水的生产和供应业

资料来源：作者根据工业企业数据库整理而得。

二、描述性分析

　　基于已有的文献分析，自梅里兹（2003）提出生产率水平越高的企业会选择出口，生产率水平较低的企业选择在国内销售，生产率水平最低的企业则将被市场淘汰，国内的许多学者对中国企业的数据进行了检验。他们的分析指出，中国的企业并不与梅里兹（2003）的理论一致，而是存在"生产率悖论"，即生产率水平越低的企业选择出口，而生产率水平高的企业选择在国内销售（李春顶，2010；Dan Lu，2011）。而我们认为，信用风险是企业在进行商业行为时着重考虑的一个因素。因此，一个企业在国内面临较大的信用风险，即使拥有较高的劳动生产率，但由于受到流动性的限制，其出口的可能性也较小。而且，根据徐蕾（2012）的研究指出，由于中国国内市场并未出现实际中的统一性市场，由于面临中央 GDP 的政绩考核，各个省份之间存在较为严重的市场分割，因此，从实际的测度数据看，企业进入国际市场的营业费用要小于国内市场的营业费用。从而，我们认为企业在面临国内市场信用不健全的情况下，拥有较高信用风险的企业，他出口的可能性会减少。在接下来的描述性分析中，我们将从两个方面分析，一是国内信用风险的分析，二是国内企业劳动生产率的一般分析。

（一）信用风险的一般描述

我们在本节给出以应收账款周转率表示的信用风险与企业出口、内销之间的描述性关系。首先我们按照年份进行总体性描述，给出应收账款以及应收账款周转率的变化趋势。

我们首先根据工业企业数据库（1998～2007 年）中的数据，给出应收账款以及应收账款周转率的平均值的一般变化。

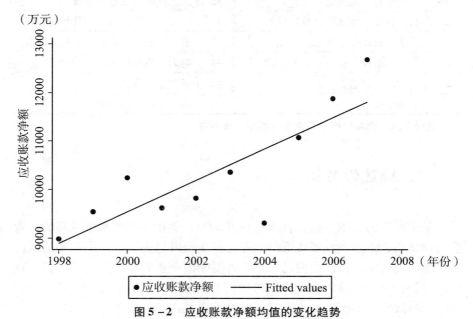

图 5－2　应收账款净额均值的变化趋势

资料来源：作者根据工业企业数据库 1998～2007 年整理而得。

从图 5 - 2 中可以看出，应收账款净额均值的绝对值是逐年上升的，有一个不断上升的趋势。为了能够清晰地看出，我们给出了应收账款的变动趋势线。从图中可以看出，除去 2004 年的应收账款的净额较低，其余的年份都在随在趋势线的上下不断变动。我们认为即使保持应收账款周转率不变的前提下，由于经济规模的不断扩大，也会导致应收账款的增加，从而导致商业交易更多地以赊销行为进行。因此，为了能够更清楚地看清这个问题，我们更需要观察应收账款周转率的变动情况。应收账款周转率的变动如图 5 - 3 所示。

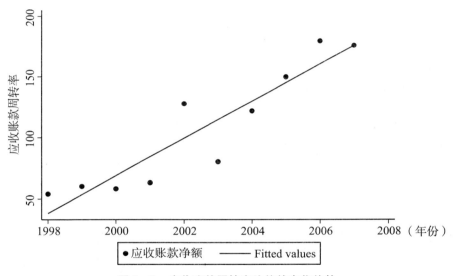

图 5 - 3　应收账款周转率均值的变化趋势
资料来源：作者根据工业企业数据库 1998～2007 年整理而得。

从图 5 - 3 中可以清晰地看出企业的应收账款周转率均值是逐年上升的。而且我们可以清晰地看出，当中国于 2001 年加入 WTO 之后，企业的应收账款周转率均值的上升趋势是变快的，即较之前的变动斜率更为陡峭。而且从这个变动趋势我们能够得出，企业的平均应收账款周转率上升，企业资产流动性增加，回收账款的时间缩短，账期是逐渐减小的。

（二）生产率的一般描述

根据梅里兹（2003）提出生产率水平越高的企业会选择出口，生产率水平较低的企业选择在国内销售，生产率水平最低的企业则将被市场淘汰。我们在这里分析两大类企业，即出口和内销企业的生产率。本文的生产率的表示方法有两种。一种是直接根据工业企业数据库中的全员劳动生产率来计算，即对工业增加值除以全部从业人员平均人数的结果取对数来得到，即 $QTFP = \ln(VA/L)$；另一种方法则是近似全要素生产率（Approximate TFP，ATFP）（Head & Ries，2003；Grilighes & Mairesse，1990；Hall & Johns，1999）。该方法的本质是参数估计方法中"索洛残差方法"的派生，最根本的优点在于计算简便，而且同时也融合了各种参数估计方法的优势，其基本的计算公式如公式（5-1）表示：

$$ATFP = \ln(Q/L) - s^* \ln(K/L) \qquad \text{公式（5-1）}$$

在公式（5-1）中，ATFP 表示近似全要素生产率，Q 表示企业产出，L 表示该企业劳动投入，K 表示该企业资本投入，s 表示在生产函数中资本的贡献度大小。s 的值在 0 到 1 之间，如果 s 等于 0，则表示近似全要素生产率等于劳动生产率；同样，如果 s 等于 1，则表示近似全要素生产率为资本生产率，即 $\ln(Q/K)$。我们在计算的过程中，引用霍尔和约翰斯（Hall and Johns，1999）的做法，将 s 设定为 1/3。之所以做出这样的设定，原因在于两点：一是相关文献都是这样的做法（李春顶，2009；李春顶，2010 等），二是根据李春顶（2010）利用中国统计年鉴（2008 年）的行业数据进行简单的检验，发现 1/3 的资本贡献度更能够显示出实际资本贡献状况。在实际的计算过程中，我们用工业增加值表示 Q，工业增加值的基本含义表明工业企业在一定时间内用货币表现的最终产出。但是我们需要指出，在后文的分析以及实证检验中，由于 2001 年和 2004 年缺失了工业增加值数据，因此我们使用工业总产值（现价）来替代当年的工业增加值数据；用全部从业人员平均人数表示 L；用固定资产净额平均余额表示 K。

我们首先利用全员劳动生产率来观察其在出口和内销企业之间的差别，如图 5-4 所示。从图中我们可以看出，两类企业的全员劳动生产率是随着年份不断变化的。首先从变动趋势的总体看，由于 2001 年以及 2004 年两年缺失了工业增加值的数据，因此我们在这两年使用了当年的工业总产值替代产业增加值后，计算出的全员劳动生产率变动情况，这两年的数据明显高于其他年份的数值。排除这两年的数值。可以得出不管是出口企业还是内销企业，其全员劳动生产率都是不断增加的。而且从图中明显得知，2001 年、2002 年是全员劳动生产率的分水岭。在此之前，出口企业的全员劳动生产率高于内销企业；在此之后，则变成了相反的情况。我们在这里给出一点，中国加入 WTO 对于企业出口以及进口都起到了巨大的作用。我们认为，正是由于中国加入 WTO，导致许多原来不能够出口的企业能够出口，从而导致出口行业总体的全员劳动生产率提高。

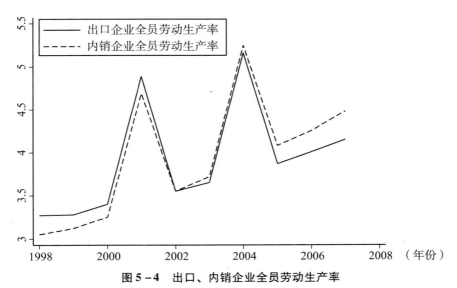

图 5-4 出口、内销企业全员劳动生产率

资料来源：作者根据工业企业数据库 1998～2007 年整理而得。

接下来，我们分析近似全要素生产率的情况。如图 5-5 所示。首先，我们仍然从变动总体趋势看，同样由于 2001 年和 2004 年趋势工业增加值问题，导致这两年计算得出的近似全要素生产率要高于其他年份。排除这两个年份之后，我们仍然可以得出近似全要素生产率不断增加的趋势。而且，两类企业的近似全要素生产率随着时间的变化，也存在着一定幅度的反转。这个反转的时间点在 2003 年、2004 年间：在此之前，出口企业的近似全要生产率高于内销企业；在此之后，内销企业的全要素生产率则较高。结合图 5-4 以及图 5-5 的分析，我们认为这是由于企业面临的国际环境的变化，导致低生产率的企业出口，而高生产率的企业则选择内销。

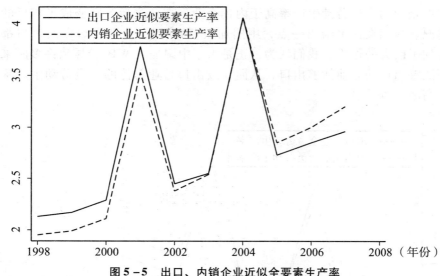

图 5 - 5　出口、内销企业近似全要素生产率

资料来源：作者根据工业企业数据库 1998～2007 年整理而得。

三、变量的说明

本节的研究主要在信用风险与企业是否出口之间的关系。文中构造出口的 0 - 1 变量（ex），若企业的出口交货值大于 0，则 ex 为 1；若企业的出口交货值等于 0，则 ex 为 0。构造了这个二值被解释变量之后，来看被解释变量的构成。

我们关注信用风险指标与企业是否出口之间的一般关系，因此信用风险的衡量在本文看是非常重要的。笔者应用企业的应收账款资产比[6]以及应收账款周转率及其倒数来衡量企业的信用风险。[7] 除信用风险的衡量指标外，我们还加入已有研究中的一些变量，用全员劳动生产率以及近似全要素生产率表示企业的技术水平；用营业费用表示企业市场开拓的成本投入；同时用企业的成立年数、企业的规模以及是否外资企业、是否国有企业来表示控制企业特征的变量。具体的变量以及符号如表 5 - 2 所示。

表 5-2　　　　　**Logit 及 Probit 模型变量名称、代码以及涵义**

变量	代码	涵义	预期符号
被解释变量	ex	0-1 变量	
解释变量	crzc	应收账款资产比	-
	crr	应收账款周转率	+
	dcrr	应收账款周转率倒数	-
	qtfp	全员劳动生产率	+
	atfp	近似全要素生产率	+
	sf	营业费用	+
	year	成立年数	+
	scale	企业规模	+
哑变量	tp	是否外资	+
	sto	是否国企	-

　　关于预期的符号，我们在表 5-2 中已经给出：对于应收账款资产比，我们预期的符号为负。前文的理论分析中已经提到，应收账款资产比的大小直接衡量信用风险的大小。所以应收账款资产比越大，则信用风险越大，则企业的流动性就小，从而进入国外市场的可能性就越小；对于应收账款周转率我们预期为正，即企业在国内面临越低的应收账款周转率，即应收账款回收时间较长，则会降低其出口的可能性。同样，在后文的实证分析中，采用应收账款周转率的倒数，则符号预期为负，解释的道理是一致的。针对生产率，无论是全员劳动生产率还是近似全要素生产率，预期符号都为正。根据梅里兹（2003）的理论分析以及后续的实证分析，虽然李春顶（2010）等提出国内企业可能存在"生产率悖论"而且在卢等人（Lu et al.，2010）的分析中还认为即使在外资企业中，出口企业的生产率也是低于外资企业的生产率，但文章认为出口的固定成本导致出口企业必须拥有高生产率，以弥补出口的沉没成本（与 Melitz 模型保持一致）；营业费用我们预期为正，即如果国内营业费用越高，则企业偏向出口。原因在于企业可以将较高的营业费用转化为出口的沉没成本，从而扩大市场。在本节的分析中，我们利用的营业费用的对数形式；成立年数我们预期为正，即企业成立时间越久，应该对市场的认识越多，出口的可能性越大；企业规模我们预期为正，这主要与数据库的指标设置有关系。在数据

库中，1 表示大型企业，2 表示中型企业，3 表示小型企业，而我们这里进行了一定的处理，1 表示小型企业，2 表示中型企业，3 表示大型企业，因此在这里预期企业规模的符号为正，含义表示企业规模越大，出口的可能性越大，即越出口。是否国企、是否外资都是 0 - 1 变量，在是否外资这一项中，预期符号为正，即企业为外企的话，出口的可能性越大；在是否国企的这一项中，预期符号为负，即国有企业出口的可能性比非国有企业小。各个变量的基本统计信息如表 5 - 3 所示。

表 5 - 3 变量的特征统计

变量	均值	方差	最小值	最大值
ex	0.24	0.43	0	1
crzc	0.2	0.184	1.08e - 6	1.6535
crr	176.8	6905	0	1897491
qtfp	4.4	1.168	- 174.25	181.8
atfp	3.14	1.065	- 116.5	180.4
sf	3438	60015	- 9164	1.97e + 7
year	8.4	9.06	0	407
scale	2.88	0.35	1	3
tp	0.2	0.4	0	1
sto	0.059	0.24	0	1

基于表 5 - 3 变量基本特征的统计，我们可以看出，应收账款资产比一般是在 0 到 1 之间的，但是我们发现最大值为 1.6535，表明企业的应收账款超过了自身的资产总计；应收账款周转率的范围是大于 0 的；生产率（以全员劳动生产率以及近似全要素生产率表示）是经过对数化后求得的结果，所有正负均可；营业费用一般是大于 0 的，但是这里有的企业可能会有冲销营业费用的行为，所以有负值出现；企业成立年限在 0 到 407，也就是说成立最早的企业超过了 400 年；企业规模在 1 到 3 之间，我们前文已经说明了各个数字的含义；是否外资企业，是否国有企业均为 0 - 1 变量。

在给出这些变量之后，我们需要用到离散被解释变量模型：本节构造的被解释变量 ex 是一个二值变量，所以我们用到的是二值选择变量模型，下面来分析模型的基本构建。

四、二值选择变量模型

二值选择变量模型主要有 Logit 模型以及 Probit 模型。需要明确的是，Logit 模型与 Probit 模型并没有所谓的好与坏的分别，只是在统计意义上有一定差别，相比于 Logit 模型而言，Probit 模型的条件概率以更快的速度趋近于 0 以及 1，但更为重要的是，二者的结果是相似的，在估计的系数方向上不会出现偏差。下面我们来看一下两个模型的基本构建问题。

企业在面临国际市场以及国内市场时，它的贸易行为方式有两种选择：$ex = 1$，选择出口，$ex = 0$，选择内销。至于企业最终是选择出口还是内销，则受到诸多因素的影响，包括信用风险，自身的技术水平，国内市场的影响成本等，当然还包括一些企业自身性质的原因，所以根据我们的变量的设定，可以设置如下的模型：

$$ex_i = x'_i \beta + \varepsilon_i (i = 0, 1) \qquad 模型（5 - 1）$$

变量集合 x 中包含我们已经给出的变量，包括应收账款资产比、生产率、成立年数、企业规模、外资企业、国有企业等。由于 ex 的数值范围在 $[0, 1]$ 之间，因此我们可以来分析 ex 的两点分布函数，如公式（5 - 2）所示：

$$P(ex = 1 \mid x) = F(x, \beta)$$
$$P(ex = 0 \mid x) = 1 - F(x, \beta) \qquad 公式（5 - 2）$$

必须通过选择合适的 F 函数的形式（随机变量的累积分布函数）来保证最终 ex 的估计值在 $[0, 1]$ 之间。同时，如果可以得出公式（5 - 3）：

$$E(ex \mid x) = 1 * P(ex = 1 \mid x) + 0 * P(ex = 0 \mid x) = P(ex = 1 \mid x)$$
$$公式（5 - 3）$$

则我们对 ex 的估计值就可以理解为 $ex = 1$ 时的概率。

如果 F 为标准正态分布函数，那么有下面的公式（5 - 4）成立，此模型就是 Probit 模型：

$$P(ex = 1 \mid x) = F(x, \beta) = \varphi(x'\beta) \equiv \int_{-\infty}^{x'\beta} \phi(t) \, dt \qquad 公式（5 - 4）$$

而如果 F 为"逻辑分布"分布函数，那么如果下面的公式（5 - 5）成立，此模型就是 Logit 模型：

$$P(ex = 1 \mid x) = F(x, \beta) = \wedge(x'\beta) \equiv \frac{e^{x'\beta}}{1 + e^{x'\beta}} \qquad \text{公式 (5-5)}$$

通过以上两个公式所表示的 Probit 模型以及 Logit 模型，我们可以得知 Probit 模型中是包含隐函数形式的，而 Logit 模型则是一个显函数的形式。因此，单从应用这个角度来看，Logit 模型要比 Probit 模型的应用更为广泛。针对相同的样本数据，由于两个模型假设的分布函数是不同的，使用 Logit 模型或者 Probit 模型估计出的参数估计值也是不同的。而根据阿蒙米亚（Amemiya, 1975）的分析，同一个样本的 Logit 模型与 Probit 模型的参数估计值大致存在如公式（5-6）所示的基本关系。

$$\beta_{Logit} \approx 1.6 * \beta_{Probit} \qquad \text{公式 (5-6)}$$

此外，还需要说明的是，我们都是使用最大似然函数估计方法来对两个非线性模型进行回归检验。但是我们需要注意，这两个模型的解释变量的估计系数 $\hat{\beta}_{MLE}$ 并不表示对被解释变量的边际影响，只是表示解释变量的影响方向，因此我们仍需要关注这两个模型的边际效应，stata 可以实现这个功能，而且这两个模型的边际效应是可以进行一定比较的。

另外一个问题在于二值选择模型的异方差问题。标准的 Logit 模型以及 Probit 模型的扰动项都是服从同方差的假设，但很多的模型回归是存在异方差的。需要使用 stata 进行"似然比检验"（LR）来检测异方差的问题是否存在。我们以 Probit 模型为例，做出一定的解释。同方差的原假设是 H0，描述为公式（5-7）。

$$P(ex_i = 1 \mid x_i) = \varphi(x'\beta/\sigma) \qquad \text{公式 (5-7)}$$

此时 $\sigma - 1$；而构造的异方差的替代假设为 H1，描述为公式（5-8）。

$$P(ex_i = 1 \mid x_i) = \varphi(x'\beta/\sigma_i) \qquad \text{公式 (5-8)}$$

此时 $\sigma_i \equiv VAR(\varepsilon_i)$。LR 的检验结果，若接受原假设，则使用同方差 Probit 模型，若拒绝原假设，则使用异方差 Probit 模型。而针对 Logit 模型的检验是类似的，我们不再赘述。

五、回归结果分析

从实证方法上看，如果被解释变量为 0-1 变量，基本的线性回归 OLS 分析是不合适的，在这里使用线性回归模型会有统计意义上的偏差。因此我们利用已经构建的 Logit 模型以及 Probit 模型进行回归。Logit 模型与 Probit 模型基本回归都采用极大似然估计方法。我们给出 2007 年全行业数据以及制造业数据的回归分析结果，在技术水平这个角度上，采用近似全要素生产率来表示，在后文的稳健性分析中将会利用全员劳动生产率进行分析。我们在 Logit 模型以及 Probit 模型基本的回归结果中采用应收账款资产比，而在后文的稳健性分析中采用应收账款周转率。基本回归分析的具体实证结果可以见表 5 - 4 以及表 5 - 5。

表 5 - 4 以及表 5 - 5 给出的 Logit 模型以及 Probit 模型的回归结果表示的是解释变量对被解释变量的符号方向以及显著性问题，其回归系数的具体数值并没有多大意义。而且就回归结果的方向以及显著性来看，Logit 模型与 Probit 模型是没有差别的。我们在这里就以 Logit 模型的回归结果为例，进行相关的阐释。

综合表 5 - 4 以及表 5 - 5 的 Logit 分析结果，无论是从全行业数据还是制造业数据，无论是在控制行业固定效应还是没有控制行业固定效应的情况下，我们都发现：应收账款资产比对 ex 的影响是负向而且显著的，这说明企业的应收账款资产比越大，则企业的出口可能性越小。只有全行业在没有控制行业固定效应时，这个影响是正的。若将这个结果与控制行业固定效应的相对比，我们更倾向采用控制行业固定效应后的结果。这也说明一个企业的应收账款资产比越小，其出口的可能性越大。

表 5 - 4　　　　　　Logit 模型以及 Probit 模型回归分析结果（1）

解释变量	全部行业			
	Logit		Probit	
	（1）	（2）	（3）	（4）
应收账款资产比	0. 138 *** （5. 11）	- 0. 236 *** （ - 8. 12）	- 0. 034 *** （ - 2. 21）	- 0. 208 *** （ - 12. 67）
近似全要素生产率	- 0. 246 *** （ - 49）	- 0. 178 *** （ - 33. 34）	- 0. 194 *** （ - 73. 8）	- 0. 122 *** （ - 43. 6）
营业费用	0. 11 *** （33. 1）	0. 16 *** （45. 1）	0. 079 *** （70. 4）	0. 089 *** （78. 12）
成立年数	0. 013 *** （24. 6）	0. 019 *** （32. 5）	0. 007 *** （22. 2）	0. 01 *** （31. 12）

续表

解释变量	全部行业			
	Logit		Probit	
	（1）	（2）	（3）	（4）
企业规模	1.07*** （83.2）	1.18*** （85.05）	0.658*** （87）	0.699*** （87.2）
外资企业	2.06*** （198）	1.925*** （174.3）	1.249*** （200.4）	1.153*** （177.6）
国有企业	−0.86*** （−35）	−0.366*** （−13.9）	−0.454*** （−33.4）	−0.197*** （−13.35）
C	2.01*** （47.9）	−1.648*** （−9.59）	1.66*** （63.3）	−0.372*** （−5.06）
行业固定效应	NO	YES	NO	YES
最大似然卡方值	58619	79531	61841	80544
Pseudo R^2	0.177	0.239	0.186	0.242
N	299709	299709	300286	300286

注：*，**，*** 分别表示在10%，5%，1%的显著性水平下显著。

表5-5　　Logit 模型以及 Probit 模型回归分析结果（2）

解释变量	制造业			
	Logit		Probit	
	（1）	（2）	（3）	（4）
应收账款资产比	−0.212*** （−7.76）	−0.359*** （−12.4）	−0.13*** （−8.34）	−0.21*** （−12.6）
近似全要素生产率	−0.328*** （−69）	−0.22*** （−43）	−0.19*** （−70.6）	−0.125*** （−43.6）
营业费用	0.144*** （41.5）	0.179*** （48.86）	0.084*** （73.84）	0.088*** （76.7）
成立年数	0.0146*** （25.7）	0.019*** （31.4）	0.009*** （25.6）	0.01*** （31）

续表

解释变量	制造业			
	Logit		Probit	
	（1）	（2）	（3）	（4）
企业规模	1. 15 ***	1. 2 ***	0. 68 ***	0. 699 ***
	（86）	（86. 1）	（86）	（86. 3）
外资企业	2. 05 ***	1. 95 ***	1. 23 ***	1. 15 ***
	（192. 6）	（175）	（194. 6）	（177）
国有企业	− 0. 49 ***	− 0. 36 ***	− 0. 28 ***	− 0. 198 ***
	（ − 19. 2）	（ − 13. 5）	（ − 19）	（ − 13. 2）
C	3. 02 ***	2. 33 ***	1. 74 ***	1. 325 ***
	（64. 7）	（42. 6）	（64. 2）	（42. 16）
行业固定效应	NO	YES	NO	YES
最大似然卡方值	58591	71438	58720	71584
Pseudo R^2	0. 182	0. 222	0. 183	0. 223
N	281710	281710	281710	281710

注：*，**，*** 分别表示在10%，5%，1%的显著性水平下显著。

近似全要素生产率对 ex 的影响是负向而且显著的，这说明企业的技术水平越大，而企业出口的可能性越小。这说明企业仍然存在"生产率悖论"。这与预期的方向是不一致的。结合本章后文的分析，我们在本部分的分析中是以企业出不出口作为被解释变量，本章的第二部分以企业出口多少作为被解释变量。这个解释是根据杨小凯的超边际分析提出的，企业出口还是内销是一个超边际分析问题，而出口企业出口多少则是一个边际问题。[8] 我们会在本章的第二部分综合分析技术水平对两个层面的影响。

对数化后的营业费用对 ex 的影响是正的，与理论预期是一致的。但需要指出的是，这与徐蕾和尹翔硕（2012，2013）的研究是不同的。他们的分析认为营业费用对企业是否出口的影响是负的而且显著；但与安虎森等（2013）以及史长宽和梁会军（2013）的研究是一致的。他们的分析认为由于中国大陆市场并不是一个统一的市场，而是存在诸多的行政垄断和市场分割，因此企业进入整体市场的成本是较高的，而且在这种情况下中国市场被认为是分割后的小市场，规模并没有总体市场这样大，因此企业会在内销成本增加的情况下，选择出口。他们通过内销成本这个指标，来反映国内市场分割现状，并试图解释"生产率悖论"。

企业成立的年数与企业的出口选择是正向而且显著的，说明企业成立越久，则企业的出口可能性越大。这说明企业成立的时间越久，对市场的认识越多，包括国内以及国际市场。

企业的性质有三个指标衡量，企业规模，是否外资企业，是否国有企业。各个指标的回归结果与预期方向都是一致的，而且这些结果都是显著的。说明企业规模越大，出口的可能性越大；如果企业是外资企业，出口的可能性更大；如果企业是国有企业，则企业出口的可能性更小。

除了看到各个解释变量对被解释变量影响方向外，我们还希望看到解释变量对被解释变量影响的大小。而这个数值是不能够通过回归直接得到的，Logit 模型与 Probit 模型与线性回归模型存在较大的差异，需要通过一定的程序重新计算得出。通过 stata 进行 mfx 命令，可以得到模型的边际效应。具体结果可以通过表 5 – 6 以及表 5 – 7 得出。

表 5 – 6　　　　　　Logit 模型以及 Probit 模型的边际效应（1）

解释变量	全部行业			
	Logit		Probit	
	（1）	（2）	（3）	（4）
应收账款资产比	0.023 ***	– 0.058 **	– 0.01 **	– 0.083 ***
近似全要素生产率	– 0.04 ***	– 0.044 **	– 0.056 ***	– 0.049 ***
营业费用	0.019 ***	0.033 ***	0.0239 ***	0.03 ***
成立年数	0.002 ***	0.005 **	0.002 ***	0.004 ***
企业规模	0.17 ***	0.29 **	0.189 ***	0.278 ***
外资企业	0.43	0.41	0.43	0.41
国有企业	– 0.112	-- 0.09	– 0.109	– 0.078
行业固定效应	NO	YES	NO	YES

注：表中外资企业变量、国有企业变量均是 0 – 1 变量，其回归系数表示从 0 到 1 的变动对出口的影响。*，**，*** 分别表示在 10%，5%，1% 的显著性水平下显著。

表 5 - 7   **Logit 模型以及 Probit 模型的边际效应（2）**

解释变量	制造业			
	Logit		Probit	
	（1）	（2）	（3）	（4）
应收账款 资产比	- 0.037 ***	- 0.049 *	- 0.039 ***	- 0.05 **
近似全要素生产率	- 0.057 ***	- 0.029 *	- 0.057 ***	- 0.03 **
营业费用	0.026 ***	0.025 ***	0.026 ***	0.023 ***
成立年数	0.003 ***	0.0025 *	0.0026 ***	0.0027 **
企业规模	0.199 ***	0.165 *	0.203 ***	0.176 **
外资企业	0.433	0.36	0.43	0.37
国有企业	- 0.075	- 0.044	- 0.076	- 0.046
行业固定效应	NO	YES	NO	YES

注：表中外资企业变量、国有企业变量均是 0 - 1 变量，其回归系数表示从 0 到 1 的变动对出口的影响。*，**，*** 分别表示在 10%，5%，1% 的显著性水平下显著。

从表 5 - 6 以及表 5 - 7 可以看到定性响应模型的边际效应。[9] 根据两个模型的基本原理，我们知道两个模型的参数估计值是没有可比性的，意味着直接回归的结果仅仅是一个方向性的概念，但是两个模型的边际效应是可比的。定性响应模型的计算给出的是各个变量的平均边际效应，具体的形式是 d（ex）/d（var）。ex 是我们的被解释变量，而 var 则表示我们的解释变量，包括应收账款资产比、近似全要素生产率、营业费用、成立年数、企业规模、是否外资企业、是否国有企业这几个变量。正如前文所说，Probit 模型的结果与 Logit 模型的结果是一致的，所以我们选择一个模型来做分析。以 Logit 模型为例，我们以表 5 - 6 的结果（2）来进行相应的解释。

应收账款资产比每增加 1 个单位，则会引起企业出口的可能性下降 2.3%，这也就意味着国外更低的应收账款资产比（即信用风险）会带动企业更多的出口；近似全要素生产率每增加 1 个单位，则会使得企业出口的可能性下降 4%，这直接说明"生产率悖论"的存在；对数化的营业费用其边际效应表明，营业费用每上升1%，则出口的概率增加3.3%；企业成立年数每增加1年（相对于已成立的年数），则企业出口的可能性增加0.2%；企业的规模每增加一个级别（小型、中型、大型），则企业出口的可能性增加17%；外资企业比非外资企业出口的可能性大43%；国有企业比非国有企业出口的可能性小11.2%。通过表5-6中的（1）的解释并且对比表5-6以及表5-7中（1）到（4），我们看到得出的各个变量的边际效应只是存在较小的绝对值上的差异，但是没有根本的方向性差异。

给出了 Logit 模型以及 Probit 模型的参数估计值以及边际效应的分析，我们来看模型估计的准确度的问题。我们可以通过 stata 中的 lroc 命令来实现准确度曲线的绘制。在这里我们以全行业数据并且控制行业固定效应的分析结果为例，来观察 Logit 模型估计的准确度。具体可以通过图5-6得出：我们看到图中在 ROC 曲线下方的面积达到了 0.7655（图形的总面积是1），也就是通过 Logit 模型，对全行业数据所有企业是否出口的预测，有76.55%是正确的。我们认为模型的准确度是比较高的。

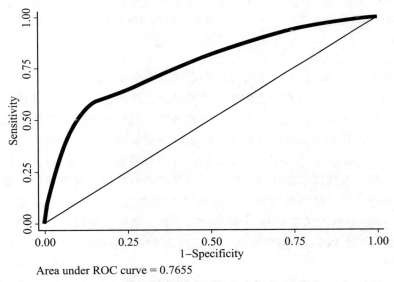

Area under ROC curve = 0.7655

图5-6　基于 Logit 模型给出的准确度曲线

我们控制行业的固定效应，可以发现各个行业的出口可能性是存在差异的。并不是所有的行业都倾向于出口，下面我们以制造业数据的 Logit

模型为例，给出行业的固定效应。具体结果见表5－8所示。以农副食品加工业基准行业，我们发现除去烟草制品业、化学纤维制造业以及有色金属冶炼加工业，其他行业固定效应都是显著的。固定效应为负的行业有食品制造业、饮料制造业、造纸及造纸品业、印刷业、文教体育用品业、石油化工、医药制造业、非金属制品业、黑色金属以及、废旧材料回收业等，这些行业的开放程度相对于固定效应为正的企业较低，出口的可能性较小。而且这些行业并不是中国具备优势的行业，相比之下，纺织服装业、皮革、毛皮、羽毛（绒）及其制品业、家具制造业、橡胶制造业、塑料制造业以及金属制品业等都是中国具有传统优势的行业，这些行业的固定效应都为正，这些行业的企业出口的可能性是较大的。

表5－8　　　　基于制造业数据的 Logit 模型行业固定效应

代码	行业名称	行业固定效应	代码	行业名称	行业固定效应
13	农副食品加工业	–	25	石油加工、炼焦及核燃料加工业	- 1. 82 ***
14	食品制造业	- 0. 19 ***	26	化学原料及化学制品制造业	0. 11 ***
15	饮料制造业	- 1. 07 ***	27	医药制造业	- 0. 22 ***
16	烟草制品业	- 0. 58	28	化学纤维制造业	- 0. 13
17	纺织业	0. 83 ***	29	橡胶制品业	0. 496 ***
18	纺织服装、鞋、帽制造业	1. 3 ***	30	塑料制品业	0. 52 ***
19	皮革、毛皮、羽毛（绒）及其制品业	1. 42 ***	31	非金属矿物制品业	- 0. 26 ***
20	木材加工及木、竹、藤、棕、草制品业	0. 33 ***	32	黑色金属冶炼及压延加工业	- 0. 53 ***
21	家具制造业	1. 05 ***	33	有色金属冶炼及压延加工业	- 0. 017
22	造纸及纸制品业	- 0. 69 ***	34	金属制品业	0. 71 ***
23	印刷业和记录媒介的复制	- 0. 5 ***	35	通用设备制造业	0. 37 ***
24	文教体育用品制造业	1. 86 ***	36	专用设备制造业	0. 24 ***

续表

代码	行业名称	行业固定效应	代码	行业名称	行业固定效应
37	交通运输设备制造业	0.17***	41	仪器仪表及文化、办公用机械制造业	0.71***
39	电气机械及器材制造业	0.6***	42	工艺品及其他制造业	1.8***
40	通信设备、计算机及其他电子设备制造业	0.88***	43	废弃资源和废旧材料回收加工业	-1.3***

注: *, **, *** 分别表示在10%, 5%, 1%的显著性水平下显著。

六、稳健性分析

本节构建了 Logit 模型以及 Probit 模型, 并运用 2007 年全行业数据以及制造业数据进行了实证分析。接下来, 为了验证上文的实证分析是稳健的, 我们需要给出以下分析: 首先, 我们加入一定的交叉项, 主要是反映企业性质的交互项, 有 tp * scale (外资企业与企业规模), sto * scale (国有企业与企业规模), 来重新分析; 其次, 我们将企业分为两类, 一类是外资企业, 一类是内资企业, 看看结果是否有一定的差别; 接下来, 我们需要剔除中国的 "纯出口企业", 进行分析。戴觅等 (2011) 认为中国存在很多的 "纯出口企业", 他们统计了中国工业企业数据库中 2000 ~ 2007 年的数据, "纯出口企业" 在总企业中的占比达到了 30%。他们认为 "纯出口企业" 就是企业的所有产品均出口, 而不在国内销售。但我们观察了 2007 年的数据发现, 无论是以出口交货值与销售收入的比、出口交货值与主营业务收入的比还是出口交货值与当年工业总产值的比来衡量, 以比值大于等于 1 来定义 "纯出口企业", 都没有发现高达 30% 的比例。我们统计分析认为, 即使以这些比例大于等于 99% 来计算, "纯出口企业" 的比例在 5% ~ 7%。我们以出口交货值与主营业务收入的比例为基础, 删除该比例大于等于 99% 的 "纯出口企业" 进行回归, 然后看结果的稳健性; 而后, 我们将应用全员劳动生产率代替近似全要素生产率, 检测模型的稳健性; 接下来我们将利用应收账款周转率进行 Logit 模型以及 Probit 模型的分析；最后，我们将利用 2006 年的数据进行回归，看参数估计值所表示的方向是否存在时间上的一致性。

（一）加入交叉项的分析

我们将加入两个能够反映企业性质的交互项，tp * scale（外资企业与企业规模），sto * scale（国有企业与企业规模），然后重新估计 Logit 模型以及 Probit 模型的参数值，看原参数估计的结果是否稳健。具体的结果见表 5 - 9 和表 5 - 10。

表 5 - 9 　　　　　　　　　　　　交互项分析结果（1）

解释变量	全部行业			
	Logit		Probit	
	（1）	（2）	（3）	（4）
应收账款资产比	- 0. 213 *** （ - 7. 32）	- 0. 215 *** （ - 7. 38）	- 0. 126 *** （ - 7. 65）	- 0. 127 *** （ - 7. 71）
近似全要素生产率	- 0. 178 *** （ - 33. 3）	- 0. 179 *** （ - 33. 4）	- 0. 1 *** （ - 33. 04）	- 0. 1 *** （ - 33. 13）
营业费用	0. 159 *** （44. 4）	0. 16 *** （44. 88）	0. 078 *** （68. 43）	0. 078 *** （68. 84）
成立年数	0. 018 *** （30. 9）	0. 018 *** （30. 64）	0. 01 *** （30. 4）	0. 01 *** （30）
企业规模	1. 34 *** （81. 1）	1. 27 *** （70. 2）	0. 77 *** （79. 7）	0. 74 *** （68. 7）
外资企业	0. 5 *** （6. 3）	0. 66 *** （8. 1）	0. 35 *** （7. 55）	0. 44 *** （9. 2）
国有企业	- 0. 41 *** （ - 15. 7）	0. 51 *** （5. 04）	- 0. 24 *** （ - 15. 7）	0. 27 *** （3. 9）
外资企业 * 企业规模	0. 499 *** （18）	0. 445 *** （15. 7）	0. 28 *** （17. 16）	0. 25 *** （14. 9）

解释变量	全部行业			
	Logit		Probit	
	（1）	（2）	（3）	（4）
国有企业＊企业规模	—	− 0.38 *** （− 9.42）	—	− 0.18 *** （− 8.19）
C	− 1.22 *** （− 7.05）	− 1.5 *** （− 8.55）	0.41 *** （− 5.43）	− 0.57 *** （− 7.14）
行业固定效应	YES	YES	YES	YES
最大似然卡方值	79834	79926	79941	80009
Pseudo R^2	0.24	0.24	0.241	0.241
N	299698	299698	299698	299698

注：*，**，*** 分别表示在 10%，5%，1% 的显著性水平下显著。

表 5 – 10　　　　　　　　　交互项分析结果（2）

解释变量	制造业			
	Logit		Probit	
	（1）	（2）	（3）	（4）
应收账款资产比	− 0.212 *** （− 7.25）	− 0.212 *** （− 7.3）	− 0.125 *** （− 7.5）	− 0.125 *** （− 7.56）
近似全要素生产率	− 0.18 *** （− 33.54）	− 0.18 *** （− 33.64）	− 0.102 *** （− 33.42）	− 0.102 *** （− 33.5）
营业费用	0.157 *** （43.84）	0.158 *** （44.01）	0.087 *** （76.51）	0.088 *** （77.05）
成立年数	0.018 *** （30.73）	0.0182 *** （30.5）	0.01 *** （30.4）	0.01 *** （30.1）
企业规模	1.34 *** （80）	1.27 *** （69.87）	0.78 *** （78.5）	0.74 *** （68.3）
外资企业	0.529 *** （6.6）	0.67 *** （8.2）	0.36 *** （7.74）	0.45 *** （9.3）

续表

解释变量	制造业			
	Logit		Probit	
	（1）	（2）	（3）	（4）
国有企业	− 0. 422 *** （− 15. 72）	0. 45 *** （4. 3）	− 0. 24 *** （− 15. 5）	0. 23 *** （3. 78）
外资企业 * 企业规模	− 0. 0488 *** （− 17. 54）	− 0. 44 *** （− 15. 4）	− 0. 273 *** （− 16. 74）	− 0. 245 *** （− 14. 7）
国有企业 * 企业规模	—	0. 36 *** （8. 6）	—	0. 185 *** （7. 9）
C	2. 27 *** （39. 9）	2. 09 *** （34. 2）	1. 3 *** （38. 4）	1. 2 *** （33. 2）
行业固定效应	YES	YES	YES	YES
最大似然卡方值	70840	70916	70948	71010. 8
Pseudo R^2	0. 221	0. 221	0. 22	0. 221
N	281160	281160	281160	281160

注：*，**，*** 分别表示在10%，5%，1%的显著性水平下显著。

下面我们来分析表 5 - 9 以及表 5 - 10 的结果，所有的结果都控制了行业固定效应，我们仍然以 Logit 模型为例。论文研究发现全行业以及制造业的结果是一致的，所以我们选取制造业的结果来进行解释，也即表5 - 10 中的结果（1）和（2）。

针对结果（1），在加入外资企业与企业规模之后，其他变量的估计符号以及显著性都没有根本性的变化。应收账款资产比对企业是否出口仍然是负向影响；近似全要素生产率对企业是否出口是负向影响；营业费用对企业是否出口是征信影响；企业的成立年数对企业是否出口时正向影响；企业规模的符号是负的；外企企业的符号是正的；国有企业的符号是负的；外资企业与企业规模的符号是负的，也就表明大规模的外资企业出口的可能性是更小的；加入两个交叉项后，我们发现，除国有企业的符号发生变化之外，其他的符号和显著性没有变化。加入的国有企业与企业规模的符号是正的，说明大规模的国有企业出口可能性更大。

（二）外资和内资企业分析

接下来，我们将企业分为两大类，一类是外资企业（包括外商投资企业以及中国港澳台投资企业），一类是内资企业（包括国有企业、集体企业、股份合作企业、私营企业、联营企业、有限责任公司以及股份有限公司）。[10]分为两类企业的检验结果如表5-11和表5-12所示。

表5-11　　　　　　　　　　　　外资企业分析结果

解释变量	外资企业			
	全行业		制造业	
	Logit	Probit	Logit	Probit
	（1）	（2）	（3）	（4）
应收账款资产比	-0.012 （-0.23）	-0.003 （-0.11）	-0.011 （-0.21）	-0.0025 （-0.08）
近似全要素生产率	-0.227*** （-27.1）	-0.137*** （-27.2）	-0.23*** （-27.4）	-0.14*** （-27.6）
营业费用	0.096*** （15.6）	0.011*** （8.36）	0.095*** （15.34）	0.011*** （8.16）
成立年数	0.05*** （25.9）	0.029*** （26.13）	0.049*** （25.86）	0.029*** （26.1）
企业规模	0.827*** （35.84）	0.496*** （36.86）	0.83*** （35.87）	0.498*** （36.9）
国有企业	-0.74*** （-12.2）	-0.44*** （-12.03）	-0.74*** （-12.3）	-0.45*** （-12.1）
C	-1.54*** （-1.39）	-0.48*** （-1.01）	3.22	1.95*** （35.05）
行业固定效应	YES	YES	YES	YES
最大似然卡方值	7856	7833	6700	6689
Pseudo R^2	0.1	0.1	0.084	0.084
N	60666	60666	59837	59837

注：*，**，***分别表示在10%，5%，1%的显著性水平下显著。

表5-12　　　　　　　　　　　　内资企业分析结果

解释变量	内资企业			
	全行业		制造业	
	Logit	Probit	Logit	Probit
	（1）	（2）	（3）	（4）
应收账款资产比	-0.51*** （-14.3）	-0.23*** （-14.3）	-0.51*** （-14.3）	-0.277*** （-14.21）
近似全要素生产率	-0.22*** （-37.8）	-0.121*** （-34.5）	-0.22*** （-35.05）	-0.123*** （-35）
营业费用	0.194*** （43.52）	0.11*** （44.23）	0.193*** （42.99）	0.107*** （43.62）
成立年数	0.014*** （22.52）	0.008*** （22.3）	0.0144*** （22.38）	0.008*** （22.3）
企业规模	1.39*** （81.8）	0.799*** （80.5）	1.387*** （80.8）	0.799*** （79.5）
国有企业	-0.31*** （-10.3）	-0.174*** （-10.6）	-0.308*** （-10.3）	-0.17*** （-10.3）
C	-0.62*** （-3.5）	-0.1*** （-1.28）	2.8*** （41.43）	1.59*** （41.4）
行业固定效应	YES	YES	YES	YES
最大似然卡方值	26840	26827	22028	22019
Pseudo R^2	0.132	0.1319	0.112	0.112
N	239584	239584	221858	221858

注：*，**，***分别表示在10%，5%，1%的显著性水平下显著。

表5-11表示的是外资企业的分析，表5-12为内资企业的分析，我们对比两个表格，发现结果有一定差异。所有的分析都控制了行业固定效应。我们以制造业的Logit的模型为例进行比较，也即比较两个表格中的结果（3）。表5-11中的结果（3）指出：应收账款资产比对外资企业是否出口没有显著性的影响；近似全要素生产率对外资企业是否出口存在负向关系，即外资企业也存在"生产率悖论"。这个结论与卢等（2010）的

研究结果是一致的；营业费用对企业是否出口依然是正向影响；企业成立年数对出口存在正向影响；企业规模对出口存在负向影响；国有企业对企业出口存在负向影响。这几个研究结论与已有的研究是一致的。而且我们进一步比较外资、内资企业是否出口的选择对各个变量的估计系数大小，我们发现两类企业是否出口对相同变量的敏感度是接近的，并不存在较大的偏差。唯独外资企业是否出口对应收账款资产比并不显著。

而内资企业中，以表5－12中的结果（3）来看，各个被解释变量的参数估计值的符号以及显著性与原有的模型结果没有根本性的差异。比较表5－11以及表5－12，我们发现外资企业中应收账款资产比不显著，而内资企业应收账款资产比是负向且显著的。笔者认为相对于内资企业，外资企业更不容易被信用风险所"围困"。究其原因在于，在国内投资的企业大多都来自美、欧、日以及中国港澳台等国家或者地区，[11]这些国家或者地区的征信体制都是较为健全的，所以来自这些国家或者地区的企业比较不容易受到信用风险的影响。

（三）剔除"纯出口企业"的分析

纯出口企业的是否出口是没有变动的，因此它们的存在对结果并没有太大的作用。根据我们前文的论述，我们为了剔除"纯出口企业"的影响，以出口交货值与主营业务收入的比例为基础，删除该比例大于等于99%的"纯出口企业"进行回归，来分析结果的稳健性。"纯出口企业"的存在可能降低对各个被解释变量的敏感度，并且降低企业的技术水平。依据这个指标为基准，我们删除了其中的19635家企业的数据，运用剩下的数据进行回归，具体的分析结果见表5－13和表5－14。

表5－13　　　　　　　剔除"纯出口企业"分析结果（1）

解释变量	全部行业			
	Logit		Probit	
	（1）	（2）	（3）	（4）
应收账款资产比	0.127 *** （4.18）	− 0.0312 *** （− 9.6）	− 0.025 （− 1.48）	− 0.239 *** （− 13.3）
近似全要素 生产率	− 0.204 *** （− 37.1）	− 0.155 *** （− 26.8）	− 0.138 *** （− 48.9）	− 0.086 *** （− 28.24）

续表

解释变量	全部行业			
	Logit		Probit	
	（1）	（2）	（3）	（4）
营业费用	0.169 *** （45.17）	0.212 *** （53.11）	0.095 *** （82.82）	0.11 *** （93.11）
成立年数	0.015 *** （26.3）	0.0199 *** （32.2）	0.008 *** （24.7）	0.011 *** （31.38）
企业规模	1.2 *** （89）	1.29 *** （89.4）	0.72 *** （91.3）	0.75 *** （90.5）
外资企业	1.99 *** （173.4）	1.87 *** （155.5）	1.18 *** （174.24）	1.1 *** （157.1）
国有企业	−0.7 *** （−27.4）	−0.262 *** （−9.65）	−0.37 *** （−26.3）	−0.139 *** （−9.18）
C	1.96 *** （44.2）	−1.5 *** （−8.75）	1.43 *** （52.03）	−0.442 *** （−5.86）
行业固定效应	NO	YES	NO	YES
最大似然卡方值	45552	58480	46765	58886
Pseudo R²	0.1672	0.2146	0.1714	0.2159
N	280203	280203	280756	280756

注：＊，＊＊，＊＊＊分别表示在10%，5%，1%的显著性水平下显著。

表 5－14　　　　　剔除"纯出口企业"分析结果（2）

解释变量	制造业			
	Logit		Probit	
	（1）	（2）	（3）	（4）
应收账款资产比	−0.199 *** （−6.5）	−0.416 *** （−12.88）	−0.123 *** （−7.2）	−0.238 *** （−13.23）
近似全要素生产率	−0.232 *** （−44.9）	−0.155 *** （−28.33）	−0.133 *** （−45.98）	−0.088 *** （−28.77）

续表

解释变量	制造业			
	Logit		Probit	
	（1）	（2）	（3）	（4）
营业费用	0. 17 *** (44. 55)	0. 211 *** (52. 54)	0. 079 *** (68. 8)	0. 102 *** (87. 99)
成立年数	0. 017 *** (28. 4)	0. 0199 *** (31. 8)	0. 0098 *** (27. 98)	0. 011 *** (31. 37)
企业规模	1. 27 *** (90. 6)	1. 3 *** (89. 7)	0. 739 *** (90. 6)	0. 754 *** (89. 7)
外资企业	1. 978 *** (169. 4)	1. 88 *** (156. 2)	1. 16 *** (169. 14)	1. 1 *** (156. 7)
国有企业	− 0. 33 *** (− 12. 5)	− 0. 25 *** (− 9. 2)	− 0. 187 *** (− 12. 44)	− 0. 138 *** (− 9)
C	2. 62 *** (53. 4)	2. 02 *** (35. 3)	1. 51 *** (53. 2)	1. 18 *** (35. 6)
行业固定效应	NO	YES	NO	YES
最大似然卡方值	44851	51985	45041	52249
Pseudo R^2	0. 1699	0. 197	0. 1706	0. 198
N	262225	262225	262225	262225

注：*，**，*** 分别表示在 10%，5%，1% 的显著性水平下显著。

我们仍然关注控制了行业固定效应的结果。在没有控制行业固定效应的结果中，有些结果是不显著或者方向与预期不符的，但这从总体对我们的估计结果不构成根本性影响。以 Logit 模型的结果为例，即表 5 - 13 以及表 5 - 14 中的结果（2）。我们发现在剔除所谓的"纯出口企业"之后，Logit 模型的结果与我们基本的结果并没有方向上以及显著性上的差异。应收账款资产比对出口存在负向影响；近似全要素生产率对出口存在负向影响；营业费用对企业是否出口存在正向影响；企业成立年数对出口存在正向影响；企业规模对出口存在正向影响；是否外资企业对出口存在正向影响；是否国有企业对出口存在负向影响。所有的结果与预期以及我们的基准结果都是一致的。

（四）全员劳动生产率的分析

我们给出的指标中，能够衡量企业技术水平的有近似全要素生产率以及全员劳动生产率。接下来，我们以全员劳动生产率替代近似全要素生产率，重新给出 Logit 模型以及 Probit 模型的分析。我们观察模型的参数估计值的方向以及显著性与近似全要素生产率下的估计是否一致。具体结果见表 5 - 15 以表 5 - 16。

表 5 - 15　　　　　　　全员劳动生产率的分析结果（1）

解释变量	全部行业			
	Logit		Probit	
	（1）	（2）	（3）	（4）
应收账款资产比	- 0.047 * （- 1.74）	- 0.359 *** （- 12.44）	- 0.034 ** （- 2.23）	- 0.21 *** （- 12.7）
全员劳动生产率	- 0.338 *** （- 72.5）	- 0.216 *** （- 43）	- 0.194 *** （- 73.82）	- 0.122 *** （- 43.08）
营业费用	0.145 *** （42.2）	0.181 *** （49.6）	0.079 *** （70.37）	0.089 *** （78.12）
成立年数	0.0123 *** （22.59）	0.0184 *** （31.57）	0.007 *** （22.18）	0.011 *** （31.11）
企业规模	1.129 *** （86.96）	1.21 *** （86.95）	0.657 *** （87.03）	0.699 *** （87.2）
外资企业	2.09 *** （198.44）	1.948 *** （175.46）	1.249 *** （200.39）	1.15 *** （177.6）
国有企业	- 0.81 *** （- 32..97）	- 0.353 *** （- 13.43）	- 0.453 *** （- 33.4）	- 0.196 *** （- 13.34）
C	2.91 *** （64.06）	- 1.17 *** （- 2.34）	1.66 *** （63.34）	- 0.37 *** （- 5.05）
行业固定效应	NO	YES	NO	YES

续表

解释变量	全部行业			
	Logit		Probit	
	（1）	（2）	（3）	（4）
最大似然卡方值	61726	80400	61844	80540
Pseudo R^2	0.1857	0.2418	0.186	0.2423
N	300269	200269	300269	300269

注：*，**，***分别表示在10%，5%，1%的显著性水平下显著。

表 5－16　　　　　　　**全员劳动生产率的分析结果（2）**

解释变量	制造业			
	Logit		Probit	
	（1）	（2）	（3）	（4）
应收账款资产比	－0.2123 *** （－7.77）	－0.359 *** （－12.4）	－0.13 *** （－8.35）	－0.21 *** （－12.6）
全员劳动生产率	－0.328 *** （－69.2）	－0.219 *** （－43.44）	－0.19 *** （－70.62）	－0.125 *** （－43.67）
营业费用	0.145 *** （41.52）	0.179 *** （48.86）	0.084 *** （73.84）	0.088 *** （76.7）
成立年数	0.0145 *** （25.7）	0.0185 *** （31.39）	0.0085 *** （25.6）	0.01 *** （31.07）
企业规模	1.15 *** （86.24）	1.2 *** （86.14）	0.675 *** （86.3）	0.699 *** （86.3）
外资企业	2.05 *** （192.6）	1.94 *** （174.98）	1.27 *** （194.6）	1.15 *** （177.1）
国有企业	－0.49 *** （－19.2）	－0.358 *** （－13.5）	－0.278 *** （－19.01）	－0.198 *** （－13.22）
C	3.02 *** （64.8）	2.33 *** （－6.89）	1.74 *** （64.25）	1.33 *** （42.2）

续表

解释变量	制造业			
	Logit		Probit	
	（1）	（2）	（3）	（4）
行业固定效应	NO	YES	NO	YES
最大似然卡方值	58595	71434	58724	71581
Pseudo R^2	0.1824	0.2224	0.1829	0.2229
N	281695	281695	281695	281695

注：*，**，***分别表示在10%，5%，1%的显著性水平下显著。

以全员劳动生产率替代近似全要素生产率以后，我们发现 Logit 模型以及 Probit 模型参数估计值的方向与原有的结果是一致的，但存在一定的显著性偏差。但是我们控制行业固定效应之后，我们发现所有的参数估计值的方向以及显著性与原有的模型都一致。这说明不论以何种指标衡量企业的技术水平，信用风险对企业出口的负向影响都是存在而且显著的；"生产率悖论"依然存在，这或许与出口密度是有关的（范剑勇和冯猛，2012）；营业费用对企业是否出口存在正向影响；企业成立年数、企业规模以及是否外资企业对出口存在正向影响；是否国企对企业出口存在负向影响。

（五）应收账款周转率倒数的分析

前文在分析中提到，除去应用应收账款资产比来衡量企业可能面临的信用风险，我们还可以应用应收账款周转率来衡量。接下来，在本部分我们将以应收账款周转率的倒数来替代原有模型中的应收账款资产比，进行与基准回归一致的分析，来看应收账款周转率的倒数对企业出口决策的影响。但需要指出的是，由于这是应用一个新的变量来替代原有的变量，而且从构造上，两个变量并不是完全一致的，所以以应收账款周转率的倒数为解释变量的模型是否有效，并不能够影响应收账款资产比的稳健性。此处的分析仅为了验证应收账款周转率的倒数对企业出口选择的影响。具体分析结果如表 5－17 以及表 5－18 所示。我们文中利用到的解释变量为应收账款周转率的倒数。所有的结果都是经过 10 次迭代之后得到的。

表 5 - 17　　　　　　　应收账款周转率的分析结果（1）

解释变量	全部行业			
	Logit		Probit	
	（1）	（2）	（3）	（4）
应收账款周转率倒数	-0.575*** (-23.56)	-0.568*** (-21.83)	-0.264*** (-24.44)	-0.248*** (-22.06)
近似全要素生产率	-0.266*** (-52.4)	-0.205*** (-37.89)	-0.149*** (-51.96)	-0.113*** (-37.09)
营业费用	0.107*** (32.3)	0.161*** (45.1)	0.049*** (43.93)	0.078*** (68.98)
成立年数	0.014*** (26.1)	0.0197*** (33.5)	0.008*** (25.2)	0.011*** (32.74)
企业规模	1.055*** (82.2)	1.177*** (84.94)	0.615*** (82.2)	0.682*** (85.36)
外资企业	2.97*** (199.1)	1.948*** (174.99)	1.25*** (201.3)	1.15*** (176.9)
国有企业	-0.867*** (-35.25)	-0.3445*** (-13.05)	-0.482*** (-35.55)	-0.19*** (-13.07)
C	2.13*** (50.4)	-1.155*** (-9.03)	1.19*** (48.64)	-0.6*** (-8.23)
行业固定效应	NO	YES	NO	YES
最大似然卡方值	59261	80046	59258	80097
Pseudo R^2	0.1785	0.2411	0.1785	0.2413
N	299665	299665	299665	299665

注：*，**，***分别表示在10%，5%，1%的显著性水平下显著。

表 5-18　　　　　　　　应收账款周转率的分结果（2）

解释变量	制造业			
	Logit		Probit	
	（1）	（2）	（3）	（4）
应收账款周转率倒数	-0.636*** (-25.25)	-0.582*** (-22.2)	-0.284*** (-25.82)	-0.279*** (-24.55)
近似全要素生产率	-0.269*** (-52.15)	-0.21*** (-38.2)	-0.153*** (-52.25)	-0.115*** (-37.38)
营业费用	0.106*** (31.64)	0.158*** (44.24)	0.057*** (50.99)	0.087*** (76.68)
成立年数	0.0165*** (28.99)	0.0198*** (33.36)	0.0095*** (28.3)	0.0113*** (32.74)
企业规模	1.08*** (82.08)	1.17*** (84.13)	0.638*** (82.2)	0.678*** (84.01)
外资企业	2.05*** (192.98)	1.95*** (174.6)	1.23*** (194.7)	1.153*** (176.85)
国有企业	-0.5*** (-19.52)	-0.35*** (-13.14)	-0.287*** (-19.6)	-0.192*** (-12.79)
C	2.28*** (52.62)	1.89*** (36.72)	1.3*** (51.3)	1.05*** (35.7)
行业固定效应	NO	YES	NO	YES
最大似然卡方值	56646	71068	56627	71126
Pseudo R^2	0.1766	0.2216	0.1766	0.2218
N	281134	281134	281134	281134

注：*，**，***分别表示在10%，5%，1%的显著性水平下显著。

利用应收账款周转率的倒数表示信用风险，与应收账款资产比是一致的，虽然两个变量的构造是不同的，但其所表示的直接信用风险的意义是相同的。我们对比表 5-17 以及表 5-18 与前文的结果是一致的。应收账款周转率倒数对企业出口是负向影响，表明应收账款周转率倒数越大，即信用风险越大，则企业出口越小，而国外较小的信用风险会导致企业增加其出口的可能性。以近似全要素生产率衡量的技术水平对企业是否出口是负向影响，表明存在"生产率悖论"。营业费用对企业是否出口仍然存在正向作用；而企业成立年数、企业规模、是否外资企业、是否国有企业的参数估计值的方向以及显著性与前文都是一致的。这验证了信用风险对企业出口的影响，同时也说明了不管以何种指标衡量的信用风险都对企业的出口有负向的影响。

（六）以 2006 年的数据为基础的分析

最后，我们将利用 2006 年的数据，给出 Logit 模型以及 Probit 模型的分析结果。在这里，利用的是应收账款周转率的倒数表示信用风险，我们将观测这个结果与前文的结果的异同点。Logit 模型以及 Probit 模型都是迭代 10 次之后得到的结果。具体可以见表 5 – 19、表 5 – 20。

表 5 – 19　　　　　　　　　**基于 2006 年数据的分析结果（1）**

解释变量	全部行业			
	Logit		Probit	
	（1）	（2）	（3）	（4）
应收账款周转率倒数	− 0. 724 *** (− 27. 6)	− 0. 699 *** (− 24. 85)	− 0. 319 *** (− 32. 39)	− 0. 29 *** (− 28. 54)
近似全要素生产率	− 0. 221 *** (− 41. 34)	− 0. 16 *** (− 28. 08)	− 0. 125 *** (− 41. 04)	− 0. 089 *** (− 27. 45)
营业费用	0. 116 *** (33. 11)	0. 171 *** (45)	0. 068 *** (33. 7)	0. 0989 *** (45. 89)
成立年数	0. 01 *** (19. 05)	0. 0159 *** (26. 27)	0. 0058 *** (17. 97)	0. 0089 *** (25. 44)
企业规模	1. 099 *** (80. 9)	1. 227 *** (83. 05)	0. 645 *** (81. 3)	0. 712 *** (83. 67)
外资企业	2. 05 *** (183. 75)	1. 9 *** (160. 99)	1. 23 *** (185. 68)	1. 123 *** (162. 62)

续表

解释变量	全部行业			
	Logit		Probit	
	（1）	（2）	（3）	（4）
国有企业	− 0.96 *** （− 39.32）	− 0.428 *** （− 16.35）	− 0.54 *** （− 40.23）	− 0.24 *** （− 16.38）
C	2.26 *** （50.74）	− 1.23 *** （− 7.29）	1.28 *** （49.43）	− 0.47 *** （− 6.37）
行业固定效应	NO	YES	NO	YES
最大似然卡方值	50940	70690	50885	70673
Pseudo R^2	0.1729	0.2399	0.1727	0.2399
N	256906	256906	256906	256906

注：*，**，*** 分别表示在10%，5%，1%的显著性水平下显著。

表 5 – 20　　　　　　　**基于 2006 年数据的分析结果（2）**

解释变量	制造业			
	Logit		Probit	
	（1）	（2）	（3）	（4）
应收账款周转率倒数	− 0.802 *** （− 29.66）	− 0.709 *** （− 25.09）	− 0.417 *** （− 41.25）	− 0.314 *** （− 30.74）
近似全要素生产率	− 0.226 *** （− 41.66）	− 0.164 *** （− 25.84）	− 0.13 *** （− 41.97）	− 0.092 *** （− 28.03）
营业费用	0.116 *** （32.57）	0.169 *** （44.26）	0.067 *** （32.98）	0.096 *** （44.61）
成立年数	0.0127 *** （21.69）	0.016 *** （26.23）	0.0073 *** （21.09）	0.009 *** （25.53）
企业规模	1.129 *** （80.25）	1.22 *** （82.07）	0.665 *** （80.44）	0.709 *** （82.5）

续表

解释变量	制造业			
	Logit		Probit	
	（1）	（2）	（3）	（4）
外资企业	2.01 *** （178.32）	1.9 *** （160.3）	1.2 *** （180.6）	1.12 *** （162.26）
国有企业	− 0.608 *** （− 23.72）	− 0.438 *** （− 16.54）	− 0.347 *** （− 23.89）	− 0.247 *** （− 16.54）
C	2.43 *** （52.86）	2.11 *** （38.78）	1.39 *** （52）	1.187 *** （37.9）
行业固定效应	NO	YES	NO	YES
最大似然卡方值	48157	61997	48104	61980
Pseudo R^2	0.1697	0.2184	0.1695	0.2184
N	240503	240503	240503	240503

注：*，**，*** 分别表示在 10%，5%，1% 的显著性水平下显著。

结合表 5 – 19 以及表 5 – 20，我们可以得出，2006 年的数据所得到的 Logit 模型以及 Probit 模型的结果与前文的分析是一致的。说明信用风险对企业是否出口的选择影响具有时间上的连续性。在此处，我们应用应收账款周转率的倒数，而未使用应收账款资产比。从显著性上看，前者比后者要好。两个模型中，应收账款周转率的倒数对企业出口的影响是负的；近似全要素生产率对企业出口影响是负的，始终存在"生产率悖论"；营业费用的对企业是否出口的正向影响与预期一致；企业成立年数、企业规模以及外是否外资企业对出口的影响是正的；是否国有企业对出口的影响是负的。我们仍然可以得出更低的信用风险促进了出口。

七、基本结论

本节利用 2007 年的截面数据，并以企业是否出口的选择作为被解释变量，运用应收账款周转率的倒数以及应收账款资产比来衡量企业的信用风险，运用全员劳动生产率以及近似全要素生产率来衡量企业的技术水平，运用营业费用来衡量企业的贸易成本（包括内销以及出口），同时控制了企业的成立年数、是否外资、是否国企等一系列反映企业根本性质的变量，构造了 Logit 模型以及 Probit 模型。在两个模型参数估计以及边际效应分析的基础上，又做了大量的稳健性检验，包括交叉项分析、企业性质（分为内资外资企业）分析、剔除"纯出口企业"的分析、以全员劳动生产率替代近似全要素生产率的分析、以应收账款周转率的倒数替代应收账款资产比的分析以及基于 2006 年数据的分析。

通过这些分析，我们可以得出：无论是以应收账款资产比还是以应收账款周转率的倒数来衡量信用风险的大小，都说明信用风险对企业出口还是内销选择有负向影响，表明国外更低的信用风险会引致企业出口可能性增加；无论以近似全要素生产率还是以全员劳动生产率来衡量企业的技术水平，实证结果都指出更低的技术水平会导致企业出口的可能性增加，从而验证了企业出口"生产率悖论"。而且我们在稳健性的检验中发现，不仅内资企业存在"生产率悖论"，外资企业同样存在"生产率悖论"，这一点的研究是与卢（2011）的研究是相同的；营业费用对企业是否出口存在正向影响，这说明在消费费用不断增加的情况下，企业的出口意愿不断增加，出口可能性增加；企业成立的时间长短对企业出口的可能性有正向影响，表明企业成立的时间越长，企业出口的可能性越大；企业的规模与出口的可能性是正向关系。我们可以得出：企业规模越大，则企业出口的可能性是越大的；是否外资企业对出口的可能性是正向影响，即企业是外资企业，则其出口的可能性大于非外资企业；是否国有企业对出口的可能性是负向影响，即企业是国有企业，则其出口的可能性小于非国有企业。

Logit 模型以及 Probit 模型的基本结果是：我们用做出大量的稳健性检验，各个稳健性检验的结果表明我们两个模型的基本结果是具有很强的稳健性的。

基于已有的研究以及世界银行的投资环境调查统计表明，中国是被调查以及研究的国家中融资约束最为严重的国家。[12]因此，缓解企业融资约束对企业的发展有至关重要的作用。本文的研究表明，企业面临的信用风险对企业的出口有着决定性的作用。基于沉没成本的逻辑以及理论，如果一个企业面临的信用风险越小，则即使企业面临一定的外源融资约束，企业出口的可能性也会增加。因此，从政策建议层面，我们认为健全国内信用体系，对企业出口具有重大意义。

第二节　信用风险与异质性出口企业贸易量分析

上一节以企业是否出口为被解释变量，以应收账款资产比、应收账款周转率的倒数来衡量信用风险，以全员劳动生产率以及近似全要素生产率来衡量企业的技术水平，以营业费用来衡量企业的销售成本，并控制了企业的成立时间、企业规模、是否外资企业，是否国企等，构建了 Logit 模型以及 Probit 模型。研究的结果表明，企业的信用风险越小，相应地，企业的流动性越大，企业能够承担的出口的沉没成本的能力越大，则企业出口的可能性就越大。接下来，在本节中，我们将以企业出口量作为被解释变量，运用 Tobit 模型来分析当企业进入出口市场之后，也即承担一定的沉没成本之后，企业出口的多少与信用风险、技术水平以及营业费用之间的关系。

一、数据和变量说明

我们这一节中仍然使用 2007 年以及 2006 年的截面数据进行分析。被解释变量为出口交货值的绝对值。解释变量主要有衡量信用风险指标的应收账款周转率以及应收账款资产比，衡量企业技术水平的全员劳动生产率以及近似全要素生产率，衡量企业销售成本的营业费用，衡量企业类型的内资外资变量、是否国有企业变量，代表企业历史的成立年数变量以及企业所处的行业变量。具体的变量名称、代码以及涵义如表 5 - 21 所示。

关于变量的说明，被解释变量出口交货值的绝对数值（export）在工业企业数据库中直接给出，我们去除其中的异常值，即出口为负的企业；解释变量的说明与前文是一致的。应收账款周转率（crr）是通过前文的

表 5 - 21　　　　　　　　　变量名称、代码以及涵义

变量	代码	涵义	预期符号
被解释变量	export	出口交货值的绝对数值	
解释变量	crr	应收账款周转率	+
	dcrr	应收账款周转率倒数	−
	crzc	应收账款资产比	−
	qtfp	全员劳动生产率	+
	atfp	近似全要素生产率	+
	sf	营业费用	+
	year	成立年数	+
	scale	企业规模	+
哑变量	tp	是否外资	+
	sto	是否国企	−

计算公式得到的，我们在文中去除了销售收入（sr）以及应收账款（cr）净额为负的企业，因此应收账款周转率为非负；全员劳动生产率（qtfp）、近似全要素生产率（atfp）则是根据前文的计算方法得出，没有做其他处理；营业费用（sf，会计准则不同，也称营业费用）在工业企业数据库中直接给出，我们取出该值小于 0 的企业；成立年数表示企业自成立年份至 2007 年经历的连续时间年数；企业规模由工业企业数据库中直接给出，有三类，1 表示小型企业，2 表示中型企业，3 表示大型企业；在哑变量中，tp 表示企业是否外资以及港澳台投资企业，若是则该值为 1，否则为 0；sto 表示企业是否为国企，若是则该值为 1，否则为 0。我们需要指出，前文指出要构造 wto 变量来衡量中国加入世界贸易组织对企业出口的影响，但考虑本章的分析是基于截面数据而得出，所以实证分析中并没有加入该变量。各个变量的特征统计见表 5 - 22，统计特征包含变量最大值、最小值、均值以及方差等，具体结果我们不再赘述。

表 5 - 22 各个变量的基本特征

变量	均值	方差	最小值	最大值
export	23279.25	507589	0	1.81E + 08
crr	176.843	6905	0	1897491
qtfp	4.4	1.17	− 174.25	181.846
atfp	3.14	1.07	− 113.49	180.4
sf	3438.98	60017	0	1.97E + 07
year	8.4	9.05	0	407
scale	2.87	0.354	1	3
tp	0.203	0.402	0	1
sto	0.059	0.236	0	1

二、模型构建及实证方法

本节主要分析应收账款周转率的倒数以及应收账款资产比与出口交货值之间的关系，因此构建以下的模型：

$$\exp ort = \alpha + \beta_1 dcrr + \beta_2 qtfp + \beta_3 sf + \beta_4 year + \beta_5 scale$$
$$+ \beta_6 tp + \beta_7 sto + \lambda + \varepsilon \qquad 模型（5-2）$$

$$\exp ort = \alpha + \beta_1 dcrr + \beta_2 atfp + \beta_3 sf + \beta_4 year + \beta_5 scale$$
$$+ \beta_6 tp + \beta_7 sto + \lambda + \varepsilon \qquad 模型（5-3）$$

$$\exp ort = \alpha + \beta_1 dcrr + \beta_2 qtfp + \beta_3 sf + \beta_4 year + \beta_5 scale$$
$$+ \beta_6 tp + \beta_7 sto + \lambda + \varepsilon \qquad 模型（5-4）$$

$$\exp ort = \alpha + \beta_1 ccrr + \beta_2 atfp + \beta_3 sf + \beta_4 year + \beta_5 scale$$
$$+ \beta_6 tp + \beta_7 sto + \lambda + \varepsilon \qquad 模型（5-5）$$

各个变量的含义已经在上一节表示清楚。模型中 λ 表示行业固定效应。

关于预期的符号，我们在表 5 - 24 中已经给出，与第一节的符号预期是一致的。这里主要说明应收账款资产比以及应收账款周转率的倒数对出口量大小的预期符号。本节虽然只是考虑信用风险对出口量大小的影响，但是我们认为出口量的开拓仍然需要较高的流动性，因此面临的信用风险越小的情况下，企业的出口量是越多的。其他符号的预期我们这里不再赘述。

我们考虑本节的实证分析中，被解释变量具有截取数据的性质，而不符合正态分布性质，因此应用最小二乘回归是不符合统计原理的，估计出来的结果是有偏的。我们在本节中使用 Tobit 来进行分析。Tobit 模型适用于被解释变量具有截取性质的数据，诸如有最小值或者最大值的情形。四个给出的模型是在应收账款周转率的倒数、应收账款资产比以及全员劳动生产率、近似全要素生产率之间的组合。我们首先对模型（5 - 2）进行 Tobit 模型分析，即分析应收账款周转率的倒数以及近似全要素生产率等变量对企业出口量的影响。

三、模型结果分析

运用 Tobit 模型对模型（5 - 2）进行分析，得出的结果如表 5 - 23 所示。左截尾的数量表示出口交货值小于等于零的企业数量。从左截尾的数量以及进入实证的数据，我们发现在 30 万家企业中，出口的企业仅有 7 万多家，余下的近 23 万家的企业不出口。

表 5 - 23　　　　　　　　　　回归分析结果

被解释变量	全行业		制造业	
	（1）	（2）	（3）	（4）
应收账款周转率倒数	− 492044 *** （− 4.93）	− 450531.9 *** （− 4.43）	− 403851.7 *** （− 4.02）	− 447958 *** （− 4.37）
近似全要素生产率	− 71063 *** （− 27.5）	− 39517 *** （− 14.73）	− 70918 *** （− 27）	− 41026 *** （− 15.02）
营业费用	2.7 *** （300.1）	2.73 *** （298.94）	2.75 *** （303）	2.786 *** （302.44）
成立年数	4905 *** （16.11）	6858 *** （21.74）	5708 *** （18.11）	6949.4 *** （21.75）

续表

被解释变量	全行业		制造业	
	（1）	（2）	（3）	（4）
企业规模	548212 *** （85）	558487 *** （84.3）	556304 *** （84.7）	557770 *** （83.58）
外资企业	820665 *** （139.8）	713019 *** （119.93）	794967 *** （135）	711812 *** （119.45）
国有企业	－384408 *** （－29.3）	－158410 *** （－11.37）	－237801 *** （－17.02）	－158581 *** （－11.22）
C	582045 *** （27.64）	－1213013 *** （－15.4）	628636 *** （29.33）	377379 *** （14.8）
行业固定效应	NO	YES	NO	YES
Pseudo R^2	0.0192	0.0245	0.0185	0.022
N（左截尾）	226986	226986	208747	208747
N	72664	72664	72372	72372

注：表中外资企业变量、国有企业变量以及中央企业变量均是 0－1 变量，其回归系数表示从 0 到 1 的变动对出口的影响。*，**，*** 分别表示在 10%，5%，1% 的显著性水平下显著。

首先我们来看以应收账款周转率的倒数来衡量的企业面临的信用风险对其出口量的影响。研究结果指出，出口企业中，即使面临较高的信用风险，也会影响到期出口额的增加。这与预期的符号是一致的，表明出口企业也需要较低的信用风险，以保持较高的流动性，以拓展海外市场，增加其出口量；同时说明如果海外市场的信用风险增加，则企业会降低出口，转向内销的可能性增加。

关于生产率的系数，我们给出近似全要素生产率的结果。从结果看，生产率所代表的技术水平对出口的影响都是负向的，不符合预期。这与梅里兹（2003）的理论并不相符，但是与李春顶（2010）、Dan Lu（2011）、徐蕾和尹翔硕（2012）的研究是一致的。他们的分析认为中国的出口企业存在"生产率悖论"，而且卢（2010）认为外资企业同样也存在"生产率悖论"而范剑勇和冯猛（2012）的研究也指出根据不同出口密度的企业数据进行分析，中国不存在"生产率悖论"。结合我们第一节以及本节的研究，可以得出：不仅是低生产率的企业出口的可能性大，即便是已经进入出口市场的企业中，也是低生产率的企业出口量大。

　　关于消费费用所代表的成本问题，实证分析的结果是正向的。即营业费用越高，出口企业的出口量越大。这其实是可以解释的，出口需要一定的固定成本，因此出口相对于内销来讲，成本是更高的。因此，消费费用越大的话，意味着企业对开拓出口市场的投入就越多，出口量也就越大。

　　关于企业成立年数，实证结果与预期结果是一致的。出口企业中，企业成立年数越久，则企业的出口量就越大。这是市场的累积效应：出口企业成立的时间越久，则对国外市场的了解就越多，进而会制造更多迎合国际市场需求的产品，以扩大企业自身的出口量。

　　企业的性质对出口企业的贸易量有重要的影响。企业规模的实证结果与预期是一致的，表明企业规模越大，出口越多；外资企业的系数与预期的方向是一致的，说明如果一个出口企业是外资企业，则该企业的贸易量比非外资出口企业更多；国有企业的回归系数同样与预期一致，如果一个出口企业是国有企业，则相比非国有的出口企业，其出口是更少的。即在内资企业中，有国有企业和私营企业组成，因此，我们需要分析企业的国有非国有成分对企业出口的影响。结果显示，国有企业的出口更少。

　　我们控制行业固定效应，发现各个行业的出口企业的出口量是不同的。我们以第二组制造业数据为例，在回归结果（4）的基础上给出各个行业的固定效应。结果如表5－24所示。行业固定效应的结果分析中，以行业13即农副食品加工业为基准，所有的30个两位数代码的行业中，行业固定效应为正且显著的有纺织服装、鞋帽制造业，皮革、皮毛、羽毛及其制造业，文教体育用品制造业，通信设备、计算机及其他调子设备制造业，仪器仪表及文化、办公用机械制造业，工艺品及其他制造业。这些行业都是传统以及新兴的一些出口行业，其行业开放程度要高于其他制造业；行业固定效应为负且显著的有食品制造业、饮料制造业、烟草制品业，石油加工、炼焦及核燃料加工业，医药制造业。这些行业的开放程度小于参照行业，也相对小于其他效应为正的行业。

表 5 - 24   基于回归结果（4）的行业固定效应

代码	行业名称	行业固定效应	代码	行业名称	行业固定效应
13	农副食品加工业	—	28	化学纤维制造业	– 125267 ***
14	食品制造业	– 39651 *	29	橡胶制品业	197669 ***
15	饮料制造业	– 417750 ***	30	塑料制品业	173318 ***
16	烟草制品业	– 530713 ***	31	非金属矿物制品业	– 112730 ***
17	纺织业	294244 ***	32	黑色金属冶炼及压延加工业	– 249109 ***
18	纺织服装、鞋、帽制造业	512171 ***	33	有色金属冶炼及压延加工业	– 102621 ***
19	皮革、毛皮、羽毛及其制品业	531782 ***	34	金属制品业	255340 ***
20	木材加工及木、竹、藤、棕、草制品业	146148 ***	35	通用设备制造业	106977 ***
21	家具制造业	421828 ***	36	专用设备制造业	80100 ***
22	造纸及纸制品业	– 289499 ***	37	交通运输设备制造业	48580 ***
23	印刷业和记录媒介的复制	– 247770 ***	39	电气机械及器材制造业	230640 ***
24	文教体育用品制造业	622295 ***	40	通信设备、计算机及其他电子设备制造业	531706 ***
25	石油加工、炼焦及核燃料加工业	– 782043 ***	41	仪器仪表及文化、办公用机械制造业	327778 ***
26	化学原料及化学制品制造业	20032	42	工艺品及其他制造业	649479 ***
27	医药制造业	– 78501 ***	43	废弃资源和废旧材料回收加工业	– 581442 ***

注：*，**，*** 分别表示在10%，5%，1%的显著性水平下显著。

四、稳健性检验

从本节表 5 - 23 的回归结果分析，我们得出信用风险、技术水平等要素对出口企业的出口量的影响。接下来，为说明本节的实证分析是稳定的，我们进行如下的稳健性检验：首先加入一定的交互项，反映企业性质的交互项，有 tp * scale（外资企业与企业规模），sto * scale（国有企业与企业规模）；其次，我们将分两类企业进行回归分析，分别是外资企业和内资企业；再次，与前文一致，我们需要剔除一类特殊的企业——"纯出口企业"（戴觅，2011）；接下来，我们将利用应收账款净额在总资产中的比例作为替代应收账款周转率的一个变量，加入到回归分析中，看其回归系数的方向以及显著性；[13]并用全员劳动生产率替代近似全要素生产率，重新进行模型检验；最后我们利用 2006 年的数据进行回归分析，检验回归系数的方向是否存在时间上的一致性。

（一）加入交叉项分析

为检验企业综合性质对结果是否影响，我们加入 tp * scale（外资企业与企业规模），sto * scale（国有企业与企业规模），运用 Tobit 模型进行回归。所有的回归结果都控制行业固定效应。具体结果如表 5 - 25 所示。

表 5 - 25　　　　　　　　　交叉项分析结果

被解释变量	全行业		制造业	
	（1）	（2）	（3）	（4）
应收账款周转率倒数	- 450269 *** （- 4.42）	- 451474 *** （- 4.43）	- 447946 *** （- 4.36）	- 449142 *** （- 4.37）
近似全要素生产率	- 39497 *** （- 14.7）	- 39581 *** （- 14.74）	- 41008 *** （- 15.2）	- 41088 *** （- 15.2）
营业费用	2.729 *** （296.4）	2.72 *** （295.55）	2.787 *** （299.94）	2.78 *** （299.15）
成立年数	6728.8 *** （21.24）	6693 *** （21.1）	6824 *** （21.3）	6788.8 *** （21.12）

续表

被解释变量	全行业		制造业	
	(1)	(2)	(3)	(4)
企业规模	582182*** (67.42)	569645.1*** (60.3)	580770*** (66.6)	568704*** (59.89)
外资企业	569714*** (16.56)	601151*** (16.9)	573969*** (16.6)	604011*** (16.95)
国有企业	−167198*** (−11.84)	−14774 (−0.3)	−166869*** (−11.66)	−12993 (−0.25)
外资企业*企业规模	−51114*** (−4.21)	−40353*** (−3.22)	−49147*** (−4.03)	−38871*** (−3.1)
国有企业*企业规模	—	62498*** (3.2)	—	62908*** (3.1)
C	−1156838*** (−14.42)	−1209474*** (−14.6)	443638*** (14.75)	409824*** (12.87)
行业固定效应	YES	YES	YES	YES
Pseudo R^2	0.0245	0.0245	0.022	0.022
N（左截尾）	226986	226986	208747	208747
N	72664	72664	72372	72372

注：表中外资企业变量、国有企业变量以及中央企业变量均是0−1变量，其回归系数表示从0到1的变动对出口的影响。*，**，*** 分别表示在10%，5%，1%的显著性水平下显著。

基于加入交叉项的 Tobit 模型结果可以发现：在加入外资企业与企业规模的交叉项后，全行业以及制造业数据的结果与原结果（见表5−23）是一致的。同时，新加入的外资企业与企业规模的交叉项是负的，表明大规模的外资企业的出口量小于小规模的外资企业。而当加入了国有企业与企业规模的交叉项后，国有企业的系数是不显著的。国有企业与企业规模的系数是的，表明出口企业中，小规模的国有企业出口量相比大规模的国有企业而言是少的。在四个结果中，其他变量的方向以及显著性并没有发生根本性改变。

（二）企业性质分析

接下来，我们将 2007 年的企业分为两大类，一类是外资企业（包括外商投资企业以及中国港澳台投资企业），另一类是内资企业（包括国有企业、集体企业、股份合作企业、私营企业、联营企业、有限责任公司以及股份有限公司）。[14]分类后，运用 Tobit 模型进行回归，结果见表 5-26 所示。

表 5-26　　　　　　　　　　内资外资企业分析结果

被解释变量	外资企业		内资企业	
	全行业	制造业	全行业	制造业
	（1）	（2）	（3）	（4）
应收账款周转率倒数	-115087 （-0.59）	-124552 （-0.63）	-253988 *** （-5.27）	-235861.2 *** （-5.13）
近似全要素生产率	-22345 *** （-3.52）	-25149 *** （-3.95）	-17565 *** （-17.35）	-17512 *** （-18.05）
营业费用	2.35 *** （139.7）	2.35 *** （139.89）	3.28 *** （329.2）	3.57 *** （339.33）
成立年数	14294.3 *** （11.93）	14307 *** （11.88）	2223.5 *** （21.11）	2209 *** （21.74）
企业规模	586923 *** （43.72）	588602 *** （43.76）	200795 *** （75.2）	187412 *** （73.73）
国有企业	-377762.7 *** （-8.44）	-387328 *** （-8.59）	-46498 *** （-9.83）	-44078 *** （-9.71）
C	-1634939 ** （-2.39）	1045231 *** （15.6）	-684556 *** （-16.11）	182157.9 *** （-19.21）
行业固定效应	YES	YES	YES	YES
Pseudo R²	0.016	0.016	0.015	0.014
N（左截尾）	24083	23325	202903	185422
N	36534	36463	36310	35909

注：表中外资企业变量、国有企业变量以及中央企业变量均是 0-1 变量，其回归系数表示从 0 到 1 的变动对出口的影响。*，**，*** 分别表示在 10%，5%，1% 的显著性水平下显著。

　　首先我们分析企业数量。在本章第一节的分析中，我们是以企业是否出口被解释变量，利用的 Logit 模型以及 Probit 模型，但分析外资、内资企业时，我们也无法辨析内资、外资中各有多少企业出口。此处的分析我们发现，外资企业共计 60617 家，其中出口企业有 36534 家；内资企业共计 239213 家，其中出口企业仅有 36310 家。从各个类别出口企业的占比来看，外资进入中国投资设厂后，产出的产品更多地出口到其他国家。这也可以在一定程度上解释外资进入中国是为了获取国内廉价的劳动力以及一定优惠政策。

　　在外资行业中，我们发现无论是全行业数据还是制造业数据的结果中，应收账款周转率的倒数对出口企业的出口量的影响是不显著的。这说明外资企业的出口并不受制于信用风险。前文的分析中提到，进入中国的外资主要来自欧美一些征信国家，所以这些企业的信用意识较强。而他们出口的过程中，会更多地选择自己的母国出口，从而也不需要面临信用风险的约束；我们发现外资企业出口的多少与技术水平是负向的，说明外资企业技术水平越低，出口是越多的。从事实上看，外资企业进入的目的是为出口，而这些企业更多的是从事加工贸易，所以其技术性并没有选择内销的企业要高；营业费用对外资企业的出口量存在正向影响，说明外资企业拓宽海外市场也是需要持续的投入的；企业的成立年数、企业规模以及是否国有企业等变量的方向以及显著性与基本回归是一致的。

　　在内资行业中，应收账款周转率的倒数所代表的信用风险对企业出口量是负向影响的。说明一旦企业在出口市场上面临的信用风险增加，则企业会降低自己的出口；"生产率悖论"在内资企业出口中也存在；其余变量与基本模型回归是一致。

　　观察两组数据的被解释变量的估计系数的大小。应收账款周转率的倒数这一项，外资企业的绝对值小于内资企业，说明内资企业对信用风险的敏感性要高于外资企业；从近似全要素生产率这一项，外资企业的绝对值要高于内资企业，说明外资企业对技术的敏感性高于内资企业，而且一般认为外资企业的技术水平高于内资企业，同时技术增长率也比内资企业高。但这里的敏感度表明，同为加工贸易企业，外资企业比内资企业出口要多；内资企业对营业费用的敏感度高于外资企业，而且是正向的。说明增加相等的营业费用，内资出口企业的出口量的增加大于外资出口企业；内资企业的出口量对成立年数的敏感度高于外资企业，但对企业规模的敏感度小于外资企业；从绝对值看，内资企业的出口量对是否国有企业的敏感度更高。

（三）剔除"纯出口"企业的分析

根据我们前文的分析，以及戴觅（2011）的研究，中国存在大量的"纯出口"企业。这类性质的企业存在，可能会导致我们估计的结果是有偏的，所以我们剔除"纯出口"企业后，再进行 Tobit 模型分析。具体结果见表 5-27。

表 5-27　　　　　　　　　　剔除"纯出口企业"分析结果

被解释变量	全行业		制造业	
	（1）	（2）	（3）	（4）
应收账款周转率倒数	-976186 *** （-7.1）	-853466 *** （-6.12）	-864701 *** （-6.2）	-860983 *** （-6.1）
近似全要素生产率	-69108 *** （-23.01）	-45929 *** （-14.8）	-69484 *** （-22.75）	-47611 *** （-15.2）
营业费用	2.5 *** （245.22）	2.51 *** （243.8）	2.54 *** （247.49）	2.561 *** （246.6）
成立年数	6633 *** （19.3）	8431.7 *** （23.64）	7580 *** （21.22）	8567.31 *** （23.7）
企业规模	614315 *** （81.8）	623140 *** （80.7）	623804 *** （81.35）	622892 *** （79.98）
外资企业	885074 *** （124.13）	794408 *** （110.3）	859423 *** （120.1）	793760 *** （109.8）
国有企业	-330179 *** （-22.73）	-119013 *** （-7.72）	-174186 *** （-11.3）	-118672 *** （-7.6）
C	527931 *** （21.68）	-1246698 *** （-14.8）	579955 *** （23.35）	349928 *** （-11.83）
行业固定效应	NO	YES	NO	YES
Pseudo R^2	0.021	0.025	0.0203	0.0231
N（左截尾）	226966	226966	208741	208741
N	53232	53232	52962	52962

注：表中外资企业变量、国有企业变量以及中央企业变量均是 0-1 变量，其回归系数表示从 0 到 1 的变动对出口的影响。*，**，*** 分别表示在 10%，5%，1% 的显著性水平下显著。

在我们剔除所谓的"纯出口企业"之后，发现 Tobit 模型结果并没有发生改变，即"纯出口企业"的存在并没有影响到结果的稳健性。应收账款周转率的倒数所代表的信用风险对企业出口量的影响仍然是负向的，代表当企业在国外市场上面临较大的风险时，会减少出口量；生产率所代表的技术水平对企业出口量是负向影响，表示技术水平越低的企业，出口量越大；营业费用对企业出口量存在正向影响，而且在制造业以及全行业之间没有差别；企业成立的年数对企业的出口存在正向影响；企业规模对企业的出口存在正向影响，表示越大的企业出口量越多；外资企业对企业的出口量存在正向影响，表明外资企业的出口量大于非外资企业；国有企业对企业出口量存在负向影响，表明国有企业的出口量小于非国有企业。

（四）全员劳动生产率分析

为防止近似全要素生产率的估计存在偏差，我们运用全员劳动生产率替代近似全要素生产率，并继续运用 Tobit 模型估计方法对替代变量后的模型进行回归。实证结果见表 5 – 28。

表 5 – 28 　　　　　　　　　全员劳动生产率分析结果

被解释变量	全行业		制造业	
	（1）	（2）	（3）	（4）
应收账款周转率倒数	-531923^{***} （-5.3）	-463553^{***} （-4.55）	-441671^{***} （-4.37）	-461675^{***} （-4.5）
全员劳动生产率	-96033^{***} （-42.3）	-44082^{***} （-18.44）	-91563^{***} （-39.69）	-45832^{***} （-19.07）
营业费用	2.73^{***} （303.35）	2.74^{***} （299.42）	2.782^{***} （304.32）	2.79^{***} （302.9）
成立年数	4634^{***} （15.2）	6772^{***} （21.48）	5501^{***} （17.45）	6863^{***} （21.5）
企业规模	564202^{***} （87.2）	565189^{***} （85.11）	571707^{***} （86.74）	564789^{***} （84.5）

续表

被解释变量	全行业		制造业	
	（1）	（2）	（3）	（4）
外资企业	822146 *** （139.96）	716767 *** （120.55）	796790 *** （135.28）	715650 *** （120.08）
国有企业	− 362241 *** （− 27.6）	− 152263 *** （− 10.96）	− 222187 *** （− 15.93）	− 152024 *** （− 10.78）
C	822130 *** （36.88）	− 1126767 *** （− 14.23）	847148 *** （37.36）	474796 *** （17.74）
行业固定效应	NO	YES	NO	YES
Pseudo R^2	0.0197	0.0246	0.0189	0.0221
N（左截尾）	227511	227511	209236	209236
N	72716	72716	72424	72424

注：表中外资企业变量、国有企业变量以及中央企业变量均是 0 − 1 变量，其回归系数表示从 0 到 1 的变动对出口的影响。*，**，*** 分别表示在 10%，5%，1% 的显著性水平下显著。

全员劳动生产率表示的劳动的人均产出，从一定层面上可以表示企业的技术水平。将其替代近似全要素生产率后，我们发现结果与原有结果是一致的。首先应收账款周转率对出口企业的出口量仍然是负向影响；全员劳动生产率对其也为负向影响，就出口量而言，仍然存在"生产率悖论"。营业费用、企业成立年数、外资企业对出口量的影响为正；企业规模对出口量的影响为正，表示规模越大，出口量就越大；国有企业对出口量的影响为负，表示国有企业的出口量相比非国有企业而言更小。

（五）应收账款资产比分析

同样，由于文章指标的设置，我们在前文分析中提到，能够衡量企业信用风险的指标不仅仅是企业的应收账款周转率的倒数，应收账款资产比也能够在一定程度上反映企业的信用风险。我们以应收账款资产比替代应收账款周转率的倒数，使用 Tobit 模型进行回归，结果如表 5 − 29 所示。

表 5 - 29　　　　　　　　　　应收账款资产比分析结果

被解释变量	全行业		制造业	
	(1)	(2)	(3)	(4)
应收账款资产比	136358 *** (9.3)	- 30438 ** (- 1.98)	66142 *** (4.45)	- 28177 * (- 1.83)
近似全要素生产率	- 73184 *** (- 28.2)	- 38737 *** (- 14.37)	- 71853 *** (- 27.24)	- 40284 *** (- 14.84)
营业费用	2.7 *** (300.2)	2.73 *** (298.9)	2.7557 *** (303.2)	2.786 *** (302.4)
成立年数	4891.5 *** (16.07)	6891 *** (21.85)	5710 *** (18.12)	6982 *** (21.86)
企业规模	552898 *** (85.64)	558467 *** (84.1)	558951 *** (85)	557821 *** (83.43)
外资企业	818289 *** (139.42)	713364 *** (119.97)	793992 *** (134.84)	712143 *** (119.5)
国有企业	- 377107 *** (- 28.7)	- 160067 *** (- 11.47)	- 235306 *** (- 16.83)	- 160194 *** (- 11.32)
C	573844 *** (27.23)	- 1214042 *** (- 15.41)	624659 *** (29.12)	375952 *** (14.78)
行业固定效应	NO	YES	NO	YES
Pseudo R^2	0.0192	0.0245	0.0185	0.022
N（左截尾）	227016	227016	208770	208770
N	72665	72665	72373	72373

注：表中外资企业变量、国有企业变量以及中央企业变量均是 0 - 1 变量，其回归系数表示从 0 到 1 的变动对出口的影响。* ，** ，*** 分别表示在 10% ，5% ，1% 的显著性水平下显著。

通过表 5 - 29，我们发现使用应收账款资产比来分析信用风险对出口企业出口量的影响并没有应收账款周转率表现得更好，但仍然能够说明对出口量的影响。考虑到没有控制行业固定效应的估计结果是有偏的，我们以控制了行业固定效应的制造业为例来进行分析。应收账款资产比对出口企业出口量的影响是负向的，表示应收账款资产比越大的企业，出口量越少。综合前文的分析，这能够说明面临信用风险较大的企业，出口量是少的。这表明企业不仅需要在进入出口市场时需要一个额外的固定成本，在开拓出口市场时同时也需要。若出口企业面临较大的国际信用风险时，他的出口量会降低。近似全要素生产率对出口量的影响仍然是负的，"生产率悖论"的情况并没有发生改变。营业费用是正的，表明企业的营业费用越大，企业的出口是越大的。这也说明继续开拓出口市场仍然需要扩大前期沉没成本的投入。与前文一致，企业的成立年数以及外资企业对出口量的影响是正的。企业的规模对出口量的影响是正的，表示规模越大，出口企业的出口量是越大的。国有企业对出口量的影响是负的，说明国有企业的出口量较小，这与国有企业在国内形成垄断是一致的，在垄断的市场内他能够取得更高的利润，因此没有动力去开拓国际市场。

（六）2006 年数据分析

为了验证截面数据分析在时间上的一致性，我们使用 2006 年的数据，以应收账款周转率表示企业面临的信用风险，以近似全要素生产率表示企业的技术水平，以营业费用表示企业的成本，并运用 Tobit 模型进行分析。具体结果见表 5 - 30 所示。

表 5 - 30　　　　　　　　2006 年数据结果

被解释变量	全行业		制造业	
	（1）	（2）	（3）	（4）
应收账款周转率倒数	- 130635 *** （- 16. 42）	- 117189 *** （- 14. 5）	- 139301 *** （- 17. 34）	- 116995 *** （- 14. 5）
近似全要素生产率	- 51733 *** （- 20. 72）	- 23742 *** （- 9. 13）	- 53676 *** （- 21. 18）	- 25956 *** （- 9. 95）
营业费用	3. 276 *** （282. 96）	3. 32 *** （275. 56）	3. 398 *** （290. 91）	3. 45 *** （283. 4）
成立年数	2788 *** （10. 35）	4520 *** （16. 23）	3412. 5 *** （12. 3）	4588 *** （16. 3）
企业规模	474208 *** （82. 09）	479555 *** （80. 65）	477538 *** （81. 3）	476464 *** （79. 8）

续表

被解释变量	全行业		制造业	
	（1）	（2）	（3）	（4）
外资企业	682282 *** （128.7）	586055 *** （109.2）	659621 *** （124.3）	583753 *** （108.8）
国有企业	−370137 *** （−33.02）	−170896 *** （−14.35）	−249531 *** （−20.9）	−177058 *** （−14.7）
C	552674 *** （28.86）	−996018 *** （−14.23）	591803 *** （30.43）	384106 *** （16.75）
行业固定效应	NO	YES	NO	YES
Pseudo R^2	0.0181	0.0235	0.0172	0.0209
N（左截尾）	190011	190011	173896	173896
N	66895	66895	66607	66607

注：表中外资企业变量、国有企业变量以及中央企业变量均是0－1变量，其回归系数表示从0到1的变动对出口的影响。*，**，*** 分别表示在10%，5%，1%的显著性水平下显著。

基于 2006 年的数据，再次验证了我们的 2007 年的结果是稳健的。2006 年的实证结果表明，信用风险对出口量的影响是负的，表明信用风险越大，企业出口越少；技术水平对出口量的影响是负的，表示技术水低的企业出口量大；营业费用对出口量的影响是正的，说明营业费用越大的企业，出口量是越多的；企业成立的年数、外资企业对出口量的影响都是正向的；企业规模对出口量的影响是正向的，说明规模越大，企业出口量越多。国有企业对出口量的影响是负向的。

五、基本结论

本节利用 2007 年的截面数据，并以企业的出口交货值作为被解释变量，运用应收账款周转率的倒数以及应收账款资产比来衡量企业的信用风险，运用全员劳动生产率以及近似全要素生产率来衡量企业的技术水平，运用营业费用来衡量企业的贸易成本，同时控制了企业的规模、成立年数、是否外资、是否国企等一系列反映企业根本性质的变量，给出 Tobit 模型的实证分析。在基本回归分析的基础上，又做了大量的稳健性检验，包括交叉项分析、企业性质分析、剔除"纯出口企业"的分析、应用全员劳动生产率的分析、应用应收账款资产比的分析以及基于 2006 年数据的分析。

检验的结果表明，无论运用应收账款周转率还是应收账款资产比来衡量，企业面临的信用风险越小，则企业的出口越多，这说明企业都存在一定的风险规避意识。但这个结果是存在企业性质差异的，如果企业是外资企业，信用风险对其出口的影响并不显著。反之，若企业为内资企业，则信用风险对其出口量的影响是高度显著的；无论运用全员劳动生产率还是近似全要素生产率来衡量，企业的技术水平越高，则企业的出口越小，存在"生产率悖论"。而且这个结论是稳健的，不存在因企业性质的不同而产生差异。这一点的研究是与卢等人（2011）的研究是一致的；企业的营业费用与出口是正向关系，说明销售成本越高，则企业出口越大，而且结果是稳健的。这说明企业不仅要在选择出口的过程中付出一定的成本投入，而且企业在持续开拓国际市场的过程中，也需要继续增加市场营业费用，这个在前文中已经给出相应的解释；企业成立的时间越久，则企业的出口量越大的，这一点与我们建模时的预期是吻合的，同样也不存行业差异；企业规模与出口量是负向，但表明的含义是企业的规模越大，则企业的出口量越多。是否外资企业与出口量是正向关系；是否国企与企业出口是负向关系。各个变量的回归结果都是显著的，而且具有稳健性。

第三节　本 章 小 结

本章运用 2007 年的截面数据，分析企业面临的信用风险与其贸易行为之间的关系。问题的论述包括两个方面：一是信用风险对企业在面临是出口还是内销的选择上的影响；二是当企业进入出口市场，企业面临的信用风险对其出口量大小的影响。

在论述第一个方面的问题时，我们使用的是 Logit 模型以及 Probit 模型。这两个模型在估计结果上是一致的，没有产生根本性的差别。Logit

模型的估计结果表明，信用风险对企业是否出口的影响是负向的，说明企业面临的信用风险越大，则企业出口的可能性越小；技术水平对企业是否出口的影响是正向的，说明企业的技术水平越高，则企业出口的可能性越小；营业费用对企业是否出口的影响是正向的，说明投入营业费用越高的企业，其出口的可能性是越高的；此外，关于企业性质的变量：诸如企业规模、企业成立年数、是否外资企业以及是否国有企业的估计结果与我们的预期是一致的。

在论述第二个方面的问题时，我们使用的是 Tobit 模型。在企业已经进入出口市场后，Tobit 模型的估计结果指出：信用风险对出口量的影响是负向的，表明企业在出口市场上面临的信用较大，则企业会降低出口；技术水平对出口量的影响是负的，同样表明技术水平低的企业出口越多；营业费用对出口量的影响是正的，说明企业投入的营业费用越大，则出口量越大。其他变量的估计结果与预期一致。

综合两个问题的分析结果，以应收账款周转率的倒数以及应收账款资产比表示的信用风险对企业贸易行为的影响可以认为如下：在企业做出是否出口的决策时，其信用风险越小，则出口的可能性越大。原因在于出口需要投入一定的成本，信用风险小的企业能够有较大的流动性支付这个成本的投入。这与融资约束的原理是一致的；而当企业进入到出口市场时，信用风险对企业的出口量影响是负向，说明企业在出口市场上信用风险越大，则出口量是越小的。这与风险规避的基本原理是一致的。

以全员劳动生产率以及近似全要素生产率衡量的技术水平对企业贸易行为的影响可以表示如下：在企业做出是否出口的决策时，技术水平越低的企业，出口的可能性越大，从而存在"生产率悖论"；在企业进入出口市场后，技术水平越低的企业，其出口量是越大的，说明企业在出口量这个层面也是存在"生产率悖论"的。

以营业费用衡量的企业贸易成本（或称为市场开拓的投入）对企业贸易行为的影响：在企业做出是否出口的决策时，营业费用越大的企业出口的可能性越大；当企业进入出口市场时，企业营业费用越大，企业的出口量是越多的。

企业的规模、成立年数、是否外资企业、是否国有企业对企业的贸易行为，包括出口内销选择以及进入出口市场之后的贸易量大小的影响，与预期是一致的。

本 章 注 释

1. 这两个层面的关系可以依据杨小凯先生给出的超边际分析以及马歇尔给出的边际分析来说明。第一个层面，企业是否出口是一个超边际分析的问题；第二个层面，企业出口多少是边际分析的问题。具体参见杨小凯，张永生：《新兴古典经济学与超边际分析》，中国人民大学出版社，2000 年版；马歇尔：《经济学原理》，廉运杰译，华夏出版社 2005 年版。

2. 我们利用 1998～2007 年的数据进行描述性分析，给出一个大致的判定。后文的实证分析是基于 2007 年以及 2006 年的截面数据。

3. 其统计范围与《中国统计年鉴》中工业的部分以及《中国工业统计年鉴》中覆盖的范围是一致的。

4. 国有企业、集体企业、股份合作企业、联营企业、有限责任公司、股份有限公司、私营企业、其他内资企业、港澳台商投资企业、外商投资企业。

5. 包括工业制造业 60 多个大产业，100 多个种类、1000 多个子行业。数据来源：中国报告大厅信息商业数据库说明：http：//project. chinabgao. com/。

6. 即应收账款与企业资产总计的比值。潘华：《商业信用管理》，中国书籍出版社 2013 年版，第 152～156 页。作者指出应收账款的管理是信用风险管理的重要组成部分。应收账款的持有能够给企业带来销售收入的增加，但同时能够增加企业一定的成本。企业应当时刻关注并掌握应收账款在总资产中所占的比例，是其处于一个合理的结构。

7. 孙灵燕，李荣林：《融资约束限制中国企业出口参与吗?》，载于《经济学季刊》2011 年 10 月，第 231～252 页。

8. 周梅妮等：《新兴古典经济学超边际分析方法的理解与应用》，载于《兰州学刊》2008 年第 8 期，第 54～57 页。

9. Logit 模型以及 Probit 模型都称之为定性响应模型。

10. 可以参见中国工业企业数据库使用说明中关于企业登记注册类型的说明。

11. 根据商务部的商务数据中心关于对华直接投资前十位的国家/地区的统计，有 2008～2013 年的年度连续统计，排名前十位的国家或者地区有中国香港、中国台湾、日本、新加坡、美国、韩国、英国、德国、澳门以及加拿大、荷兰、瑞士等，此外还有一些通过自由港的投资，比如维尔京群岛、开曼群岛、萨摩亚、毛里求斯以及巴巴多斯等。

12. 世界银行投资环境调查（2003）以及 Claessens 和 Tzioumis（2006）的研究表明，中国是统计样本 80 个国家中融资约束最为严重的国家。

13. 潘华：《商业信用管理》，中国书籍出版社 2013 年版，第 152～156 页。作者指出应收账款的管理是信用风险管理的重要组成部分。应收账款的持有能够给企业带来销售收入的增加，但同时能够增加企业一定的成本。企业应当时刻关注并掌握应收账款在总资产中所占的比例，是其处于一个合理的结构。

14. 可以参见中国工业企业数据库使用说明中关于企业登记注册类型的说明。

第六章

信用风险与异质性企业贸易
行为实证分析（下）

第五章应用的是利用截面数据分析信用风险对异质性企业贸易行为的影响分析，整个分析过程中，涉及两个方面：一是企业是选择出口还是内销的分析；二是在出口企业中，出口量多少的分析。截面数据的分析得出，企业只有面临更小的信用风险时，才会选择出口。或者说国外较小的信用风险会更多地吸引国内企业出口；第二个层面的分析得知，出口企业在选择出口量的多少时，信用风险是一个负向影响，表明企业如果在国外市场面临更大的信用风险时，企业会降低出口量。但是在截面数据的分析中，实证结果都无法控制时间效应以及个体效应。也即无法分析信用风险在时间维度的影响，同时也无法分析信用风险对一个企业由内销转向出口的影响。控制个体效应后，所研究的对象与第五章并不是一致的。截面数据研究的是不同企业是否出口的问题，出口多少的问题；面板数据在控制行业效应、时间效应后，同样也是研究企业是否出口问题，出口多少问题；而如果在面板数据中控制个体固定效应，则研究的是一个企业由内销转向出口的影响因素。基于此，我们在这里重点分析控制行业以及时间固定效应的情况，而控制个体固定效应则做简单分析。为考虑分析的一致性，本章将利用面板数据来分析在控制行业效应以及时间效应的情况下，信用风险对企业贸易行为的影响。[1]

第一节　信用风险与异质性企业
出口或内销行为分析

本节将利用面板数据来分析信用风险对异质性企业的出口内销的选择

行为。面板数据相对于截面数据的优势在于可以控制更多的时间固定效应以及个体固定效应。本节我们暂时不控制个体固定效应，给出控制行业以及时间固定效应的分析。

一、数据的说明及处理

本节使用的是处理过的工业企业数据库（1998～2008 年）。由于工业企业数据库中，会出现同一家企业在不同的年份法人代码不同的情况，所以数据的整合过程是十分繁琐的。整个的数据处理过程参照 Yifan Zhang 在 2012 年发表于 JDE 上文章中的做法，[2] 他们公布了通过利用法人代码、法人代表姓名、电话以及邮政编码等字段将工业企业数据库不同年份之间的数据进行整合的方法。[3] 考虑到美国 2007 年发生次债危机，会对模型的估计结果参数影响，所以本节使用的数据为 1998～2006 年的数据。在本节的稳健性回归中，我们会使用 1998～2008 年的全样本数据进行分析，并作出两组数据实证结果的对比。

对于数据，我们作出如下处理：文中研究的企业不包括正在筹建、停业或者其他类型的企业，因此删除了处于非营业状态的企业；考虑到工业总产值在后文计算过程中的作用，因此删除了工业总产值为 0 的企业；一个企业的出口不应该为负值，因此删除了出口交货值小于 0 的企业；文中主要考虑信用风险的影响，若应收账款小于 0，则说明企业存在预收账款，对企业并不构成信用风险，因此删除了应收账款小于 0 的企业；企业不能出口营业收入小于 0 的状态，删除了营业收入小于 0 的企业；我们要研究营业费用代表的市场开拓成本对贸易的影响，但一般状况下，营业费用并不可能小于 0，[4] 因此需要删除营业费用小于 0 的企业以及产品销售费用小于 0 的企业。营业费用与产品销售费用表示的含义是一致的，只是由于在样本统计期间，我国的会计准则发生了一定的变化。2003 年（包括）之前称为产品销售费用，2003 年（不包括）之后称为营业费用；为后文计算的需要，删除资产总计小于等于 0 的企业。[5]

二、变量的说明

在第五章的分析中，我们使用应收账款周转率的倒数以及应收账款资产比表示信用风险，以全员劳动生产率以及近似全要素生产率表示企业的技术水平，以营业费用（即营业费用与产品销售费用合计）表示开拓市场的成本，并用企业规模、企业成立年数、是否外资企业、是否国有企业等表示企业的基本特征。本章延续第五章的变量的使用，同时被解释变量仍然是一个二值选择变量：若企业的出口交货值大于0，则被解释变量的值为1；若企业的出口交货值等于0，则被解释变量的值为0。具体说明见表6-1所示。这里，我们需要说明此处的企业规模与前文中的企业规模的表示方法并不是一致的。此处的企业规模是一个0-1变量，1表示企业为大型企业，0表示企业为中小型企业。其余符号的预期与截面数据的预期是一致的。

表6-1 变量名称、代码以及涵义

变量	代码	涵义	预期符号
被解释变量	ex	0-1变量	
解释变量	dcrr	应收账款周转率倒数	-
	crzc	应收账款资产比	-
	qtfp	全员劳动生产率	+
	atfp	近似全要素生产率	+
	sf	营业费用（对数值）	+
	year	成立年数	+
哑变量	scale	企业规模	+
	tp	是否外资	+
	sto	是否国企	

三、模型的构建

为分析信用风险、技术水平、成本水平等对不同行业企业的贸易选择行为的影响，我们构建以下方程：

$$ex_{it} = \alpha + \beta_1 dcrr_{it} + \beta_2 qtfp_{it} + \beta_3 sf_{it} + \beta_4 year_{it}$$
$$+ \beta_5 scale_{it} + \beta_6 tp_{it} + \beta_7 sto_{it} + \lambda_i + x_t + \varepsilon \quad 模型（6-1）$$

i表示根据中国工业企业数据库中的行业类别整理给出的两位数行业

类别；t 表示时间，变动范围是 1998～2006 年；λ_i 表示控制行业固定效应；x_t 表示控制时间固定效应，是不可观测的时间效应，能够解释没能够包含在模型中所有与时间有关的一系列效应。

文章的实证分析方法仍然使用 Logit 模型以及 Probit 模型，关于两个模型的基本分析第五章已经说明得较为详细，这里不再赘述。

四、实证结果分析

为了增加结果的对比性，我们分别给出不控制任何固定效应、控制行业固定效应、控制行业以及时间固定效应的结果。从数据上，我们给出工业企业数据库中全行业的数据分析以及仅包含制造业的数据分析结果。从估计方法上，我们给出 Logit 模型以及 Probit 模型两个结果。全行业数据的结果如表 6－2 所示，制造业数据的结果如表 6－3 所示。

表 6－2 全行业数据结果

被解释变量	全行业					
	Logit			Probit		
	（1）	（2）	（3）	（4）	（5）	（6）
应收账款周转率倒数	－ 0.63 *** （－41.07）	－ 0.603 *** （－36.52）	－ 0.616 *** （－37.13）	－ 0.314 *** （－44.58）	－ 0.289 *** （－39.43）	－ 0.296 *** （－40.19）
近似全要素生产率	－ 0.268 *** （－84.15）	－ 0.235 *** （－68.7）	－ 0.225 *** （－65.41）	－ 0.156 *** （－84.3）	－ 0.133 *** （－67.64）	－ 0.127 *** （－64.35）
营业费用	0.157 *** （87.46）	0.213 *** （109.28）	0.215 *** （110.32）	0.091 *** （88.96）	0.123 *** （11.53）	0.124 *** （112.6）
成立年数	0.01 *** （32.31）	0.015 *** （42.61）	0.015 *** （43.36）	0.006 *** （31.26）	0.0086 *** （41.54）	0.0087 *** （42.31）
企业规模	1.44 *** （40.99）	1.6 *** （39.76）	1.67 *** （41.35）	0.85 *** （41.09）	0.905 *** （40.13）	0.943 *** （41.74）
外资企业	2.02 *** （298.43）	1.83 *** （254.7）	1.84 *** （254.69）	1.222 *** （302.59）	1.094 *** （258.3）	1.095 *** （258.31）

续表

被解释变量	全行业					
	Logit			Probit		
	（1）	（2）	（3）	（4）	（5）	（6）
国有企业	− 0.739 *** （− 51.11）	− 0.389 *** （− 25.25）	− 0.404 *** （− 26.2）	− 0.422 *** （− 52.33）	− 0.22 *** （− 25.43）	− 0.229 *** （− 26.4）
C	− 1.62 *** （− 122.89）	− 6.9 *** （− 22.93）	− 7.03 *** （− 23.32）	− 0.978 *** （− 130.1）	− 3.5 *** （− 31.16）	− 3.588 *** （− 31.7）
行业固定效应	NO	YES	YES	NO	YES	YES
时间固定效应	NO	NO	YES	NO	NO	YES
最大似然卡方值	130077	188407	189427	130002	188425	189451
Pseudo R^2	0.1634	0.2367	0.238	0.1633	0.2367	0.238
N	660718	660718	660718	660718	660718	660718

注：*，**，*** 分别表示在10%，5%，1%的显著性水平下显著。

表 6 – 3　　　　　　　　制造业数据结果

被解释变量	制造业					
	Logit			Probit		
	（1）	（2）	（3）	（4）	（5）	（6）
应收账款周转率倒数	− 0.726 *** （− 45.7）	− 0.607 *** （− 36.65）	− 0.6199 *** （− 37.25）	− 0.362 *** （− 50.36）	− 0.294 *** （− 39.82）	− 0.3 *** （− 40.57）
近似全要素生产率	− 0.274 *** （− 84.67）	− 0.236 *** （− 68.74）	− 0.226 *** （− 65.5）	− 0.159 *** （− 84.88）	− 0.134 *** （− 67.97）	− 0.128 *** （− 64.73）
营业费用	0.158 *** （86.86）	0.211 *** （107.76）	0.213 *** （108.8）	0.092 *** （88.09）	0.122 *** （109.95）	0.123 *** （111.03）
成立年数	0.0125 *** （36.43）	0.015 *** （42.5）	0.016 *** （43.27）	0.007 *** （35.6）	0.009 *** （41.64）	0.0089 *** （42.41）

续表

被解释变量	制造业					
	Logit			Probit		
	（1）	（2）	（3）	（4）	（5）	（6）
企业规模	1. 545***	1. 57***	1. 64***	0. 917***	0. 906***	0. 943***
	（39. 46）	（38. 05）	（39. 6）	（40. 44）	（38. 44）	（39. 95）
外资企业	1. 975***	1. 83***	1. 83***	1. 2***	1. 09***	1. 095***
	（289. 1）	（253. 9）	（253. 93）	（294. 5）	（257. 5）	（257. 5）
国有企业	−0. 556***	−0. 401***	−0. 416***	−0. 323***	−0. 231***	−0. 239***
	（−37. 13）	（−25. 78）	（−26. 71）	（−37. 9）	（−26. 14）	（−27. 1）
C	−1. 549***	−2. 53***	−2. 665***	−0. 938***	−1. 51***	−1. 58***
	（−115. 9）	（−122. 9）	（−124. 6）	（−122. 5）	（−129. 2）	（−130. 5）
行业固定效应	NO	YES	YES	NO	YES	YES
时间固定效应	NO	NO	YES	NO	NO	YES
最大似然卡方值	122808	168301	169301	122694	168254	169255
Pseudo R^2	0. 1595	0. 2186	0. 2199	0. 1594	0. 2186	0. 2199
N	625899	625899	625899	625899	625899	625899

注：*，**，*** 分别表示在10%，5%，1%的显著性水平下显著。

对比全行业数据的 Logit 模型、Probit 模型的结果以及制造业数据的 Logit 模型、Probit 模型的结果，我们发现两个模型的参数估计值的方向以及显著性是类似的。基于两个回归方法的原理，我们在这里并不需要比较参数估计值的大小。在此处，我们以制造业数据的 Logit 模型为例，即表 6−3 中的结果（1）到结果（3），分析结果的含义。

从表 6−3 的结果（1）至（3）中，我们发现在没有控制任何固定效应、仅控制行业固定效应以及控制行业以及时间固定效应的情况下，各个变量估计系数的方向以及稳健性都是一致的。应收账款周转率的倒数对企业的出口选择是负向的。这说明在不同的行业、不同年份的企业中，只有信用风险较小的企业才能够有更大的出口可能性。这里原因解释与之前是类似的：企业进入国际市场需要有一定的成本投入，只有信用风险较小的企业，才能够有足够的流动性支付前期的沉没成本；近似全要素生产率对企业的出口选择影响是负向的，说明技术水平越高的企业，其出口的可能性是越低的。这里验证了"生产率悖论"的存在；营业费用对企业的出口选择是正向的，这说明只有在营业费用上投入更多的企业，出口的可能性才更大。这里的原因在于企业的营业费用是投入到市场开拓的成本，营业费用越大，则企业的进行市场开拓的投入越多，因此进入国外市场的可能性就越大；企业的成立年数对出口选择的影响是正向的，说明企业成立的时间越久，则企业出口的可能性是越大的。之前，我们给出过类似的解释，企业成立的时间越久，则对市场的认识程度越高，从而也会逐渐增加对国外市场的认识，出口的可能性随之增加；三个反映企业特征的量，企业规模对出口选择的影响是正向的，说明企业规模越大，则出口的可能性是越大的。外资企业对出口选择的影响是正向的，说明外资企业出口的可能性要大于非外资企业。国有企业对出口选择的影响是负向的，说明国有企业比非国有企业出口可能性要小。

　　而我们已经说明，Logit 以及 Probit 模型的参数估计值并没有大小上的比较，因此我们需要重新应用 stata 中的命令对各个变量的边际效应给出估计。各个变量的边际效应估计结果见表 6 - 4 以及表 6 - 5。在两个表中，我们不需要再标注显著性，只需要给出数值的大小和方向，显著性与表 6 - 2 以及表 6 - 3 中的参数估计值的显著性是一致的。

表 6 - 4　　　　　　　　　全行业数据下变量的边际效应

被解释变量	全行业					
	Logit			Probit		
	(1)	(2)	(3)	(4)	(5)	(6)
应收账款周转率倒数	- 0. 122	- 0. 106	- 0. 108	- 0. 146	- 0. 117	- 0. 1196
近似全要素生产率	- 0. 05	- 0. 0412	- 0. 039	- 0. 055	- 0. 046	- 0. 0436
营业费用	0. 03	0. 037	0. 038	0. 032	0. 041	0. 0411
成立年数	0. 002	0. 0027	0. 0027	0. 0025	0. 0029	0. 003

续表

被解释变量	全行业					
	Logit			Probit		
	(1)	(2)	(3)	(4)	(5)	(6)
企业规模	0.337	0.367	0.383	0.365	0.369	0.385
外资企业	0.445	0.386	0.387	0.441	0.403	0.403
国有企业	−0.12	−0.062	−0.064	−0.099	−0.071	−0.07
行业固定效应	NO	YES	YES	NO	YES	YES
时间固定效应	NO	NO	YES	NO	NO	YES

注：表中企业规模变量、外资企业变量、国有企业变量均是 0−1 变量，其回归系数表示从 0 到 1 的变动对出口的影响。*，**，*** 分别表示在 10%，5%，1% 的显著性水平下显著。

表 6−5   制造业数据下变量的边际效应

被解释变量	制造业					
	Logit			Probit		
	(1)	(2)	(3)	(4)	(5)	(6)
应收账款周转率倒数	−0.103	−0.0899	−0.0918	−0.122	−0.0969	−0.0989
近似全要素生产率	−0.051	−0.0412	−0.0393	−0.0539	−0.0442	−0.042
营业费用	0.0298	0.038	0.0384	0.031	0.04	0.041
成立年数	0.002	0.0027	0.0027	0.0024	0.00289	0.0029
企业规模	0.323	0.338	0.3528	0.35	0.345	0.359
外资企业	0.442	0.386	0.3857	0.439	0.396	0.396
国有企业	−0.121	−0.064	−0.066	−0.0994	−0.071	−0.0735
行业固定效应	NO	YES	YES	NO	YES	YES
时间固定效应	NO	NO	YES	NO	NO	YES

注：表中企业规模变量、外资企业变量、国有企业变量均是 0−1 变量，其回归系数表示从 0 到 1 的变动对出口的影响。*，**，*** 分别表示在 10%，5%，1% 的显著性水平下显著。

　　结合前文的分析，各个变量的边际效应形式为 dy/dx 的形式。我们仍然以制造业的 Logit 模型中结果（3）各个变量的边际效应为例。应收账款周转率的倒数表示的信用风险每增加 1，则企业出口的可能性就降低 9.18%；近似全要素生产率表示的技术水平每增加 1，则企业出口的可能性降低 3.93%；营业费用（对数）表示的企业市场开拓投入的增长率每增加 1，则企业出口的可能性增加 3.84%；企业成立的年数每增加 1，则企业出口的可能性增加 0.27%；企业的规模由 0 变为 1，即由中小型变为大型，则企业出口的可能性增加 35.28%；内资企业若能够吸引到外资的注入，则出口的可能性增加 38.57%；而同样如果企业是国有企业的情况下，则出口的可能性降低 6.6%。由此，我们发现以应收账款周转率的倒数衡量的信用风险对企业出口的影响是很大的。从这个层面看，健全国家的信用体系，对企业顺利地"走出去"是非常有帮助的。

　　此外，我们控制行业的固定效应，发现行业在出口的可能性是不同；同时我们也控制了时间固定效应，发现一些没能够包含在模型内的时间效应也是不同的。我们以制造业 Logit 模型结果（3）为基础，给出行业固定效应以及时间固定效应。结果见表 6 − 6 以及表 6 − 7。

　　根据表 6 − 6 的行业的固定效应，我们能够发现像纺织业、纺织服装、鞋帽制造业、皮革、毛皮、羽毛及其制品业等传统的优势行业，其出口的可能性是更大的；而对于食品制造业、饮料制造业、石油加工、炼焦及核燃料加工业等行业出口的可能性是较小的。根据表 6 − 7 的时间固定效应，我们发现以 1998 年为基础，有多年因为共线性而导致没有数据，而 2004 以及 2005 年出口的可能性都是变大的。

表 6 − 6　　　　　　　　　　　　　行业固定效应

代码	行业名称	行业固定效应	代码	行业名称	行业固定效应
13	农副食品加工业	—	18	纺织服装、鞋、帽制造业	0.388***
14	食品制造业	− 0.0113**	19	皮革、毛皮、羽毛（绒）及其制品业	0.414***
15	饮料制造业	− 0.135***	20	木材加工及木、竹、藤、棕、草制品业	0.103***
16	烟草制品业	0.0257	21	家具制造业	0.258***
17	纺织业	0.238***	22	造纸及纸制品业	− 0.106***

续表

代码	行业名称	行业固定效应	代码	行业名称	行业固定效应
23	印刷业和记录媒介的复制	− 0.101 ***	33	有色金属冶炼及压延加工业	0.016 ***
24	文教体育用品制造业	0.484 ***	34	金属制品业	0.169 ***
25	石油加工、炼焦及核燃料加工业	− 0.191 ***	35	通用设备制造业	0.095 ***
26	化学原料及化学制品制造业	0.0163 ***	36	专用设备制造业	0.0511 ***
27	医药制造业	− 0.0326 ***	37	交通运输设备制造业	0.0532 ***
28	化学纤维制造业	− 0.041 ***	39	电气机械及器材制造业	0.151 ***
29	橡胶制品业	0.148 ***	40	通信设备、计算机及其他电子设备制造业	0.246 ***
30	塑料制品业	0.105 ***	41	仪器仪表及文化、办公用机械制造业	0.194 ***
31	非金属矿物制品业	− 0.034 ***	42	工艺品及其他制造业	0.476 ***
32	黑色金属冶炼及压延加工业	− 0.103 ***	43	废弃资源和废旧材料回收加工业	− 0.206 ***

表 6 – 7　　　　　　　　　　　时间固定效应

年份	时间固定效应	年份	时间固定效应
1998	基准年份	2003	共线性
1999	共线性	2004	0.0453 ***
2000	共线性	2005	0.0067 ***
2001	共线性	2006	共线性
2002	共线性	—	—

五、稳健性检验

此处的稳健性检验结合第五章的分析思路，我们本节的稳健性检验给出加入交叉项的分析、分为内资外企企业分析、剔除"纯出口企业"的分析、以全员劳动生产率代替近似全要素生产率的分析、以应收账款资产比代替应收账款周转率倒数的分析以及运用 1998～2008 年样本数据的分析。

（一）交叉项分析

我们加入外资企业＊企业规模的交叉项（交叉项 1）以及国有企业与企业规模的交叉项（交叉项 2）后，运用 Logit 模型以及 Probit 模型进行分析。参数估计值的结果如表 6－8 至表 6－11 所示。我们给出交叉项 1、交叉项 2 在不同的控制行业以及时间固定效应下的结果。

表 6－8　　　　　　　　加入交叉项 1 的全行业数据结果

被解释变量	Logit		Probit	
	（1）	（2）	（3）	（4）
应收账款周转率倒数	−0.602 *** （−36.5）	−0.615 *** （−37.09）	−0.289 *** （−39.34）	−0.295 *** （−40.1）
近似全要素生产率	−0.235 *** （−68.68）	−0.225 *** （−65.38）	−0.133 *** （−67.59）	−0.127 *** （−64.3）
营业费用	0.213 *** （109.26）	0.215 *** （110.3）	0.123 *** （111.55）	0.124 *** （112.62）
成立年数	0.015 *** （42.33）	0.015 *** （43.08）	0.0085 *** （41.12）	0.0087 *** （41.88）
企业规模	1.833 *** （41.88）	1.9 *** （43.39）	1.074 *** （42.95）	1.114 *** （44.45）
外资企业	1.839 *** （255.04）	1.84 *** （255.05）	1.097 *** （258.77）	1.098 *** （258.78）

续表

被解释变量	Logit		Probit	
	(1)	(2)	(3)	(4)
国有企业	-0.398 *** (-25.8)	-0.414 *** (-26.73)	-0.228 *** (-26.12)	-0.236 *** (-27.11)
外资企业 * 企业规模	-1.42 *** (-15.52)	-1.43 *** (-15.63)	-0.833 *** (-16.5)	-0.839 *** (-16.6)
C	-6.93 *** (-22.95)	-7.05 *** (-23.34)	-3.52 *** (-31.01)	-3.59 *** (-31.54)
行业固定效应	YES	YES	YES	YES
时间固定效应	NO	YES	NO	YES
最大似然卡方值	188606	189628	188673	189702
Pseudo R^2	0.237	0.2383	0.2371	0.2383
N	660718	660718	660718	660718

注：*，**，*** 分别表示在10%，5%，1%的显著性水平下显著。

表6-9　　　　　　　　　加入交叉项1的制造业数据结果

被解释变量	Logit		Probit	
	(1)	(2)	(3)	(4)
应收账款周转率倒数	-0.617 *** (-37.11)	-0.63 *** (-37.7)	-0.293 *** (-39.7)	-0.299 *** (-40.5)
近似全要素生产率	-0.236 *** (-68.8)	-0.23 *** (-65.5)	-0.134 *** (-67.9)	-0.128 *** (-64.7)
营业费用	0.211 *** (107.8)	0.21 *** (108.8)	0.121 *** (109.95)	0.123 *** (111.03)
成立年数	0.015 *** (42.28)	0.015 *** (43.03)	0.0086 *** (41.22)	0.0089 *** (41.99)
企业规模	1.81 *** (40.05)	1.88 *** (41.48)	1.09 *** (41.05)	1.13 *** (42.44)
外资企业	1.84 *** (254.5)	1.84 *** (254.5)	1.097 *** (257.95)	1.098 *** (257.96)

续表

被解释变量	Logit		Probit	
	（1）	（2）	（3）	（4）
国有企业	-0.411 *** （-26.3）	-0.43 *** （-27.2）	-0.237 *** （-26.8）	-0.246 *** （-27.75）
外资企业 * 企业规模	-1.389 *** （-15.05）	-1.4 *** （-15.2）	-0.84 *** （-16.33）	-0.846 *** （-16.43）
C	-2.533 *** （-122.85）	-2.67 *** （-124.4）	-1.5 *** （-129.1）	-1.58 *** （-130.5）
行业固定效应	YES	YES	YES	YES
时间固定效应	NO	YES	NO	YES
最大似然卡方值	168490	169491	168501	169504
Pseudo R^2	0.2189	0.2202	0.2189	0.2202
N	625899	625899	625899	625899

注：*，**，*** 分别表示在10%，5%，1%的显著性水平下显著。

表 6-10　　　　加入交叉项 1 和 2 的全行业数据结果

被解释变量	Logit		Probit	
	（1）	（2）	（3）	（4）
应收账款周转率倒数	-0.6 *** （-36.4）	-0.614 *** （-37.02）	-0.289 *** （-39.3）	-0.295 *** （-40.02）
近似全要素生产率	-0.235 *** （-68.76）	-0.225 *** （-65.45）	-0.133 *** （-67.7）	-0.127 *** （-6437）
营业费用	0.213 *** （109.35）	0.216 *** （110.39）	0.123 *** （111.7）	0.124 *** （112.7）
成立年数	0.015 *** （42.26）	0.015 *** （43）	0.0085 *** （41.05）	0.0087 *** （41.81）
企业规模	1.49 *** （23.96）	1.55 *** （24.9）	0.896 *** （24.5）	0.93 *** （25.4）
外资企业	1.84 *** （254.8）	1.84 *** （254.86）	1.097 *** （258.6）	1.098 *** （258.58）

续表

被解释变量	Logit		Probit	
	(1)	(2)	(3)	(4)
国有企业	− 0.42 *** (−26.6)	− 0.433 *** (−27.5)	− 0.236 *** (−26.78)	− 0.246 *** (−27.8)
外资企业 * 企业规模	− 1.13 *** (−11.42)	− 1.129 *** (−11.44)	− 0.683 *** (−12.35)	− 0.684 *** (−12.37)
国有企业 * 企业规模	0.062 *** (7.5)	0.637 *** (7.7)	0.312 *** (6.6)	0.322 *** (6.8)
C	− 6.95 *** (−22.99)	− 7.1 *** (−23.4)	− 3.54 *** (−30.8)	− 3.6 *** (−31.35)
行业固定效应	YES	YES	YES	YES
时间固定效应	NO	YES	NO	YES
最大似然卡方值	188662	189687	188716	189748
Pseudo R^2	0.237	0.2383	0.2371	0.2384
N	660718	660718	660718	660718

注：*，**，*** 分别表示在10%，5%，1%的显著性水平下显著。

表6-11　　　　　　　加入交叉项1和2的制造业数据结果

被解释变量	Logit		Probit	
	(1)	(2)	(3)	(4)
应收账款周转率倒数	− 0.616 *** (−37.04)	− 0.629 *** (−37.65)	− 0.293 *** (−39.64)	− 0.299 *** (−40.4)
近似全要素生产率	− 0.236 *** (−68.86)	− 0.226 *** (−65.6)	− 0.134 *** (−67.98)	− 0.129 *** (−64.74)
营业费用	0.211 *** (107.87)	0.213 *** (108.9)	0.122 *** (110.05)	0.123 *** (111.14)
成立年数	0.015 *** (42.22)	0.016 *** (42.98)	0.0087 *** (41.15)	0.0088 *** (41.92)
企业规模	1.5 *** (24.06)	1.57 *** (24.99)	0.912 *** (24.65)	0.946 *** (25.54)

续表

被解释变量	Logit		Probit	
	（1）	（2）	（3）	（4）
外资企业	1.84 *** (254.4)	1.84 *** (254.4)	1.097 *** (257.78)	1.098 *** (257.79)
国有企业	−0.43 *** (−26.98)	−0.444 *** (−27.9)	−0.246 *** (−27.5)	−0.256 *** (−28.45)
外资企业 * 企业规模	−1.13 *** (−11.43)	−1.136 *** (−11.45)	−0.693 *** (−12.44)	−0.694 *** (−12.5)
国有企业 * 企业规模	0.58 *** (6.8)	0.5977 *** (6.98)	0.339 *** (6.8)	0.349 *** (6.98)
C	−2.53 *** (−122.78)	−2.67 *** (−124.3)	−1.5 *** (−129.09)	−1.58 *** (−130.44)
行业固定效应	YES	YES	YES	YES
时间固定效应	NO	YES	NO	YES
最大似然卡方值	168536	169539	168546	169552
Pseudo R^2	0.2189	0.2202	0.2189	0.2202
N	625899	625899	625899	625899

注：*，**，*** 分别表示在10%，5%，1%的显著性水平下显著。

根据这四个表的回归结果，我们发现无论是加入外资企业与企业规模的交叉项还是加入国有企业与企业归国的交叉项，所有变量的参数估计值并没有发生方向以及显著性的根本性变化。我们关注交叉项的方向。以制造业的 Logit 模型结果为例，根据表 6 − 11 的结果（2），可以得出：在控制了行业以及时间固定效应以后，外资企业 * 企业规模的参数估计值是负的而且显著，说明大规模的外资企业出口的可能性要小于小规模的外资企业；国有企业 * 企业规模的符号是正的而且显著，说明大规模的国有企业出口的可能性要大于小规模的出口企业。整个结果的分析与截面数据的结果是一致的。

（二）内资外资分析

我们将企业分为外资以及内资企业，运用 Logit 模型以及 Probit 模型对不同性质的企业进行实证分析。具体结果如表 6 – 12 至表 6 – 15 所示。

表 6 – 12　　　　　　　　　外资企业全行业数据结果

被解释变量	Logit		Probit	
	（1）	（2）	（3）	（4）
应收账款周转率倒数	- 0.489 *** (- 19.67)	- 0.5 *** (- 20.1)	- 0.252 *** (- 19.6)	- 0.257 *** (- 19.93)
近似全要素生产率	- 0.257 *** (- 43.09)	- 0.247 *** (- 41.2)	- 0.154 *** (- 43.33)	- 0.148 *** (- 41.4)
营业费用	0.137 *** (39.82)	0.139 *** (40.33)	0.08 *** (40)	0.084 *** (40.5)
成立年数	0.038 *** (29.73)	0.04 *** (31.14)	0.0221 *** (29.89)	0.0232 *** (31.3)
企业规模	0.622 *** (7.58)	0.699 *** (8.5)	0.35 *** (7.78)	0.399 *** (8.79)
国有企业	- 0.89 *** (- 22.84)	- 0.913 *** (- 23.32)	- 0.538 *** (- 22.64)	- 0.55 *** (- 23.1)
C	- 2.73 *** (- 6.58)	- 2.87 *** (- 6.88)	- 1.54 *** (- 7.4)	- 1.63 *** (- 7.77)
行业固定效应	YES	YES	YES	YES
时间固定效应	NO	YES	NO	YES
最大似然卡方值	16857	17386	16784	17317
Pseudo R^2	0.0874	0.0902	0.0871	0.0898
N	148523	148523	148523	148523

注：*，**，*** 分别表示在 10%，5%，1% 的显著性水平下显著。

表 6 – 13　　　　　　　　　　　外资企业制造业数据结果

被解释变量	Logit		Probit	
	（1）	（2）	（3）	（4）
应收账款周转率倒数	− 0.49 *** （− 19.7）	− 0.5 *** （− 20.05）	− 0.25 *** （− 19.63）	− 0.26 *** （− 20.2）
近似全要素生产率	− 0.259 *** （− 43.22）	− 0.249 *** （− 41.3）	− 0.15 *** （− 43.5）	− 0.148 *** （− 41.6）
营业费用	0.137 *** （39.6）	0.139 *** （40.09）	0.08 *** （39.8）	0.08 *** （40.3）
成立年数	0.038 *** （29.7）	0.04 *** （31.11）	0.022 *** （29.86）	0.02 *** （31.3）
企业规模	0.0625 *** （7.6）	0.7 *** （8.51）	0.35 *** （7.76）	0.41 *** （8.87）
国有企业	− 0.896 *** （− 22.88）	− 0.92 *** （− 23.36）	− 0.54 *** （− 22.7）	− 0.55 *** （− 23.2）
C	0.08 *** （2.11）	− 0.07 *** （− 1.67）	0.05 ** （2.12）	− 0.037 （− 1.57）
行业固定效应	YES	YES	YES	YES
时间固定效应	NO	YES	NO	YES
最大似然卡方值	15438	15963	15368	15897
Pseudo R^2	0.081	0.0837	0.0806	0.0834
N	147362	147362	147362	147362

注：*，**，*** 分别表示在 10%，5%，1% 的显著性水平下显著。

表 6 – 14　　　　　　　　　　　内资企业全行业数据结果

被解释变量	Logit		Probit	
	（1）	（2）	（3）	（4）
应收账款周转率倒数	− 0.716 *** （− 32.05）	− 0.733 *** （− 32.6）	− 0.329 *** （− 36.23）	− 0.337 *** （− 37.04）
近似全要素生产率	− 0.222 *** （− 52.7）	− 0.211 *** （− 49.93）	− 0.121 *** （− 51.15）	− 0.116 *** （− 48.5）

续表

被解释变量	Logit		Probit	
	（1）	（2）	（3）	（4）
营业费用	0.246 *** （102.9）	0.248 *** （103.7）	0.138 *** （104.97）	0.139 *** （105.9）
成立年数	0.0129 *** （33.83）	0.01 *** （34.23）	0.007 *** （33.07）	0.0073 *** （33.5）
企业规模	1.688 *** （38.08）	1.75 *** （39.4）	1 *** （39.64）	1.03 *** （40.9）
国有企业	− 0.285 *** （− 17.06）	− 0.297 *** （− 17.77）	− 0.168 *** （− 17.88）	− 0.175 *** （− 18.65）
C	− 8 *** （− 16.32）	− 8.18 *** （− 16.56）	− 3.9 *** （− 23.25）	− 3.97 *** （− 23.99）
行业固定效应	YES	YES	YES	YES
时间固定效应	NO	YES	NO	YES
最大似然卡方值	65371	65970	65386	65993
Pseudo R²	0.1326	0.1338	0.1326	0.1339
N	512174	512174	512174	512174

注：*，**，*** 分别表示在 10%，5%，1% 的显著性水平下显著。

表 6 − 15 　　　　　　　　　　内资企业制造业数据结果

被解释变量	Logit		Probit	
	（1）	（2）	（3）	（4）
应收账款周转率倒数	− 0.73 *** （− 32.4）	− 0.74 *** （− 32.8）	− 0.34 *** （− 36.93）	− 0.35 *** （− 37.7）
近似全要素生产率	− 0.222 *** （− 52.5）	− 0.212 *** （− 49.9）	− 0.122 *** （− 51.16）	− 0.117 *** （− 48.5）
营业费用	0.24 *** （101.2）	0.245 *** （102.11）	0.136 *** （103）	0.137 *** （103.9）
成立年数	0.0129 *** （33.73）	0.013 *** （34.15）	0.0074 *** （33.12）	0.007 *** （33.55）

续表

被解释变量	Logit		Probit	
	（1）	（2）	（3）	（4）
企业规模	1.65 *** (36.15)	1.72 *** (37.6)	1.02 *** (37.94)	1.05 *** (39.11)
国有企业	− 0.297 *** (− 17.54)	− 0.31 *** (− 18.23)	− 0.175 *** (− 18.32)	− 0.182 *** (− 19.04)
C	− 2.92 *** (− 113.56)	− 3.05 *** (− 114.6)	− 1.69 *** (− 121.8)	− 1.77 *** (− 122.3)
行业固定效应	YES	YES	YES	YES
时间固定效应	NO	YES	NO	YES
最大似然卡方值	54192	54774	54148	54735
Pseudo R^2	0.1137	0.1149	0.1136	0.1148
N	478537	478537	478537	478537

注：*，**，***分别表示在10%，5%，1%的显著性水平下显著。

我们仍然以制造业的 Logit 模型分析为例。将企业按性质分为外资企业以及内资企业后得到的结果与未进行分类的结果是一致的。但是与第五章截面数据的结果有些区别。截面数据中，外资企业以应收账款资产比表示的信用风险对是否出口的影响并不显著。而此处，以应收账款周转率的倒数表示的信用风险对外资企业是否出口存在显著的负向影响。其实面板数据的结果更符合现实以及理论状况。从企业的角度看，无论外资还是内资企业，其出口都要付出一定的沉没成本。从数值上看，外资企业的成本要小于内资企业，但仍然受到信用风险的影响。只有当企业的信用风险较小，流动性较大时，才能够增加出口的可能性。

（三）剔除"纯出口企业"分析

正如戴觅（2011）的研究中所指出，中国存在一定的"纯出口企业"。他们认为这类企业的存在会对实证结果产生一定的影响，诸如"生产率悖论"现象。在这里，我们剔除"纯出口企业"之后，[6] 得到的结果如表6-16以及表6-17所示。通过剔除"纯出口企业"之后的数据量与基准模型的数据量进行对比，我们这里删掉了近30万组的数据，接近基础模型数据的40%。

表6-16 剔除"纯出口企业"全行业数据结果

被解释变量	Logit		Probit	
	(1)	(2)	(3)	(4)
应收账款周转率倒数	-0.52 *** (-23.6)	-0.53 *** (-23.98)	-0.273 *** (-23.87)	-0.277 *** (-24.22)
近似全要素生产率	-0.22 *** (-47.11)	-0.212 *** (-46.02)	-0.121 *** (-46.2)	-0.118 *** (-45.1)
营业费用	0.261 *** (98.5)	0.263 *** (99.06)	0.147 *** (100.05)	0.148 *** (100.65)
成立年数	0.016 *** (35.34)	0.0163 *** (35.74)	0.009 *** (34.66)	0.009 *** (35.06)
企业规模	1.449 *** (25.49)	1.535 *** (26.89)	0.837 *** (26.12)	0.885 *** (27.51)
外资企业	1.717 *** (176.08)	1.72 *** (176.3)	1.02 *** (177.3)	1.023 *** (177.5)
国有企业	-0.283 *** (-14.6)	-0.296 *** (-15.3)	-0.162 *** (-14.83)	-0.169 *** (-15.52)
C	-5.94 *** (-54.04)	-5.88 *** (-53.52)	-3.17 *** (-67.43)	-3.14 *** (-66.53)
行业固定效应	YES	YES	YES	YES
时间固定效应	NO	YES	NO	YES
最大似然卡方值	86164	86535	86296	86666
Pseudo R^2	0.2058	0.2067	0.2061	0.207
N	387602	387602	387602	387602

注：*，**，***分别表示在10%，5%，1%的显著性水平下显著。

表6-17　　　　　　　剔除"纯出口企业"制造业数据结果

被解释变量	Logit		Probit	
	（1）	（2）	（3）	（4）
应收账款周转率倒数	− 0.519 *** （− 23.7）	− 0.529 *** （− 24.04）	− 0.275 *** （− 23.98）	− 0.28 *** （− 24.33）
近似全要素生产率	− 0.217 *** （− 47.15）	− 0.213 *** （− 46.08）	− 0.122 *** （− 46.31）	− 0.12 *** （− 45.24）
营业费用	0.259 *** （97.17）	0.26 *** （97.73）	0.145 *** （98.5）	0.146 *** （99.08）
成立年数	0.0162 *** （35.33）	0.0165 *** （35.73）	0.0093 *** （34.76）	0.009 *** （35.16）
企业规模	1.426 *** （24.34）	1.51 *** （25.7）	0.84 *** （25）	0.888 *** （26.31）
外资企业	1.716 *** （175.55）	1.72 *** （175.77）	1.02 *** （176.7）	1.02 *** （176.9）
国有企业	− 0.297 *** （− 15.17）	− 0.31 *** （− 15.83）	− 0.171 *** （− 15.5）	− 0.179 *** （− 16.14）
C	− 3.14 *** （− 111.13）	− 3.08 *** （− 108.5）	− 1.82 *** （− 116.36）	− 1.789 *** （− 113.63）
行业固定效应	YES	YES	YES	YES
时间固定效应	NO	YES	NO	YES
最大似然卡方值	76695	77057	76788	77146
Pseudo R^2	0.1891	0.19	0.1893	0.1902
N	365629	365629	365629	365629

注：*，**，*** 分别表示在10%，5%，1%的显著性水平下显著。

从表6-16以及表6-17的结果我们可以看到，在剔除"纯出口企业"之后，我们控制行业固定效应以及时间固定效应，得到的两个模型的参数估计值的方向以及显著性与原有的模型是一致的，同时跟前文截面分析的数据也是一致的。这说明即使在剔除占比近40%的"纯出口企业"之后，我们关注的信用风险对企业出口仍然是负向关系，技术水平对企业出口仍然是负向关系，"生产率悖论"也依然存在。

（四）应收账款资产比分析

在我们的分析中，衡量企业信用风险的不仅仅用应收账款周转率的倒数，以应收账款资产比也可以来达到这个功能。利用应收账款资产比替代应收账款周转率的倒数，运用 Logit 模型以及 Probit 模型进行分析，得出的结果如表 6 - 18 以及表 6 - 19 所示。通过结果，我们发现并没有出现方向以及显著性上的变化。同时我们将此时各个变量的边际效应计算出来，如表 6 - 20 以及表 6 - 21 所示。

表 6 - 18　　　　　　　　　　　　全行业数据结果

被解释变量	全行业					
	Logit			Probit		
	(1)	(2)	(3)	(4)	(5)	(6)
应收账款资产比	- 0.378 *** (- 30.72)	- 0.162 *** (- 12.08)	- 0.144 *** (- 10.76)	- 0.223 *** (- 31.12)	- 0.095 *** (- 12.3)	- 0.085 *** (- 11.05)
近似全要素生产率	- 0.152 *** (- 72.8)	- 0.131 *** (- 58.5)	- 0.141 *** (- 62.05)	- 0.087 *** (- 71.89)	- 0.074 *** (- 57.3)	- 0.079 *** (- 60.72)
营业费用	0.135 *** (108.98)	0.192 *** (142.97)	0.191 *** (142.17)	0.078 *** (111.62)	0.111 *** (146.4)	0.11 *** (145.29)
成立年数	0.0092 *** (47.27)	0.012 *** (58.79)	0.0128 *** (61.92)	0.0052 *** (46.89)	0.0068 *** (57.59)	0.0072 *** (60.67)
企业规模	1.299 *** (97.37)	1.276 *** (90.58)	1.354 *** (95.27)	0.749 *** (95.93)	0.74 *** (90.5)	0.785 *** (94.95)
外资企业	1.959 *** (415.39)	1.769 *** (350.35)	1.77 *** (350.82)	1.19 *** (420.3)	1.05 *** (353.95)	1.056 *** (354.5)
国有企业	- 0.797 *** (- 106.35)	- 0.479 *** (- 60.26)	- 0.447 *** (- 55.64)	- 0.455 *** (- 109.8)	- 0.273 *** (- 61.18)	- 0.256 *** (- 56.6)
C	- 2.01 *** (- 228.75)	- 5.9 *** (- 22.69)	- 6.02 *** (- 23.05)	- 1.2 *** (- 240)	- 3.15 *** (- 29.69)	- 3.2 *** (- 30.09)

续表

被解释变量	全行业					
	Logit			Probit		
	（1）	（2）	（3）	（4）	（5）	（6）
行业固定效应	NO	YES	YES	NO	YES	YES
时间固定效应	NO	NO	YES	NO	NO	YES
最大似然卡方值	256851	390374	393066	256979	391075	393666
Pseudo R^2	0.1518	0.2308	0.2323	0.1519	0.2312	0.2327
N	1435557	1435553	1435553	1435553	1435553	1435553

注：＊，＊＊，＊＊＊分别表示在10%，5%，1%的显著性水平下显著。

表 6 - 19　　　　　　　　　　制造业数据结果

被解释变量	制造业					
	Logit			Probit		
	（1）	（2）	（3）	（4）	（5）	（6）
应收账款资产比	− 0.273 *** （− 21.94）	− 0.162 *** （− 12.04）	− 0.144 *** （− 10.7）	− 0.162 *** （− 22.22）	− 0.095 *** （− 12.24）	− 0.085 *** （− 10.97）
近似全要素生产率	− 0.152 *** （− 72.06）	− 0.131 *** （− 58.5）	− 0.142 *** （− 62.09）	− 0.088 *** （− 71.42）	− 0.074 *** （− 57.3）	− 0.08 *** （− 60.8）
营业费用	0.135 *** （107.7）	0.189 *** （140.01）	0.188 *** （139.2）	0.079 *** （109.86）	0.109 *** （143）	0.11 *** （141.9）
成立年数	0.0099 *** （50.07）	0.0122 *** （58.75）	0.0129 *** （61.95）	0.0057 *** （49.58）	0.0069 *** （57.8）	0.0074 *** （61.01）
企业规模	1.29 *** （92.9）	1.26 *** （88.38）	1.34 *** （93.06）	0.746 *** （91.78）	0.736 *** （88.15）	0.78 *** （92.63）
外资企业	1.91 *** （402.8）	1.768 *** （349.33）	1.77 *** （349.8）	1.161 *** （407.5）	1.05 *** （353）	1.06 *** （353.57）

被解释变量	制造业					
	Logit			Probit		
	(1)	(2)	(3)	(4)	(5)	(6)
国有企业	−0.696*** (−90.98)	−0.488*** (−60.9)	−0.455*** (−56.17)	−0.4*** (−93.01)	−0.28*** (−62.12)	−0.262*** (−57.42)
C	−1.94*** (−218.36)	−2.84*** (−207.5)	−2.95*** (−189.1)	−1.16*** (−227.97)	−1.68*** (−218.58)	−1.74*** (−198.11)
行业固定效应	NO	YES	YES	NO	YES	YES
时间固定效应	NO	NO	YES	NO	NO	YES
最大似然卡方值	237708	347267	349953	237676	347794	350395
Pseudo R^2	0.1456	0.2128	0.2144	0.1456	0.2131	0.2147
N	1352737	1352737	1352737	1352737	1352737	1352737

注：*，**，***分别表示在10%，5%，1%的显著性水平下显著。

表6-20　　　　　　　全行业数据下变量的边际效应

被解释变量	全行业					
	Logit			Probit		
	(1)	(2)	(3)	(4)	(5)	(6)
应收账款资产比	−0.0705	−0.027	−0.024	−0.071	−0.0285	−0.0256
全员劳动生产率	−0.0283	−0.022	−0.0238	−0.0278	−0.0221	−0.0239
营业费用	0.025	0.0325	0.032	0.025	0.0333	0.0331
成立年数	0.0017	0.002	0.0022	0.0017	0.0021	0.0022
企业规模	0.242	0.215	0.228	0.239	0.222	0.2356
外资企业	0.425	0.367	0.368	0.427	0.367	0.3674

续表

被解释变量	全行业					
	Logit			Probit		
	（1）	（2）	（3）	（4）	（5）	（6）
国有企业	-0.1277	-0.073	-0.0687	-0.129	-0.076	-0.0713
行业固定效应	NO	YES	YES	NO	YES	YES
时间固定效应	NO	NO	YES	NO	NO	YES

注：表中企业规模变量、外资企业变量、国有企业变量均是 0 - 1 变量，其回归系数表示从 0 到 1 的变动对出口的影响。*，**，*** 分别表示在 10%，5%，1% 的显著性水平下显著。

表 6 - 21   制造业数据下变量的边际效应

被解释变量	制造业					
	Logit			Probit		
	（1）	（2）	（3）	（4）	（5）	（6）
应收账款资产比	-0.0532	-0.0301	-0.0267	-0.0535	-0.0305	-0.0237
全员劳动生产率	-0.0296	-0.0244	-0.0265	-0.0291	-0.0238	-0.0258
营业费用	0.0263	0.0352	0.035	0.0261	0.0351	0.0349
成立年数	0.0019	0.0023	0.0024	0.0019	0.0022	0.0024
企业规模	0.2509	0.2348	0.2493	0.2467	0.2363	0.2507
外资企业	0.4246	0.3841	0.3851	0.4226	0.3779	0.3789
国有企业	-0.1191	-0.0827	-0.0775	-0.1198	-0.0837	-0.0785
行业固定效应	NO	YES	YES	NO	YES	YES
时间固定效应	NO	NO	YES	NO	NO	YES

注：表中企业规模变量、外资企业变量、国有企业变量均是 0 - 1 变量，其回归系数表示从 0 到 1 的变动对出口的影响。*，**，*** 分别表示在 10%，5%，1% 的显著性水平下显著。

（五）全员劳动生产率分析

在衡量企业技术水平的指标中，基础分析的结果使用的是近似全要素生产率。在这里，我们以全员劳动生产率替代近似全要素生产率，运用 Logit 模型以及 Probit 模型得出的结果如表 6-22 以及表 6-23 所示。

表 6-22   **全行业数据结果**

被解释变量	全行业					
	Logit			Probit		
	(1)	(2)	(3)	(4)	(5)	(6)
应收账款周转率倒数	-0.66*** (-42.6)	-0.604*** (-36.61)	-0.616*** (-37.2)	-0.329*** (-46.54)	-0.29*** (-39.56)	-0.296*** (-40.27)
全员劳动生产率	-0.379*** (-124.84)	-0.28*** (-86.5)	-0.271*** (-82.87)	-0.219*** (-126.4)	-0.159*** (-85.7)	-0.154*** (-82.1)
营业费用	0.193*** (103.6)	0.233*** (116.44)	0.234*** (117.11)	0.111*** (105.57)	0.133*** (118.88)	0.134*** (119.6)
成立年数	0.0097*** (28.98)	0.0147*** (41.5)	0.015*** (42.19)	0.0056*** (28.37)	0.008*** (40.5)	0.009*** (41.25)
企业规模	1.517*** (42.7)	1.65*** (40.72)	1.71*** (42.13)	0.888*** (42.64)	0.927*** (41.1)	0.962*** (42.54)
外资企业	2.05*** (298.5)	1.866*** (257.33)	1.867*** (257.3)	1.237*** (304)	1.11*** (261.5)	1.11*** (261.37)
国有企业	-0.732*** (-50.6)	-0.384*** (-25.02)	-0.398*** (-25.92)	-0.414*** (-51.4)	-0.217*** (-25.11)	-0.226*** (-26.06)
C	-1.08*** (-75.36)	-6.47*** (-21.5)	-6.59*** (-21.87)	-0.662*** (-80.8)	-3.26*** (-29.12)	-3.33*** (-29.65)
行业固定效应	NO	YES	YES	NO	YES	YES
时间固定效应	NO	NO	YES	NO	NO	YES

续表

被解释变量	全行业					
	Logit			Probit		
	（1）	（2）	（3）	（4）	（5）	（6）
最大似然卡方值	139464	191541	192374	139487	191523	192364
Pseudo R^2	0.175	0.2403	0.2414	0.175	0.2403	0.2414
N	661798	661798	661798	661798	661798	661798

注：*，**，***分别表示在10%，5%，1%的显著性水平下显著。

表 6-23　　　　　　　　　制造业数据结果

被解释变量	制造业					
	Logit			Probit		
	（1）	（2）	（3）	（4）	（5）	（6）
应收账款周转率倒数	−0.75 *** （−47.14）	−0.614 *** （−36.98）	−0.626 *** （−37.54）	−0.389 *** （−53.92）	−0.315 *** （−42.6）	−0.321 *** （−43.3）
全员劳动生产率	−0.38 *** （−123.35）	−0.282 *** （−86.59）	−0.273 *** （−83.04）	−0.224 *** （−126.4）	−0.159 *** （−85.4）	−0.154 *** （−81.8）
营业费用	0.194 *** （102.7）	0.23 *** （114.96）	0.232 *** （115.63）	−0.113 *** （105.4）	0.131 *** （116.3）	0.132 *** （117.02）
成立年数	0.0115 *** （33.6）	0.0148 *** （41.43）	0.0152 *** （42.16）	0.0067 *** （33.37）	0.0085 *** （40.6）	0.0087 *** （41.3）
企业规模	1.62 *** （41.07）	1.62 *** （39）	1.678 *** （40.36）	0.968 *** （42.4）	0.919 *** （39.1）	0.953 *** （40.4）
外资企业	2 *** （289.3）	1.87 *** （256.83）	1.868 *** （256.76）	1.22 *** （296.1）	1.113 *** （261.2）	1.114 *** （261.11）
国有企业	−0.56 *** （−37.11）	−0.396 *** （−25.53）	−0.41 *** （−26.42）	−0.322 *** （−37.85）	−0.224 *** （−25.5）	−0.232 *** （−26.4）
C	−1.02 *** （−70.2）	−2.16 *** （−99.1）	−2.28 *** （−100.75）	−0.624 *** （−74.82）	−1.279 *** （−103.5）	−1.35 *** （−105.3）

续表

被解释变量	制造业					
	Logit			Probit		
	（1）	（2）	（3）	（4）	（5）	（6）
行业固定效应	NO	YES	YES	NO	YES	YES
时间固定效应	NO	NO	YES	NO	NO	YES
最大似然卡方值	131725	171440	172254	131721	171384	172202
Pseudo R^2	0.1709	0.2224	0.2235	0.1709	0.2223	0.2234
N	626921	626921	626921	626921	626931	626921

注：*，**，*** 分别表示在 10%，5%，1% 的显著性水平下显著。

表 6 - 24　　　　　　　　全行业数据下变量的边际效应

被解释变量	全行业					
	Logit			Probit		
	（1）	（2）	（3）	（4）	（5）	（6）
应收账款周转率倒数	-0.126	-0.106	-0.108	-0.107	-0.0899	-0.092
全员劳动生产率	-0.072	-0.049	-0.047	-0.072	-0.049	-0.048
营业费用	0.037	0.041	0.041	0.036	0.041	0.042
成立年数	0.0019	0.0026	0.0026	0.0018	0.0026	0.0026
企业规模	0.354	0.376	0.39	0.337	0.346	0.36
外资企业	0.449	0.393	0.393	0.446	0.39	0.391
国有企业	-0.118	-0.061	-0.063	-0.118	-0.063	-0.065
行业固定效应	NO	YES	YES	NO	YES	YES
时间固定效应	NO	NO	YES	NO	NO	YES

注：表中企业规模变量、外资企业变量、国有企业变量均是 0 - 1 变量，其回归系数表示从 0 到 1 的变动对出口的影响。*，**，*** 分别表示在 10%，5%，1% 的显著性水平下显著。

通过两个表的结果，我们可以看出以全员劳动生产率替代近似全要素生产率之后，并没有发生参数估计值的方向以及显著性的变化。为了增强与基准结果的对比性，我们进一步计算了运用全员劳动生产率下的各个变量的边际效应。结果如表 6 - 24 以及表 6 - 25 所示。同样，我们这里不需要关注这些边际效应的显著性，它们与表 6 - 22 以及表 6 - 23 中参数估计值的显著性是一致的。

表 6 - 25　　　　　　　　　　**制造业数据下变量的边际效应**

被解释变量	制造业					
	Logit			Probit		
	（1）	（2）	（3）	（4）	（5）	（6）
应收账款周转率倒数	- 0. 15	- 0. 118	- 0. 12	- 0. 131	- 0. 104	- 0. 106
全员劳动生产率	- 0. 076	- 0. 054	- 0. 053	- 0. 075	- 0. 053	- 0. 05
营业费用	- 0. 039	0. 0444	0. 045	0. 038	0. 0433	0. 044
成立年数	0. 0023	0. 0029	0. 0029	0. 0023	0. 0028	0. 0029
企业规模	0. 382	0. 379	0. 39	0. 369	0. 35	0. 36
外资企业	0. 445	0. 41	0. 41	0. 443	0. 403	0. 402
国有企业	- 0. 098	- 0. 0698	- 0. 072	- 0. 098	- 0. 069	- 0. 071
行业固定效应	NO	YES	YES	NO	YES	YES
时间固定效应	NO	NO	YES	NO	NO	YES

注：表中企业规模变量、外资企业变量、国有企业变量均是 0 - 1 变量，其回归系数表示从 0 到 1 的变动对出口的影响。＊，＊＊，＊＊＊ 分别表示在 10%，5%，1% 的显著性水平下显著。

以制造业的 Logit 模型为例，我们看到：以应收账款周转率衡量的信用风险每增加 1，企业出口的可能性则下降 12%；以全员劳动生产率衡量的技术水平每增加 1，则企业出口的可能性下降 5.3%；以营业费用（对数化）衡量的企业市场开拓投入增长率每增加 1，则企业出口的可能性

4.4%；企业成立的年数每增加 1，则出口的可能性增加 0.29%；企业的规模由 0（中小型）变为 1（大型），则出口的可能性增加 37.8%；企业如果有外资注入的情况下，出口的可能性增加 41%，说明外资企业比非外资企业出口的概率更大；如果一个企业是国有企业，则企业出口的可能性要降低 6.98%。

（六）1998～2008 年数据分析

我们整个分析是剔除了 2007 年以及 2008 年的数据。这里，我们运用 1998～2008 年的数据，同时应收账款周转率的倒数表示信用风险，以近似全要素生产率表示企业的技术水平，以营业费用表示开拓市场的成本，并用企业规模、企业成立年数、是否外资企业、是否国有企业等表示企业的基本特征，运用 Logit 模型以及 Probit 模型进行分析，结果如表 6－26 以及表 6－27 所示。而此时各个变量的边际效应如表 6－28 以及表 6－29 所示。通过与本节基本结果的对比，我们发现：使用 1998～2008 年的数据结果并没有产生根本性的偏差，与基本结果的参数估计值的符号以及显著性都是一致的。

表 6－26 全行业数据结果

被解释变量	全行业					
	Logit			Probit		
	(1)	(2)	(3)	(4)	(5)	(6)
应收账款周转率倒数	− 0.572 *** (− 43.84)	− 0.557 *** (− 39.84)	− 0.573 *** (− 40.7)	− 0.2876 *** (− 48.23)	− 0.2579 *** (− 41.57)	− 0.265 *** (− 42.6)
近似全要素生产率	− 0.3 *** (− 111.08)	− 0.267 *** (− 92.46)	− 0.2496 *** (− 85.43)	− 0.1726 *** (− 110.98)	− 0.1506 *** (− 91.26)	− 0.141 *** (− 84.16)
营业费用	0.161 *** (104.53)	0.216 *** (129.79)	0.219 *** (131.35)	0.0922 *** (105.7)	0.124 *** (132.28)	0.1258 *** (133.94)
成立年数	0.012 *** (42.16)	0.0165 *** (53.99)	0.0168 *** (54.96)	0.0069 *** (40.9)	0.0094 *** (52.69)	0.0096 *** (53.7)
企业规模	1.41 *** (50.09)	1.567 *** (48.5)	1.62 *** (50.04)	0.83 *** (50.02)	0.887 *** (49.05)	0.9166 *** (50.6)

续表

被解释变量	全行业					
	Logit			Probit		
	（1）	（2）	（3）	（4）	（5）	（6）
外资企业	2.037 *** （355.74）	1.848 *** （304.4）	1.849 *** （304.01）	1.235 *** （362.07）	1.1 *** （308.5）	1.1 *** （308.09）
国有企业	− 0.722 *** （− 57.53）	− 0.373 *** （− 27.91）	− 0.393 *** （− 29.39）	− 0.41 *** （− 58.26）	− 0.211 *** （− 28.01）	− 0.223 *** （− 29.56）
C	− 1.626 *** （− 143.17）	− 7.04 *** （− 26.03）	− 7.2 *** （− 26.73）	− 0.977 *** （− 151.57）	− 3.57 *** （− 35.6）	− 3.69 *** （− 36.6）
行业固定效应	NO	YES	YES	NO	YES	YES
时间固定效应	NO	NO	YES	NO	NO	YES
最大似然卡方值	185903	264532	266432	185834	264590	266513
Pseudo R^2	0.1668	0.2374	0.2391	0.1667	0.2374	0.2391
N	939910	939910	939100	939910	939910	939910

注：*，**，***分别表示在10%，5%，1%的显著性水平下显著。

表 6 − 27　　　　　　　　　制造业数据结果

被解释变量	制造业					
	Logit			Probit		
	（1）	（2）	（3）	（4）	（5）	（6）
应收账款周转率倒数	− 0.662 *** （− 49.15）	− 0.569 *** （− 40.44）	− 0.585 *** （− 41.31）	− 0.317 *** （− 52.31）	− 0.278 *** （− 44.45）	− 0.285 *** （− 45.5）
近似全要素生产率	− 0.305 *** （− 111.3）	− 0.268 *** （− 92.56）	− 0.251 *** （− 85.63）	− 0.177 *** （− 111.7）	− 0.151 *** （− 90.75）	− 0.141 *** （− 83.8）
营业费用	0.162 *** （104.04）	0.214 *** （128.2）	0.217 *** （129.8）	0.094 *** （105.3）	0.122 *** （129.4）	0.124 *** （131.1）

续表

被解释变量	制造业					
	Logit			Probit		
	(1)	(2)	(3)	(4)	(5)	(6)
成立年数	0. 0139 ***	0. 0167 ***	0. 0169 ***	0. 008 ***	0. 0095 ***	0. 0097 ***
	(47. 17)	(53. 86)	(54. 84)	(45. 97)	(52. 6)	(53. 62)
企业规模	1. 511 ***	1. 534 ***	1. 587 ***	0. 892 ***	0. 877 ***	0. 91 ***
	(48. 42)	(46. 47)	(47. 95)	(49. 3)	(46. 64)	(48. 1)
外资企业	1. 989 ***	1. 849 ***	1. 849 ***	1. 2 ***	1. 1 ***	1. 1 ***
	(344. 5)	(303. 73)	(303. 37)	(349. 5)	(308. 4)	(307. 9)
国有企业	− 0. 537 ***	− 0. 384 ***	− 0. 404 ***	− 0. 31 ***	− 0. 216 ***	− 0. 228 ***
	(− 41. 31)	(− 28. 45)	(− 29. 92)	(− 41. 8)	(− 28. 3)	(− 29. 8)
C	− 1. 55 ***	− 2. 54 ***	− 2. 75 ***	− 0. 94 ***	− 1. 5 ***	− 1. 62 ***
	(− 135. 3)	(− 144. 4)	(− 147. 7)	(− 143. 2)	(− 151. 5)	(− 154. 4)
行业固定效应	NO	YES	YES	NO	YES	YES
时间固定效应	NO	NO	YES	NO	NO	YES
最大似然卡方值	176098	236782	238640	175952	236769	238642
Pseudo R^2	0. 1633	0. 2195	0. 2212	0. 1631	0. 2195	0. 2212
N	889980	889980	889980	889980	889980	889980

注：*，**，*** 分别表示在10%，5%，1%的显著性水平下显著。

表6 − 28　　　　　　　　　全行业数据下变量的边际效应

被解释变量	全行业					
	Logit			Probit		
	(1)	(2)	(3)	(4)	(5)	(6)
应收账款周转率倒数	− 0. 107	− 0. 094	− 0. 0967	− 0. 092	− 0. 0778	− 0. 0798
近似全要素生产率	− 0. 056	− 0. 045	− 0. 042	− 0. 055	− 0. 0454	− 0. 0423

续表

被解释变量	全行业					
	Logit			Probit		
	（1）	（2）	（3）	（4）	（5）	（6）
营业费用	0.03	0.0365	0.0369	－ 0.0295	0.0374	0.0379
成立年数	0.0023	0.0028	0.0028	0.0022	0.0028	0.0029
企业规模	0.327	0.352	0.365	0.3123	0.3272	0.3389
外资企业	0.4437	0.383	0.382	0.443	0.383	0.383
国有企业	－ 0.113	－ 0.057	－ 0.059	－ 0.114	－ 0.059	－ 0.062
行业固定效应	NO	YES	YES	NO	YES	YES
时间固定效应	NO	NO	YES	NO	NO	YES

注：表中企业规模变量、外资企业变量、国有企业变量均是 0－1 变量，其回归系数表示从 0 到 1 的变动对出口的影响。*，**，*** 分别表示在 10%，5%，1% 的显著性水平下显著。

表 6－29　　　　　　　　　制造业数据下变量的边际效应

被解释变量	制造业					
	Logit			Probit		
	（1）	（2）	（3）	（4）	（5）	（6）
应收账款周转率倒数	－ 0.129	－ 0.106	－ 0.109	－ 0.105	－ 0.0897	－ 0.092
近似全要素生产率	－ 0.059	－ 0.05	－ 0.047	－ 0.059	－ 0.0486	－ 0.045
营业费用	0.0316	0.04	－ 0.041	0.031	0.0393	0.0399
成立年数	0.0027	0.0031	0.0032	0.0026	0.003	0.0031
企业规模	0.355	0.356	0.369	0.339	0.33	0.342
外资企业	0.439	0.4	0.4	0.436	0.396	0.396
国有企业	－ 0.092	－ 0.066	－ 0.0685	－ 0.0929	－ 0.065	－ 0.068

续表

被解释变量	制造业					
	Logit			Probit		
	（1）	（2）	（3）	（4）	（5）	（6）
行业固定效应	NO	YES	YES	NO	YES	YES
时间固定效应	NO	NO	YES	NO	NO	YES

注：表中企业规模变量、外资企业变量、国有企业变量均是 0－1 变量，其回归系数表示从 0 到 1 的变动对出口的影响。*，**，*** 分别表示在 10%，5%，1% 的显著性水平下显著。

（七）内生性分析

我们在截面数据的分析中并无法考虑如何解决内生性，但在面板数据中，我们可以考虑用应收账款周转率、近似全要素生产率以及营业费用的滞后一期的数据来代替原指标数据，进行 Logit 模型以及 Probit 模型的分析。检验的结果如表 6－30 所示。我们在这里只给出制造业数据的结果。

表 6－30　　　　　　　　制造业数据结果（变量滞后）

被解释变量	制造业					
	Logit			Probit		
	（1）	（2）	（3）	（4）	（5）	（6）
应收账款周转率倒数滞后项	－ 0. 765 *** （－ 35. 26）	－ 0. 66 *** （－ 28. 87）	－ 0. 6608 *** （－ 28. 89）	－ 0. 421 *** （－ 35. 88）	－ 0. 356 *** （－ 28. 98）	－ 0. 356 *** （－ 29）
近似全要素生产率滞后项	－ 0. 261 *** （－ 60. 7）	－ 0. 219 *** （－ 48. 05）	－ 0. 2187 *** （－ 47. 86）	－ 0. 154 *** （－ 60. 95）	－ 0. 126 *** （－ 47. 6）	－ 0. 126 *** （－ 47. 4）
营业费用滞后项	0. 144 *** （59. 74）	0. 195 *** （75. 1）	0. 195 *** （75. 11）	0. 084 *** （60. 45）	0. 113 *** （76. 3）	0. 113 *** （76. 3）
成立年数	0. 0101 *** （22. 54）	0. 0124 *** （26. 4）	0. 0124 *** （26. 42）	0. 0059 *** （22. 03）	0. 007 *** （25. 95）	0. 007 *** （25. 97）

续表

被解释变量	制造业					
	Logit			Probit		
	（1）	（2）	（3）	（4）	（5）	（6）
企业规模	1.61 *** (39.59)	1.679 *** (38.77)	1.678 *** (38.75)	0.946 *** (40.2)	0.963 *** (39.15)	0.96 *** (39.13)
外资企业	1.908 *** (213.41)	1.76 *** (186.67)	1.76 *** (186.65)	1.16 *** (216.8)	1.05 *** (189.07)	1.05 *** (189.05)
国有企业	−0.5399 *** （−27.59）	−0.385 *** （−18.96）	−0.38 *** （−18.95）	−0.309 *** （−27.69）	−0.219 *** （−18.93）	−0.219 *** （−18.9）
C	−1.452 *** （−81.99）	−2.41 *** （−88.58）	−2.42 *** （−87.13）	−0.876 *** （−85.24）	−1.433 *** （−92.4）	−1.438 *** （−90.8）
行业固定效应	NO	YES	YES	NO	YES	YES
时间固定效应	NO	NO	YES	NO	NO	YES
最大似然卡方值	67232	92600	92602	67173	92567	92569
Pseudo R^2	0.1534	0.2113	0.2113	0.1533	0.2112	0.2112
N	350982	350982	350982	350982	350982	350982

注：*，**，*** 分别表示在10%，5%，1%的显著性水平下显著。

通过表6-30的结果我们发现，滞后一期的应收账款周转率的倒数、近似全要素生产率以及营业费用的参数估计值都没有发生符号以及显著性的变化。同时，其他能够表示企业特征的变量，诸如企业成立年数、企业规模、外资企业以及国有企业等变量也没有发生参数估计值的符号变化情况。为更清楚地理解滞后项对出口决策的影响，我们给出各个变量的边际效应，如表6-31所示。通过对边际效应的对比（表6-31与表6-5），我们得出应收账款周转率、近似全要素生产率以及营业费用的滞后项与原序列数据的边际效应影响是一致的，仅仅存在一定幅度上的大小差别。其他衡量企业特征的变量也是如此。

表 6 – 31　　　　　　　　制造业数据下变量的边际效应（变量滞后）

被解释变量	制造业					
	Logit			Probit		
	（1）	（2）	（3）	（4）	（5）	（6）
应收账款周转率倒数滞后项	− 0. 158	− 0. 1322	—	− 0. 1457	− 0. 1206	—
近似全要素生产率滞后项	− 0. 0539	− 0. 0439	—	− 0. 053	− 0. 0426	—
营业费用滞后项	0. 0297	0. 0389	—	0. 029	0. 038	—
成立年数	0. 002	0. 0025	0. 0012	0. 002	0. 0024	0. 0014
企业规模	0. 3816	0. 395	0. 284	0. 3629	0. 368	0. 286
外资企业	0. 4296	0. 392	0. 242	0. 4274	0. 385	0. 2673
国有企业	− 0. 0998	− 0. 071	− 0. 0328	− 0. 098	− 0. 0698	− 0. 037
行业固定效应	NO	YES	YES	NO	YES	YES
时间固定效应	NO	NO	YES	NO	NO	YES

注：表中企业规模变量、外资企业变量、国有企业变量均是 0 – 1 变量，其回归系数表示从 0 到 1 的变动对出口的影响。*，**，*** 分别表示在 10%，5%，1% 的显著性水平下显著。在控制行业以及时间固定效应后，由于时间固定效应的原因，滞后项的边际效应无法给出。

（八）全要素生产率的分析

面板数据相对于截面数据，具有较大的优势，原因在于其拥有时间维度的信息。通过面板数据，我们可以计算出全要素生产率（Total Factor Productivity，TFP）。本小节利用 Levinsohn 和 Petrin（LP，2003）方法来计算 TFP，并利用求出的 TFP 给出实证分析。在此基础上，我们也给出变量滞后一期的分析，以消除内生性的影响。

在利用 LP 方法计算 TFP 的过程中，我们对企业产值以及要素投入量均采用存量概念的数据，即企业产值为当年的增加值，资本投入量为固定资产年平均余额，劳动投入量为年均从业人数。通过对指标的设定，我们利用 LP 方法计算出了 TFP。并将 TFP 加入到原模型中，得到新的估计结果，具体如表 6-32 所示。

表 6-32　　　　　　　　　　　　　全行业数据结果

被解释变量	全行业					
	Logit			Probit		
	（1）	（2）	（3）	（4）	（5）	（6）
应收账款周转率倒数	-0.477 *** （-31.64）	-0.448 *** （-27.83）	-0.4636 *** （-28.62）	-0.2307 *** （-33.02）	-0.209 *** （-28.7）	-0.216 *** （-29.6）
全要素生产率	0.0077 ** （2.41）	0.036 *** （10.4）	0.0488 *** （13.98）	0.0068 *** （3.64）	0.0235 *** （11.76）	0.03 *** （15.22）
营业费用	0.119 *** （59.78）	0.172 *** （79.19）	0.172 *** （79.38）	0.069 *** （60.33）	0.099 *** （80.56）	0.0997 *** （80.77）
成立年数	0.0132 *** （39.82）	0.0172 *** （48.57）	0.0174 *** （49）	0.0075 *** （38.61）	0.0098 *** （47.18）	0.0099 *** （47.67）
企业规模	1.423 *** （40.2）	1.575 *** （38.78）	1.638 *** （40.24）	0.837 *** （40.03）	0.8796 *** （38.74）	0.915 *** （40.23）
外资企业	2.037 *** （302.7）	1.839 *** （256.8）	1.84 *** （256.48）	1.235 *** （307.15）	1.097 *** （260.04）	1.098 *** （259.7）
国有企业	-0.619 *** （-43.13）	-0.288 *** （-18.79）	-0.309 *** （-20.14）	-0.356 *** （-44.36）	-0.165 *** （-19.06）	-0.177 *** （-20.5）
C	-2.25 *** （-117.6）	-7.5 *** （-24.54）	-7.7 *** （-25.17）	-1.359 *** （-123.83）	-3.87 *** （-33.18）	-3.99 *** （-34.02）

续表

被解释变量	全行业					
	Logit			Probit		
	（1）	（2）	（3）	（4）	（5）	（6）
行业固定效应	NO	YES	YES	NO	YES	YES
时间固定效应	NO	NO	YES	NO	NO	YES
最大似然卡方值	122816	183707	185271	122798	183895	185450
Pseudo R^2	0.1543	0.2308	0.2328	0.1543	0.231	0.233
N	660718	660718	660718	660718	660718	660718

注：*，**，*** 分别表示在10%，5%，1%的显著性水平下显著。

通过表6-32给出的结果，我们发现 TFP 与 ATFP 以及全员劳动生产率的参数估计值方向是不一致的，在以 TFP 为代表的技术水平下，中国出口企业的技术水平要高于内销企业，不存在"生产率悖论"。这说明"生产率悖论"的存在与技术水平的衡量方法是有一定关系的。同时，我们看到，以 TFP 表示技术水平后，信用风险的参数估计值的方向以及显著性都是没有发生变动的。进一步，我们给出各个变量的边际效应，结果如表6-33所示。

表6-33　　　　　　　　　　　变量的边际效应

被解释变量	全行业					
	Logit			Probit		
	（1）	（2）	（3）	（4）	（5）	（6）
应收账款周转率倒数	−0.0926	−0.079	−0.0817	−0.076	−0.065	−0.067
全要素生产率	0.0015	0.0064	0.0086	0.0022	0.0073	0.0095
营业费用	0.023	0.03	0.03	0.0227	0.031	0.031
成立年数	0.0026	0.003	0.003	0.0025	0.003	0.003

续表

被解释变量	全行业					
	Logit			Probit		
	（1）	（2）	（3）	（4）	（5）	（6）
企业规模	0.334	0.3596	0.375	0.3178	0.3284	0.3422
外资企业	0.4498	0.3887	0.3886	0.4477	0.3875	0.3872
国有企业	−0.105	−0.0475	−0.05	−0.105	−0.0487	−0.0521
行业固定效应	NO	YES	YES	NO	YES	YES
时间固定效应	NO	NO	YES	NO	NO	YES

注：表中企业规模变量、外资企业变量、国有企业变量均是 0 - 1 变量，其回归系数表示从 0 到 1 的变动对出口的影响。 *，**，*** 分别表示在 10%，5%，1% 的显著性水平下显著。

　　以控制行业固定效应和时间固定效应的 Logit 模型为例，我们发现，企业面临的信用风险每变动 1 个单位，企业出口的可能性下降 8.17%；技术水平每上升一个单位，出口的可能性则增加 0.86%；市场开拓投入每增加 1%，则出口的可能性上升 3%。其他反映企业特征的变量也都会对企业出口的概率产生相应的影响。

　　同样，为消除 TFP 的内生性影响，我们使用滞后一期的变量，重新给出模型估计的结果，具体如表 6 - 34 所示。通过使用变量的滞后一期数据，我们发现各个变量的参数估计值的方向以及显著性没有发生根本性的变化，说明以 TFP 衡量技术水平的模型是稳健的，同时说明信用风险对企业出口决策的影响也是稳健的。

表 6 - 34　　　　　　　　全行业数据结果（变量滞后）

被解释变量	制造业					
	Logit			Probit		
	（1）	（2）	（3）	（4）	（5）	（6）
应收账款周转率倒数滞后项	−0.534 *** （−25.61）	−0.515 *** （−23.01）	−0.518 *** （−23.12）	−0.292 *** （−25.67）	−0.274 *** （−22.63）	−0.2759 *** （−22.75）

被解释变量	制造业					
	Logit			Probit		
	（1）	（2）	（3）	（4）	（5）	（6）
近似全要素生产率滞后项	0.012 *** (2.81)	0.042 *** (9.1)	− 0.0438 *** (9.43)	0.0089 *** (3.57)	0.026 *** (9.8)	0.0272 *** (10.13)
营业费用滞后项	0.1079 *** (41.37)	0.1577 *** (55.3)	0.1579 *** (55.37)	0.0629 *** (41.76)	0.0915 *** (56.16)	0.0916 *** (56.22)
成立年数	0.01 *** (24.21)	0.014 *** (30.3)	0.014 *** (30.32)	0.006 *** (23.57)	0.008 *** (29.55)	0.008 *** (29.57)
企业规模	1.5 *** (40.16)	1.688 *** (39.3)	1.684 *** (39.18)	0.879 *** (40.03)	0.9498 *** (39.56)	0.9469 *** (39.43)
外资企业	1.964 *** (222.82)	1.767 *** (188.5)	1.766 *** (188.42)	1.195 *** (226.05)	1.056 *** (190.64)	1.057 *** (190.54)
国有企业	− 0.646 *** （− 34.4）	− 0.295 *** （− 14.7）	− 0.295 *** （− 14.7）	− 0.369 *** （− 35.1）	− 0.168 *** （− 14.82）	− 0.168 *** （− 14.81）
C	− 2.14 *** （− 83.28）	− 7.66 *** （− 16.97）	− 7.69 *** （− 17.04）	− 1.29 *** （− 86.6）	− 3.85 *** （− 24）	− 3.87 *** （− 24.11）
行业固定效应	NO	YES	YES	NO	YES	YES
时间固定效应	NO	NO	YES	NO	NO	YES
最大似然卡方值	67700	101758	101786	67699	101847	101876
Pseudo R^2	0.1494	0.2246	0.2247	0.1494	0.2248	0.2249
N	369806	369806	369806	369806	369806	369806

注：*，**，*** 分别表示在10%，5%，1%的显著性水平下显著。

六、基本结论

本节应用1998～2006年的面板数据，分析以应收账款周转率以及应收账款资产比衡量的信用风险、以近似全要素生产率以及全员劳动生产率衡量的技术水平、以营业费用衡量的贸易成本以及企业规模、成立年数、是否国企、是否外资企业等变量对企业是否出口的影响。在得出基准分析结果后，又进行了大量的稳健性检验，包括加入了国有企业＊企业国模、外资企业＊企业规模的交叉项分析；分为外资企业以及内资企业分析；剔除"纯出口企业"分析；以全员劳动生产率替代近似全要素生产率之后的分析；以应收账款资产比替代应收账款周转率的分析；最后我们应用1998～2008年的数据进行了分析。

文章的实证结果表明：信用风险较大的企业出口的可能性是越低的；技术水平较大的企业出口的可能性是较低的；营业费用越大的企业出口的可能性是越大的；成立时间越久的企业出口的可能性是越大的；规模越大的企业出口的可能性是越大的；外资企业出口的可能性比非外资企业要大；国有企业出口的可能性比非国有企业要小。这些分析的结果与截面数据的结果是一致的。稳健性的检验说明基准结果的稳健性。此外，在稳健性检验的结果中，我们得出与截面数据不一致的地方：以TFP衡量技术水平后，"生产率悖论"现象不复存在；无论是外资企业还是内资企业其出口的可能性与信用风险的大小都呈负向关系，并且显著。

第二节　信用风险与异质性出口　企业贸易量分析

本章的第一节中运用1998～2006年的面板数据，使用Logit模型以及Probit模型来分析在控制行业以及时间固定效应情况下，分析信用风险、技术水平、贸易成本以及一些企业特征变量对企业是否出口的影响。接下来，我们将出口企业的出口交货值作为被解释变量，分析信用风险、技术水平以及贸易成本等因素对出口量大小的影响。本节控制行业以及时间固定效应，不控制个体固定效应。

一、数据以及变量的说明

本节利用的数据与第一节是一致的，为 1998～2006 年的面板数据。但这本节中，我们的被解释变量为出口企业的出口量，即出口交货值。各个变量的说明如表 6 - 35 所示。

表 6 - 35 变量名称、代码以及涵义

变量	代码	涵义	预期符号
被解释变量	export	出口交货值	
解释变量	dcrr	应收账款周转率倒数	−
	atfp	近似全要素生产率	+
	sf	营业费用	+
	year	成立年数	+
哑变量	scale	企业规模	+
	tp	是否外资	+
	sto	是否国企	−

二、模型的构建

为解释信用风险等因素对出口企业出口量的影响，我们构建如下模型：

$$\exp ort_{it} = \alpha + \beta_1 dcrr_{it} + \beta_2 atfp_{it} + \beta_3 sf_{it} + \beta_4 year_{it}$$
$$+ \beta_5 scale_{it} + \beta_6 tp_{it} + \beta_7 sto_{it} + \lambda_i + \chi_t + \varepsilon \qquad \text{模型（6 - 2）}$$

此处各个变量与前文的解释是一致的。i 表示根据中国工业企业数据库中的行业类别整理给出的两位数行业类别；t 表示时间，变动范围是 1998～2006 年；λ_i 表示控制行业固定效应；χ_i 表示控制时间固定效应，是不可观测的时间效应，能够解释没能够包含在模型中所有与时间有关的一系列效应。我们这里应用面板 Tobit 模型，但是没有控制个体固定效应。

三、模型结果分析

以出口交货值为被解释变量，运用 Tobit 模型的进行分析，得到的结果如表 6－36 所示。根据实证的结果，我们发现在面板数据下的分析与截面数据的分析是一致的：应收账款周转率的倒数衡量的信用风险对出口企业的出口量是负向的。前文给出的解释为：当企业面临降临较大的信用风险时，其出口量是较小的。我们认为在继续扩大市场的过程中，仍然需要不断地进行市场的投入。而以营业费用为代表的投入成本也印证我们的分析：营业费用越大，则出口量是越大的。近似全要素生产率代表的技术水平对出口量是负向的，而且我们进一步以外资、内资两类企业的分析得到：外资企业的技术水平对出口量的影响是不明显的，而内资企业技术水平的影响是显著的。其他各个变量的估计结果与截面数据一致。

表 6－36　　　　　　　　　面板数据 Tobit 模型结果

被解释变量	全行业			制造业		
	（1）	（2）	（3）	（4）	（5）	（6）
应收账款周转率倒数	－ 112336 *** （－ 23.19）	－ 112748 *** （－ 28.43）	－ 114035 *** （－ 28.72）	－ 127833 *** （－ 32.54）	－ 113555 *** （－ 28.6）	－ 114808 *** （－ 28.9）
近似全要素生产率	－ 30292 *** （－ 30.45）	－ 11689 *** （－ 11.3）	－ 9184 *** （－ 8.82）	－ 32074 *** （－ 31.78）	－ 13157 *** （－ 12.7）	－ 10709 *** （－ 10.3）
营业费用	2.544 *** （581.8）	2.56 *** （582.34）	2.55 *** （581.32）	2.575 *** （584.2）	2.6 *** （585.62）	2.599 *** （584.6）
成立年数	3451 *** （31.01）	4765 *** （41.5）	4855 *** （42.25）	3902 *** （34）	4802 *** （41.34）	4893 *** （42.11）
企业规模	1072111 *** （115.37）	1099429 *** （116.23）	1116604 *** （117.65）	1133881 *** （116.3）	1129019 *** （116.2）	1145662 *** （117.55）
外资企业	558938 *** （250.4）	477807 *** （211.97）	478099 *** （212.07）	540260 *** （242.2）	475332 *** （211.01）	475628 *** （211.12）
国有企业	－ 255322 *** （－ 55.4）	－ 108401 *** （－ 22.07）	－ 111981 *** （－ 22.8）	－ 165925 *** （－ 33.8）	－ 113605 *** （－ 22.83）	－ 117117 *** （－ 23.5）

续表

被解释变量	全行业			制造业		
	（1）	（2）	（3）	（4）	（5）	（6）
C	−639197 *** （−185.43）	−1875854 *** （−34.77）	−1091923 *** （−35.2）	−612438 *** （−175.8）	−786502 *** （−131.3）	−813477 *** （−130）
行业固定效应	NO	YES	YES	NO	YES	YES
时间固定效应	NO	NO	YES	NO	NO	YES
最大似然卡方值	111575	152462	152996	103590	131299	131810
Pseudo R^2	0.0166	0.0226	0.0227	0.0155	0.0197	0.0197
N	791151	791151	791151	735110	735110	735110

注：*，**，*** 分别表示在 10%，5%，1% 的显著性水平下显著。

四、稳健性检验

稳健性检验中，我们将企业分为两类：外资企业以及内资企业进行分析。同时和上一节的做法类似，我们以全要素生产率代替近似全要素生产率，重新给出模型的结果。

（一）外资、内资分析

我们将企业分为两类：外资企业以及内资进行验证。所得出的结果如表 6－37 至表 6－38 所示。通过两个表的结果，我们发现各个变量的参数估计值与基准结果是一致的，而且与截面数据得出的结论也是类似的，说明我们实证分析具有稳健性。

表 6－37　　　　　　　　　　外资企业 Tobit 模型结果

被解释变量	全行业		制造业	
	（1）	（2）	（3）	（4）
应收账款周转率倒数	−120070 *** （−13.77）	−121399 *** （−13.9）	−120901 *** （−13.85）	−122182 *** （−13.98）
近似全要素生产率	−3430 * （−1.54）	−257 （−0.11）	−4820 ** （−2.16）	−1688 （−0.75）

续表

被解释变量	全行业		制造业	
	（1）	（2）	（3）	（4）
营业费用	2.43 *** （352.7）	2.416 *** （350.7）	2.432 *** （353.3）	2.423 *** （351.34）
成立年数	9206 *** （19.7）	9706 *** （20.7）	9175 *** （19.6）	9670 *** （20.6）
企业规模	1881882 *** （82.25）	1904163 *** （83.06）	1892344 *** （82.36）	1914314 *** （83.16）
国有企业	−281028 *** （−16.11）	−285154 *** （−16.35）	−284917 *** （−16.24）	−289080 *** （−16.47）
C	−1431198 *** （−10.19）	−1468177 *** （−10.43）	−349817 *** （−24.85）	−385658 *** （−26.33）
行业固定效应	YES	YES	YES	YES
时间固定效应	NO	YES	NO	YES
最大似然卡方值	20606	20823	19132	19344
Pseudo R^2	0.0063	0.0063	0.0058	0.0059
N	166662	166662	164492	164492

注：*，**，*** 分别表示在 10%，5%，1% 的显著性水平下显著。

表 6−38　　　　　　　　　内资企业 Tobit 模型结果

被解释变量	全行业		制造业	
	（1）	（2）	（3）	（4）
应收账款周转率倒数	−51333 *** （−28.03）	−51838 *** （−28.3）	−50208 *** （−28.33）	−50682 *** （−28.55）
近似全要素生产率	−6632 *** （−13.87）	−5789.9 *** （−12.05）	−7285 *** （−15.73）	−6501 *** （−13.97）
营业费用	2.377 *** （490.11）	2.375 *** （490）	2.49 *** （492.8）	2.489 *** （492.74）
成立年数	1915 *** （43.43）	1934 *** （43.85）	1880 *** （43.67）	1899 *** （44.08）

被解释变量	全行业		制造业	
	（1）	（2）	（3）	（4）
企业规模	368149 *** （99.3）	373894 *** （100.37）	370747 *** （99.5）	376057 *** （100.6）
国有企业	− 20759 *** （ − 10.97）	− 21821 *** （ − 11.52）	− 22922 *** （ − 12.4）	− 23911 *** （ − 12.92）
C	− 744338 *** （ − 28.4）	− 752881 *** （ − 28.66）	− 278327 *** （ − 108.86）	− 286912 *** （ − 108.1）
行业固定效应	YES	YES	YES	YES
时间固定效应	NO	YES	NO	YES
最大似然卡方值	99535	99806	88661	88914
Pseudo R²	0.0305	0.0306	0.0275	0.0276
N	628849	628849	570618	570618

注：*，**，*** 分别表示在 10%，5%，1% 的显著性水平下显著。

（二）全要素生产率分析

与 Logit 模型以及 Probit 模型一致，我们这里以全要素生产率替代近似全要素生产率，重新给出 Tobit 模型的结果。具体如表 6 – 39 所示。我们只给出全行业数据的分析结果。通过表 6 – 39 我们可以看出，与 Logit 模型的分析一致，在用 TFP 体会 ATFP 之后，"生产率悖论"的情况消失了，但是信用风险指标的方向以及显著性并没有发生变化。同时，为了消除内生性的影响，我们给出解释变量滞后一期的实证结果。如表 6 – 40 所示。

表 6 – 39　　　　　　　面板数据 Tobit 模型结果 （TFP）

被解释变量	全行业		
	（1）	（2）	（3）
应收账款周转率倒数	− 70421 *** （ − 18.52）	− 68105 *** （ − 17.44）	− 69813 *** （ − 17.83）
全要素生产率	60531 *** （67.75）	79044 *** （84.42）	82468 *** （87.45）

续表

被解释变量	全行业		
	（1）	（2）	（3）
营业费用	2. 32 *** （552. 7）	2. 325 *** （552. 68）	2. 311 *** （550. 5）
成立年数	3061 *** （27. 5）	4059 *** （35. 27）	4124 *** （35. 84）
企业规模	911159 *** （95. 7）	915807 *** （94. 74）	933224 *** （96. 38）
外资企业	540969 *** （242. 95）	451268 *** （200）	450390 *** （200）
国有企业	− 247501 *** （− 53. 62）	− 103978 *** （− 21. 11）	− 110146 *** （− 22. 33）
C	− 1121358 *** （− 179. 22）	− 2369715 *** （− 42. 5）	− 2422853 *** （− 43. 33）
行业固定	NO	YES	YES
时间固定	NO	NO	YES
卡方值	115119	159468	160582
Pseudo R^2	0. 0171	0. 0237	0. 0238
N	791151	791151	791151

注：*，**，*** 分别表示在 10%，5%，1% 的显著性水平下显著。

表 6 – 40　　　　　　　面板数据 Tobit 模型结果（TFP）

被解释变量	全行业		
	（1）	（2）	（3）
应收账款周转率 倒数滞后项	− 92735 *** （− 14. 06）	− 94376 *** （− 13. 76）	− 95073 *** （− 13. 85）
全要素生产率滞后项	62093 *** （44. 52）	81861 *** （56. 17）	82518 *** （56. 42）
营业费用滞后项	2. 354 *** （233. 4）	2. 364 *** （230. 86）	2. 364 *** （230. 7）

被解释变量	全行业		
	（1）	（2）	（3）
成立年数	2343 *** （13.96）	3435 *** （19.78）	3441 *** （19.81）
企业规模	1037223 *** （87.61）	1052698 *** （86.69）	1051169 *** （86.53）
外资企业	598589 *** （178.76）	498489 *** （147.22）	498299 *** （147.16）
国有企业	− 306018 *** （− 44.05）	− 135131 *** （− 18.18）	− 135192 *** （− 18.19）
C	− 1207642 *** （− 124.85）	− 2709667 *** （− 29.17）	− 2722074 *** （− 29.28）
行业固定	NO	YES	YES
时间固定	NO	NO	YES
卡方值	65106	90012	90040
Pseudo R^2	0.0135	0.0228	0.0228
N	442597	442597	442597

注：*，**，*** 分别表示在 10%，5%，1% 的显著性水平下显著。

通过对表 6 - 40 的结果进行分析，我们发现利用变量滞后期的数据解决内生性问题之后，各个变量的参数估计值方向以及显著性没有发生根本性变化，说明模型的基准结果具有一定的稳健性。

五、基本结论

本节构建了解释出口企业出口量的模型，并利用 1998 ~ 2006 年的面板数据进行分析。研究的结果表明：出口企业面临的信用风险对其出口量是负向影响；技术水平对出口量是负向影响，但是以不同的指标表示技术水平得出的结果会不同。以 TFP 代替 ATFP 之后，悖论的现象则随之消失；营业费用对出口量是正向影响；成立年数对出口量是正向影响；企业规模对出口量是正向影响；外资企业对出口量是正向影响；国有企业对出口量是负向影响。

第三节　本章小结

本章运用 1998～2008 年的面板数据，分析企业面临的信用风险与其贸易行为之间的关系。问题的论述同样包括两个方面：一是信用风险对企业在面临是出口还是内销选择上的影响；二是当企业进入出口市场，企业面临的信用风险对其出口量大小的影响。

我们使用的是 Logit 模型以及 Probit 模型来分析第一个层面的问题。模型的估计结果表明，信用风险对企业是否出口的影响是负向的，说明企业面临的信用风险越大，则企业出口的可能性越小；技术水平对企业是否出口的影响是正向的，说明企业的技术水平越高，则企业出口的可能性越小；营业费用对企业是否出口的影响是正向的，说明投入营业费用越高的企业，其出口的可能性是越高的；此外，关于企业性质的变量：诸如企业规模、企业成立年数、是否外资企业以及是否国有企业的估计结果与我们的预期是一致的。而且这些结果与截面数据得出的结果是一致的。

与第五章是一致的，在论述第二个层面的问题时，我们使用的是 Tobit 模型。在企业已经进入出口市场后，Tobit 模型的估计结果指出：信用风险对出口量的影响是负向的，表明企业在出口市场上面临的信用较大，则企业会降低出口；技术水平对出口量的影响是负的，同样表明技术水平低的企业出口越多；营业费用对出口量的影响是正的，说明企业投入的营业费用越大，则出口量越大。其他变量的估计结果与预期一致。所有结果与截面数据的结果一致。

我们综合分析各个变量在两个层面的影响如下：

以应收账款周转率的倒数以及应收账款资产比表示的信用风险对企业贸易行为的影响：信用风险越小的企业，则出口的可能性越大。原因在于出口需要投入一定的成本，信用风险小的企业能够有较大的流动性支付这个成本的投入。这与融资约束的原理是一致的；而当企业进入到出口市场后，信用风险对企业的出口量影响是负向的，说明企业在出口市场上信用风险越大，则出口量是越小的。这与风险规避的基本原理是一致的。

以全员劳动生产率以及近似全要素生产率衡量的技术水平对企业贸易行为的影响：技术水平越低的企业，出口的可能性越大，存在"生产率"悖论；在企业进入出口市场后，技术水平越低的企业，其出口量是越大的，说明企业在出口量这个层面也是存在"生产率悖论"的。但是当我们以全要素生产率来替代前两者时，我们发现所谓的悖论现象消失了，所以我们认为中国出口企业之所以存在"生产率悖论"，可能与加工企业的存在有关，也可能与生产率的计算方式有关。

以营业费用衡量的企业贸易成本（或称为市场开拓的投入）对企业贸易行为的影响：营业费用越大的企业出口的可能性越大，这说明企业对市场开拓的投资有利于出口决策；当企业进入出口市场时，企业营业费用越大，企业的出口量是越多的。

企业的规模、成立年数、是否外资企业、是否国有企业对企业的贸易行为，包括出口内销选择以及进入出口市场之后的贸易量大小的影响，与预期是一致的。

本 章 注 释

1. 在此，感谢复旦大学陆铭教授以及向宽虎博士给予的数据支持。

2. "Creative Accounting or Creative Destruction? Firm – level Productivity Growth in Chinese Manufacturing", Loren Brandt, Johannes Van Biesebroeck and Yifan Zhang, Journal of Development Economics, 97 (2), 339 – 351.

3. 参见 Katholieke 大学经济学院的中国经济研究小组的页面，小组成员有 Jo Van Biesebroeck, Loren Brandt, Yifan Zhang and Luhang Wang。页面网址 http：//www. econ. kuleuven. be/public/N07057/China/

4. 从会计准则的角度是可以的，是冲销上年的营业费用所致。但是在本文的研究中我们将其去除。

5. 后文的实证分析中，需要用到应收账款资产比。从现实意义上，资产总计不能够小于0；从计算意义上，资产总计不能够等于0。

6. 这里剔除的标准与截面数据中的分析是一致的。

第七章

信用风险与异质性企业对外直接投资行为分析

第五章以及第六章分别以截面数据和面板数据分析信用风险与异质性企业贸易行为之间的关系。给出的研究都包含两个层面：一个是信用风险对异质性企业是否出口的影响；第二个则是信用风险对异质性出口企业出口量的影响。通过我们的研究发现：只有面临较小信用风险的企业才有更大的可能性出口。进一步的研究说明，同样只有信用风险较小的出口企业出口量才会更多。本章的研究重点在于分析信用风险与企业对外直接投资（Outward Foreign Direct Investment，OFDI）之间的关系。运用商务部商务数据中心提供的中国非金融类对外直接投资以及中国工业企业数据库中的数据，从微观的研究角度出发，分析企业面临的信用风险以及其他企业异质性因素对企业对外直接投资的影响。需要说明的是，我们只有企业是否对外投资的数据，而没有企业对外直接投资额度的数据，因此研究的重点在于分析各个异质性因素对对外投资决策的影响。[1]

第一节　中国对外直接投资的描述性分析

外商直接投资对中国经济推动的作用是不能忽视。自 20 世纪 90 年代以来，中国逐渐成为吸收 FDI 的大国，根据统计，中国吸收了超过三分之一的流向发展中国家的 FDI。[2] 但与此同时，中国也是世界资本的供应国，虽然从绝对值上看，对外直接投资（OFDI）比国外直接投资（IFDI）要小很多，但是近年来对外直接投资的增长速度是很快的。

一、总体性变动及趋势

根据商务部在《中国对外投资和经济合作》中的统计资料显示：2013年，中国境内投资者对国际 156 个国家以及地区进行了对外直接投资，实现非金融类直接投资 901.7 亿美元，同比增长 16.8%。而且从存量看，中国累计非金融类对外直接投资已达 5257 亿美元，累计投资占 2013 年 GDP 的比重超过 6%。[3] 图 7-1 给出了中国 OFDI 历年的变动趋势，由图 7-1 中可以看出：中国对外直接投资在 1992 年、2001 年以及 2005 年之后都有一个较大的增长变动。

图 7-1　中国 OFDI 变动趋势

注：数据来自历年中国统计年鉴以及商务部商务数据中心。2002～2005 年为非金融类对外直接投资数据，2013 年数据位非金融类对外直接投资，其他年份则包括金融类与非金融类所有投资数据。单位：亿美元。

图 7-2 给出了中国 OFDI 年增长率的变化图，从图中我们可以看出在有些年份 OFDI 的变动是非常大。为能够反映其他年份增长率的数据，我们在图中删除了 2001 年的增长率，它的变动过大，达到 590%。但是我们同样需要关注基数的大小，基于中国统计年鉴的数据指出，中国对外直接投资在 2005 年突破了 100 亿美元，达到 122.6 亿美元。此后，一直处于

不断增长的趋势，在金融危机发生后的 2009 年增长率受到一定的影响，只有 1.1%；同时 2011 年的增长也受到欧债危机的影响，只有 8.5%。其余年份都维持在一个比较高的增长率。

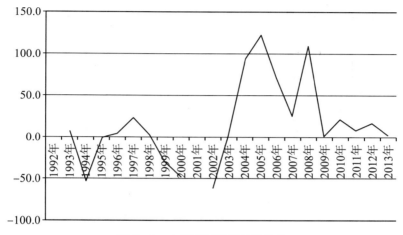

图 7 - 2 中国 OFDI 增长率趋势

二、2012 年度对外投资情况

根据《2012 年度中国对外直接投资投资公报》的数据显示，中国 2012 年对外直接投资额的达到 878 亿美元。截至 2012 年年底，中国对外直接投资的企业有 1.6 万家，分布在全球 179 个国家以及地区。对外直接投资累计为 5319.4 亿美元。同时，根据联合国贸发会议（UNCTAD）《2013 年世界投资报告》显示，2012 年全球对外直接投资流量 1.39 万亿美元，年末存量为 23.59 万亿美元。基于中国的数据，2012 年中国对外直接投资分别占当年全球流量的 6.3% 以及存量的 2.3%。若按流量数据进行排名，中国位列第 3；若按存量排名，中国位列第 13。世界主要国家、地区对外直接投资的流量对比见图 7 - 3。美国仍然是当之无愧的老大，其对外投资额度是排名第二位到第六位的综合。紧随其后的是日本，中国以及中国的香港地区分别位列第 3 和第 4。图 7 - 4 给出全球主要国家以及地区的 OFDI 的存量对比情况，我们只是列示其中的部分国家和地区。综合两个图，美国无论在流量上还是存量上，都是毫无异议的第一位。就存量数据而言，他的额度也是比第 2 位的英国高出许多，是其 3 倍左右。

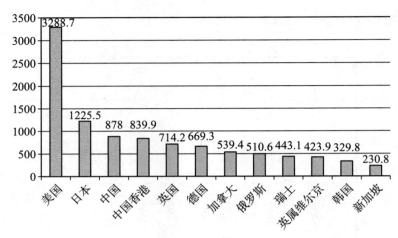

图 7 - 3　2012 年度中国与全球主要国家、地区 OFDI 流量对比

资料来源：2012 年度中国对外直接投资统计公报。单位：亿美元。

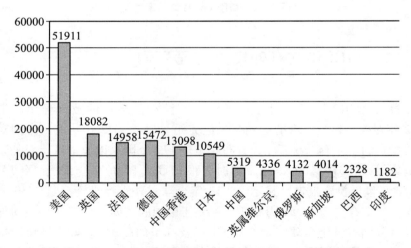

图 7 - 4　2012 年度中国与全球主要国家、地区 OFDI 存量对比

资料来源：2012 年度中国对外直接投资统计公报。单位：亿美元。

　　根据《2012 年度中国对外直接投资统计公报》的数据指出，我国对外直接投资有较大的行业差异。从图 7 - 5 中可以看出，投资额度超过 10 亿美元的行业有 12 个。对外直接投资额度最大的行业是租赁和商务服务业。而从给出的行业分布来看，较多的都是服务业，这也是后文实证分析的过程中并没有太多企业能够匹配成功的原因。工业企业数据库中不包括服务业以及农林牧副渔业的统计。因此，能够得到匹配的行业大致有采矿业、制造业、建筑业等，其他的行业多数都为服务业。

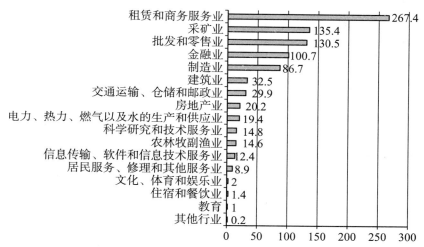

图 7 - 5　2012 年中国对外直接投资行业分布
资料来源：2012 年度中国对外直接投资统计公报。单位：亿美元。

根据《2012 年度中国对外直接投资统计公报》的数据指出：中国对外直接投资业存在较大的国别以及地区差异。从图 7 - 6 给出的数据可以看出，中国对外直接投资额度超过 10 亿美元的国别、地区有 10个。其中，对中国香港地区的直接投资为 512.38 亿美元，占 2012 年对外直接投资总量的 58.4%，主要投资的行业有租赁和商务服务业、批发和零售业、金融业等行业。投资美国的额度为 40.48 亿美元，占当年总量的 4.8%，主要投资的行业有采矿业、制造业以及金融业等。而且，根据数据统计：2012 年中国对外直接投资流向英属维尔京群岛以及开曼群岛的额的大幅下降，只有 30.67 亿美元，比去年下降 72.5%。根据对各大洲的数据统计，中国对外直接投资中有 73.8% 流向亚洲，8% 流向欧洲，7% 流向拉丁美洲，5.6% 流向北美洲，2.9 流向非洲，2.7 流向大洋洲。[4]

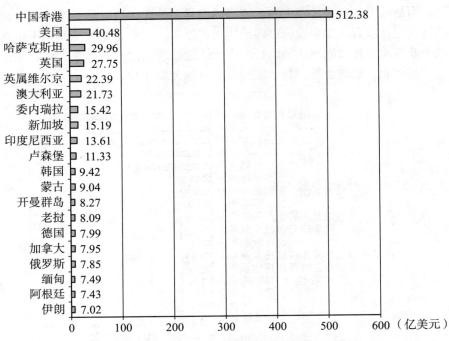

图7-6 2012年中国对外直接投资主要国别、地区

资料来源：2012年度中国对外直接投资统计公报。

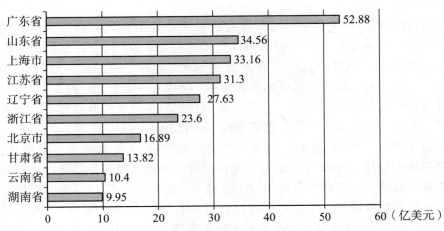

图7-7 2012年地方对外直接投资前十位省市区

资料来源：2012年度中国对外直接投资统计公报。

　　根据《2012 年度中国对外直接投资统计公报》的数据指出：中国地方对外直接投资增长较快，高于全国平均水平。2012 年，地方非金融类对外直接投资总量达到 342.06 亿美元，同比增幅达到 45.2%。其中，东部对外直接投资 254.54 亿美元，同比增长 45%；中部对外直接投资 32.26 亿美元，同比增长 5.1%；西部对外直接投资 55.26 亿美元，同比增长 88.4%。图 7 - 7 给出了地方对外直接投资较多的省份。对外直接投资额度最大的为广东省，达到 52.88 亿美元。而且从企业类别的构成看，在非金融类对外直接投资中，国有企业的投资占 46.6%，其他类型的企业对外直接投资占到 53.4%。[5]

第二节　数据以及变量的说明

　　关于本章的数据来源，需要作出说明：我们搜寻了国际货币基金组织（IMF）的合作直接投资调查（Coordinated Direct Investment Survey, CDIS），但只是能够查找到对内直接投资（Inward）的一些基本信息，都没有统计对外直接投资（Outward）的信息。商务部下的商务数据中心中有中国 2009～2013 年对外投资的累计数据，而没有企业投资的明细项。该数据统计的是中国非金融类对外直接投资。我们搜索了商务部国外经济合作业务统计系统下的对外直接投资统计，找到《境外投资企业（机构）名录》，但我们发现数据下只有投资证书号、投资国家或者地区、境内投资主体、境外投资企业（机构）、境内企业所属省市、企业投资范围、投资的核准日期以及境外的注册日期。截至 2013 年 12 月 31 日，共计有 28723 家（次）境外投资企业。同时我们删除了在 2002 年之前的投资记录，而且 2002 年之前的投资记录是很少的。最终我们保留了商务部 2002～2013 年企业对外投资的记录，共计 28543 家（次）企业。而我们真正利用的是 2002～2010 年对外投资的企业数据，将其与 2010 年工业企业数据进行匹配。[6]我们后文的分析利用的是截面数据分析。在匹配的过程中，我们直接将 2002～2009 年的对外投资企业进行匹配，没有考虑时间的差异。[7]经过软件的自动匹配和一定的人工校正，我们最终匹配出 3200 家对外直接投资企业。

　　决定对外直接投资的因素有很多，.根据外国投资指导性服务（Foreign

Investment Advisory Service）组织发起的调查指出：中国自身市场（即母国）的特征、投资目的国（即东道国）的政策环境以及中国对外资的各项政策等都会影响到中国对外投资的水平。[8]但这些分析都是基于宏观层面给出的，结合现有的研究，我们更多地关注微观层面的数据，即在相同的外界环境下，什么样的企业有更大的可能性进行对外直接投资？已有的文献分析，我们在前文中已经指出：蒙塔尼亚（Montagna，2001）以及梅里兹（2003）都给出了理论模型分析，他们认为只有生产率最高的企业才会同时进行对外直接投资、出口以及国内市场的销售。赫尔普曼（2004）通过美国的数据对该理论预测进行了验证。黑德和里斯（2003）运用日本的数据得到了同样的结果。

对于中国企业的研究，多集中在企业出口决策的分析上，而较少涉及对外投资决策的问题。只有较少的几篇文章，如余淼杰和徐静（2011）以及田巍和余淼杰（2012）的分析。在这两篇文章中，认为影响企业对外投资决策的因素有生产率、是否出口、是否国企、是否外资企业等。在他们研究的基础上，我们认为企业所面临的信用风险问题会影响到企业自身流动性问题，同时企业成立的时间长短也会影响企业对市场的认识程度。运用这些影响因素，我们将构建如下实证分析模型。

第三节　模型的构建

由于文章只是分析影响出口决策的影响因素，因此被解释变量是一个 0－1 变量。我们在此处运用的实证分析方法仍然是 Logit 模型以及 Probit 模型。模型的具体构建如模型（7－1）和模型（7－2）所示。

$$Lo(OFDI = 1 \mid X) = \alpha + \beta_1 ex + \beta_2 crze + \beta_3 atfp + \beta_4 year$$
$$+ \beta_5 type + \beta_6 state + \varepsilon \qquad \text{模型（7－1）}$$

$$pr(OFDI = 1 \mid X) = \alpha + \beta_1 ex + \beta_2 crzc + \beta_3 atfp + \beta_4 year$$
$$+ \beta_5 type + \beta_6 state + \varepsilon \qquad \text{模型（7－2）}$$

模型（7－1）表示 Logit 模型的描述，模型（7－2）表示 Probit 模型的描述。两个模型的被解释变量都是对外投资决策，是 0－1 变量。在两个模型中，解释变量的构成是一致的。ex 表示企业是否出口的 0－1 变量；crzc 表示企业可能面临的信用风险，是应收账款资产比；atfp 是企业的近似全要素生产率,具体计算方法在第五章中已经给出;year 表示企业成立的时间;type 表示企业是否外资企业的 0 - 1 变量;state 表示是否为国有企业的 0 - 1 变量。各个变量的统计特征如表 7 - 1 所示。

表 7 - 1　　　　　　　　　各个变量的统计特征

变量	均值	方差	最小值	最大值
OFDI	0. 0096	0. 09746	0	1
ex	0. 2359	0. 4246	0	1
crzc	0. 1839	0. 2017	0	46. 9
atfp	3. 14	1. 003	- 7. 32	10. 67
year	8. 28	9. 03	0	407
type	0. 2	0. 4	0	1
state	0. 06	0. 238	0	1

关于各个变量的符号预期:我们预期 ex 的符号为正,即出口的企业对外投资的可能性增加;crzc 的符号为负,表示面临信用风险越大的企业对外直接投资的可能性是越小的;atfp 的符号为正,表示企业的技术水平越高,则对外直接投资的可能性增加;year 的符号为正,表示成立时间越久的企业,对外直接投资的可能性增加;type 的符号为负,表示外资企业并不倾向再从中国走出去;state 的符号为正,这主要由于中国历年的政策导向。中国历年来强调"走出去"的政策,对企业对外投资有正向的影响,而国有企业由于有较大的规模,走出去的可能性更大。

第四节　结　果　分　析

根据已经建立的 Logit 模型以及 Probit 模型,我们利用匹配的数据进行实证分析。得到的结果如表 7 - 2 所示。根据前文对两个模型的分析,我们知道 Logit 模型以及 Probit 模型的结果是一致的,所以我们以控制行业固定效应的 Logit 模型的结果为例进行分析,即表 7 - 2 中的结果(2)。

表 7 - 2   **Logit 模型以及 Probit 模型结果**

被解释变量	Logit		Probit	
	（1）	（2）	（3）	（4）
ex	2 *** (48.77)	1.8985 *** (44.4)	0.7473 *** (48.39)	0.711 *** (44.16)
crzc	− 0.8589 *** （− 7.61）	− 1.095 *** （− 9.34）	− 0.3299 *** （− 7.67）	− 0.4316 *** （− 9.59）
atfp	0.2377 *** (12.79)	0.2288 *** (11.96)	0.09 *** (12.44)	0.0872 *** (11.64)
year	0.0087 *** (5.18)	0.0087 *** (5.11)	0.0037 *** (5.11)	0.0039 *** (5.35)
type	− 0.221 *** （− 5.24）	− 0.2575 *** （− 6.02）	− 0.065 *** （− 3.9）	− 0.0794 *** （− 4.67）
state	0.3777 *** (5.21)	0.3823 *** (5.09)	0.1414 *** (4.88)	0.1619 *** (5.3)
C	− 6.16 *** （− 83.41）	− 6.9 *** (27.31)	− 2.9 *** （− 103.18）	− 3.2 *** （− 36.6）
行业固定效应	NO	YES	NO	YES
最大似然卡方值	2870	3251	2841	3230
Pseudo R^2	0.0804	0.0912	0.0796	0.0906
N	328343	326625	328343	326625

注：*，**，*** 分别表示在 10%，5%，1% 的显著性水平下显著。

从结果中我们可以看到：是否出口对企业出口投资决策的影响是正向的，表明出口企业对外直接投资的可能性是更大的；以应收账款资产比表示的信用风险对企业对外直接投资的决策时负向的，表明面临信用风险较小的企业对外投资的可能性是更大的。这是可以解释的，前文的分析中已经指出企业出口需要一定的固定成本，而企业对外直接投资需要付出的成本要高于出口。因此企业需要拥有较好的流动性作为前提，才能够有更大的可能性对外投资；以近似全要素生产率表示的技术水平对企业对外投资的影响是正向的，说明技术水平越高的企业对外投资的可能性是越大的；

企业成立年数的符号是正的，说明企业成立的时间越久，对外直接投资的可能性越大；是否外资的符号是负的，说明外资企业进行对外直接投资的可能性是更小的；是否国有企业的影响是正的，说明国有企业对外直接投资的可能性更大。而前文中已经指出，Logit 模型以及 Probit 模型的参数估计值并不表示对被解释变量的直接影响大小，每个变量的边际效应需要继续运算。各个变量的边际效应如表 7 – 3 所示。

表 7 – 3　　　　　　　　Logit 模型以及 Probit 模型中变量的边际效应

被解释变量	Logit		Probit	
	（1）	（2）	（3）	（4）
ex	0.0247	0.02	0.024	0.021
crzc	– 0.005	– 0.0065	– 0.006	– 0.0075
atfp	0.0015	0.0014	0.0017	0.0015
year	0.000055	0.00005	0.000069	0.000068
type	– 0.0013	– 0.0014	– 0.0012	– 0.0013
state	0.0028	0.0027	0.0031	0.0034
行业固定效应	NO	YES	NO	YES

注：表中企业出口变量、外资企业变量、国有企业变量均是 0 – 1 变量，其回归系数表示从 0 到 1 的变动对出口的影响。*，**，*** 分别表示在 10%，5%，1% 的显著性水平下显著。

同样以表 7 – 3 中的结果（2）进行分析：就不同的企业看，出口企业比非出口企业对外投资的可能性要大 2%；应收账款资产比每增加 1%，则企业对外投资的可能性下降 0.65%；企业技术水平相比企业高 1%，则企业对外直接投资的可能性增加 1.4%；其他企业的特征变量，企业成立的时间每增加 1%，表示企业对外投资的可能性增加 0.005%；外资企业对外直接投资的可能性相比非外资企业，要小 0.13%；国有企业比非国有企业对外直接投资的可能性大 0.28%。

以控制行业固定效应的 Logit 模型为例，我们给出模型的 ROC 曲线。通过图 7 – 8 我们看出，位于 ROC 曲线下方的面积为 0.7639，说明对于整体的预测是较好的。

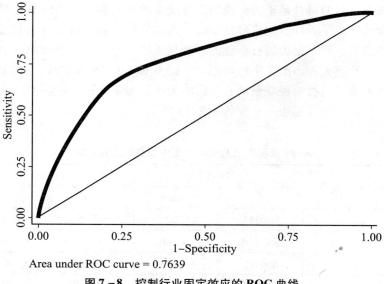

Area under ROC curve = 0.7639

图 7 – 8   控制行业固定效应的 ROC 曲线

第五节   稳健性检验

为检验模型结果的稳健性，我们给出如下分析：考虑企业的性质对模型结果的影响，首先将企业分为外资、内资两类企业；其次将企业分析国有、非国有企业两类，分析结果与基础结果是否一致。同时考虑以全员劳动生产率替代近似全要素生产率进行分析。[9]

一、外资、内资企业的分析

将企业分为外资、内资企业两类，得出的模型的结果如表 7 – 4。所有的结果我们都控制行业固定效应。通过对比外资以及内资的模型结果，我们发现两类企业的结果有一定的类似性：是否出口对投资决策的影响都是正向的，技术水平对企业是否对外投资的影响同为正向，信用风险对企业对外直接投资的影响是负向的。但是在外资企业中，企业成立年数的影响是不显著的。

表 7 – 4　　　　　　　　　　　　外资、内资企业分析结果

被解释变量	Logit		Probit	
	外资	内资	外资	内资
ex	0.806 *** (10.31)	2.19 *** (46.04)	0.3165 *** (10.57)	0.0837 *** (46.05)
crzc	− 1.126 *** (− 5.4)	− 1.04 *** (− 7.29)	− 0.466 *** (− 5.64)	− 0.4 *** (− 7.39)
atfp	0.2526 *** (7.68)	0.215 *** (9.04)	0.104 *** (7.78)	0.077 *** (8.39)
year	0.0055 (0.88)	0.0082 *** (4.6)	0.0016 (0.63)	0.0038 *** (4.92)
state	0.386 ** (2.04)	0.2999 *** (3.65)	0.167 ** (2.13)	0.131 *** (3.88)
C	− 4.36 *** (− 4.21)	− 6.92 *** (− 26.11)	− 2.22 *** (− 4.68)	− 3.198 *** (− 34.64)
行业固定效应	YES	YES	YES	YES
最大似然卡方值	292.99	3032	297	3022
Pseudo R^2	0.0284	0.1209	0.0288	0.1205
N	65488	261027	65488	261027

注：*，**，***分别表示在 10%，5%，1%的显著性水平下显著。

二、国有、非国有企业的分析

将企业分为国有以及非国有企业两类，得出的结果如表 7 – 5 所示。通过结果我们可以看出在是否出口、应收账款资产比以及近似全要素生产率这几个要素的参数估计值上，国有企业以及非国有企业并没有根本性的差别，与预期符号以及基础结果都是一致的。而国有企业中成立年数对企业是否对外投资的决策影响不再显著，非国有企业中这个要素仍然显著而且与预期符号一致。

表 7 - 5   国有、非国有企业分析结果

被解释变量	Logit		Probit	
	国有	非国有	国有	非国有
ex	2.077 *** (14.02)	1.86 *** (41.65)	0.853 *** (14.3)	0.694 *** (41.37)
crzc	-1.87 *** (-3.23)	-1.068 *** (-8.9)	-0.728 *** (-3.12)	-0.421 *** (-9.16)
atfp	0.357 *** (6.08)	0.213 *** (10.45)	0.158 *** (6.15)	0.079 *** (10.06)
year	1.33e - 6 (0)	0.016 *** (7.49)	-0.00006 (-0.05)	0.0063 *** (7)
type	—	-0.248 *** (-5.64)	—	-0.0759 *** (-4.36)
C	-5.5 *** (-14.25)	-7.62 *** (-19.77)	-2.789 *** (-17.07)	-3.38 *** (-28.33)
行业固定效应	YES	YES	YES	YES
最大似然卡方值	421	2863	420	2840
Pseudo R^2	0.1542	0.0871	0.1539	0.0864
N	17796	308415	17796	308415

注：*，**，*** 分别表示在10%，5%，1%的显著性水平下显著。

三、全员劳动生产率的分析

以全员劳动生产率替代近似全要素生产率，重新利用 Logit 模型以及 Probit 模型进行分析，结果见表 7 - 6。

以全员劳动生产率表示的技术水平对企业对外投资决策同样是正向影响，表明企业技术水平越高，则企业对外投资的可能性越大。其他各个变量的参数估计值的方向以及显著性与基准结果是一致的，这说明我们结果的稳健性。

第六节　本章小结

为分析企业对外投资决策的影响因素，我们利用 2010 年工业企业数据库以及商务部对外直接投资的数据进行匹配，构造了以企业对外投资决策为被解释变量的 Logit 模型以及 Probit 模型。我们加入的影响因素主要有企业出口 0 – 1 变量、应收账款资产比、近似全要素生产率、企业成立年数、是否外资、是否国企等，在得出基本模型的结果后，我们又做了一定的稳健性分析，验证了基础结果的稳健性。

表 7 – 6　　　　　　　　　　全员劳动生产率分析结果

被解释变量	Logit		Probit	
	（1）	（2）	（3）	（4）
ex	2. 36 *** （51. 8）	2. 236 *** （46. 84）	0. 897 *** （51. 38）	0. 855 *** （46. 6）
crzc	− 0. 54 *** （− 3. 96）	− 0. 88 *** （− 6. 17）	− 0. 202 *** （− 3. 92）	− 0. 342 *** （− 6. 3）
qtfp	0. 35 *** （17. 22）	0. 36 *** （16. 56）	0. 1297 *** （16. 14）	0. 133 *** （15. 5）
year	0. 0089 *** （5. 08）	0. 0085 *** （4. 74）	0. 0039 *** （5. 18）	0. 004 *** （5. 14）
state	0. 257 *** （3. 25）	0. 243 *** （2. 94）	0. 0979 *** （3. 06）	0. 112 *** （3. 31）
C	− 7. 23 *** （− 65. 67）	− 7. 92 *** （− 28. 83）	− 3. 28 *** （− 77. 52）	− 3. 58 *** （− 36. 68）
行业固定效应	NO	YES	NO	YES
最大似然卡方值	2589	3222	2828	3196
Pseudo R^2	0. 1138	0. 1283	0. 1125	0. 1273
N	263437	261800	263437	261800

注：*，**，*** 分别表示在 10%，5%，1% 的显著性水平下显著。type 由于共线性的问题被剔除。

通过模型的分析，我们得出出口企业对外投资的可能性较大；信用风险较小的企业对外投资的可能性更大；技术水平较高的企业对外投资的可能性更大；成立年数较长的企业对外投资的可能性较大；国有企业对外投资的可能性较大；外资企业对外投资的可能性反而较小。稳健性的检验表明，是否出口、信用风险以及近似全要素生产率对企业对外投资决策的影响是稳健的；而企业成立年数在外资企业以及国有企业中并不显著。

本 章 注 释

1. 关于商务部对外经济合作业务统计系统的数据结构我们会在数据以及变量的说明一节中给出。仅有对外投资的企业，而没有具体对外投资的额度。一国对外经济合作主要包含以下几种方式：境外直接投资、劳务合作、工程承包以及设计咨询。

2. 引自田巍、余淼杰：《企业生产率和企业"走出去"对外直接投资：基于企业层面数据的实证研究》，载于《经济学（季刊）》2012年第1期，第383~408页。

3. 数据来自于商务部《中国对外投资和经济合作》下统计资料。中国2013年GDP为8.3万亿美元，数据来自中国国家统计局。金融类是指境内投资者直接对境外金融企业的投资，非金融类指的是境内投资者直接向境外非金融类企业的投资。

4. 数据来源自《2012年度中国对外直接投资统计公报》。

5. 数据来源自《2012年度中国对外直接投资统计公报》。在其他类型的企业中，有限责任公司占36.2%，股份有限公司和股份合作企业占5.4%，私营企业占2.9%，外商投资企业占2%，其他占1.5%。

6. 工业企业数据库的数据处理与第五章是一致的，我们在这里不再赘述。

7. 该数据中包括服务业的数据，并且有的企业有多次对外直接投资，因此最终进入文章实证的对外直接投资企业并没有这么多。最终通过匹配得到3200家对外直接投资的企业。

8. 田巍、余淼杰：《企业生产率和企业"走出去"对外直接投资：基于企业层面数据的实证研究》，载于《经济学（季刊）》2012年第1期，第383~408页。他们具体分析了Foreign Investment Advisory Services给出的关于中国对外投资的宏观层面的影响因素，具体包括六个方面，详细见该文章的分析。

9. 在稳健性分析，由于 dcrr（应收账款周转率的倒数）在构造数据时，造成了很多缺失，即应收账款有一定为 0 的情况。同时匹配的对外投资企业的数量有限，我们在这里不再用这个指标进行相应的分析。

第八章

结论与政策建议

第一节 主 要 结 论

本研究对比了不同信用体系的国家，得出中国正处在征信建设初期，信用体系并不完善。以此作为描述性背景，给出了信用风险对异质性企业贸易及投资的理论分析；在此基础上，文章应用截面数据以及面板数据分析了信用风险等因素对企业出口决策以及出口量的影响，应用截面数据分析了信用风险等因素对企业对外直接投资决策的影响。综合以上的分析，我们得出的结论如下：

信用风险与异质性企业贸易行为分析的研究结论主要有：

第一，企业面临的信用风险，对企业出口决策具有负向影响。信用风险越大，流动性越小，企业进入出口市场的可能性越小。

第二，信用风险对出口企业的出口量有负向影响。出口企业中，面临信用风险大的企业出口量小。

第三，企业的技术水平对企业出口决策有负向的影响。技术水平低的企业出口的可能性更大。这与梅里兹（2003）的理论是相悖的，说明"生产率悖论"的存在。

第四，企业的技术水平对进入出口市场的企业出口量具有负的影响。在出口量层面也存在"生产率悖论"，但在面板数据的分析中有一定不同：当使用 TFP 替代 ATFP 以及 LP 之后，所谓的悖论现象消失了。

第五，企业的市场开拓成本对企业出口决策以及出口量具有正向的促进作用。

第六，企业的成立年数、外资企业、企业规模对企业出口决策以及出口量具有正向的影响。

第七，国有企业对企业出口决策以及出口量的影响是负向的。

信用风险与异质性企业 OFDI 行为分析的研究结论主要有：

第一，企业面临的信用风险大小，对企业对外直接投资决策的影响是负向的。企业面临的信用风险越大企业的流动性越小，从而能够支付进入外界市场所需要的成本的能力越小。

第二，企业的技术水平对企业对外直接投资决策具有正向效应。技术水平高的企业对外投资的可能性更大。

第三，出口企业对外投资的可能性更大。

第四，成立时间越久的企业对外投资的可能性是越大。存在企业性质差异：外资企业以及国有企业成立时间对其对外投资的影响并不显著。

第五，外资企业对外投资的可能性小于内资企业。

第六，国有企业对外投资的可能性大于非国有企业。

第二节　研究结论赋予的政策建议

通过对不同信用体系国家的对比，我们得出：我们国家是中央银行即中国人民银行主导信用体系建设与发展的体制，该体制与欧洲体制较为类似。中国正处在征信建设期，有关于征信的相关法律还不够健全。在已经出台的《征信业管理条例》的基础上，继续探究保证征信体制运转的法律制度建设，同时给出更为详细的法律细则，便于实践中的操作；继续放开征信企业的市场化运作，即大力发展私有化的商业征信机构以及组织；在保证征信数据库覆盖面的同时，增加对个人以及企业征信的历史数据统计，同时能够尽可能保证数据对外取得的便利性；加强信用管理，即加大对失信行为的惩处，以增加失信的成本。

信用风险与异质性企业贸易行为的实证研究结论所赋予的政策建议有：（1）信用风险能够影响企业出口决策以及出口量，因此我国应从制度层面上进行改革，完善国内信用体系，降低企业所面临的信用风险及成本；（2）生产率对于企业来讲是最重要的，决定企业是否出口以及出口多少的关键因素。从这个角度看，国家应该鼓励企业创新，提高生产率，从而能够优化贸易结构，进一步优化贸易条件；（3）企业的市场开拓对企业出口决策具有重要影响，因此政府可以适当补贴生产技术水平较高的企业所进行的市场开拓，以便其能够顺利进入国外市场并迅速扩大出口量；（4）国家应继续积极吸引国外直接投资，并优化国外直接投资在行业、地区上的分配，在带动行业技术水平提升的同时，带动国内出口。

信用风险与异质性企业 OFDI 行为分析的实证研究结论所赋予的政策建议有：（1）信用风险能够影响企业对外投资决策，完善信用体系建设不仅对于企业出口决策显得重要，对于企业对外投资决策也是不可或缺的；（2）积极推动国内企业"走出去"，但不能盲目，国家应做好对国别、市场的甄别，降低企业在国外面临的信用风险；（3）"走出去"应有行业重点，主要集中于租赁和商贸服务业、制造业、批发零售业、建筑业以及其他一些基础服务行业；（4）"走出去"应该有地区倾向，在中国企业对外投资的初期，以"就近原则"为主，投资一些亚洲国家和地区，比如中国香港、中国台湾、韩国、日本、蒙古国，以及一些南亚国家的投资，充分利用投资东道国的金融、技术以及劳动力优势；而当中国企业达到对外投资较为成熟的时期，应更多地投资于发达经济体、成熟经济体，诸如欧美国家；（5）出口能够促进企业"走出口"，所以我们应该进一步深化贸易改革，继续推进贸易自由化和便利化，以出口带动企业对外投资；（6）国家应该鼓励更多的民营经济体"走出去"，并从制度层面营造更好的环境和条件。

参 考 文 献

[1] Aghion P. , George – Marios A. , A. Banerjee, K. Manova, "Volatility and Growth: Credit Constraints and Productivity – Enhancing Investment" [J]. NBER Working Paper, 2005, No. 11349.

[2] Aghion P. , George – Marios A. , A. Banerjee, K. Manova, "Volatility and Growth: Credit Constraints and the Composition of Investment" [J]. Journal of Monetary Economics, 2010, 57 (3), 246 – 265.

[3] Ahn S. , K. Fukao, and H. U. Kwon, "The Internationalization and Performance of Korean and Japanese Firms: An Empirical Analysis Based on Micro-data" [J]. RIETI Discussion Paper Series, 2005, No. 05 – E – 008.

[4] Alvarez R. and R. Lopez, "Exporting and Performance: Evidence from Chilean Plants" [J]. Canadian Journal of Economics, 2005, 38 (4), 1384 – 1400.

[5] Alvarez R. and R. Lopez, "Financial development, exporting and firm heterogeneity in Chile" [J]. Review of World Economics, 2013, 149 (1), 183 – 207.

[6] Andersson M. , H. Loof and S. Johansson, "Productivity and International Trade: Firm Level Evidence from a Small Open Economy" [J]. Review of World Economics, 2008, 144 (4), 774 – 801.

[7] AndreaCaggesea, Vicente Cuñat, "Financing constraints, firm dynamics, export decisions, and aggregate productivity" [J]. Review of Economic Dynamics, 2013, 16 (1), 177 – 193.

[8] Antras Pol. , "Firms, Contracts, and Trade Structure" [J]. Quarterly Journal of Economics, 2003, 118 (4), 1375 – 1418.

[9] Antras Pol. , "Incomplete Contracts and the Product Cycle" [J]. American Economic Review, 2005, 95 (4), 1054 – 1073.

[10] Antras Pol. and E. Helpman, "Contractual Frictions and Global

Sourcing" [J]. CEPR Discussion Paper, 2007, No. 6033.

[11] Arnold J. and K. Hussinger, "Export Behavior and Firm Productivity in German Manufacturing: A Firm – Level Analysis" [J]. Review of World Economics, 2005, 141 (2), 219 – 243.

[12] Arping S., Khaled M. Diaw, "Sunk Costs, Entry Deterrence, and Financial Constraints" [J]. International Journal of Industrial Organization, 2008, 26 (2), 490 – 501.

[13] Askenazy P., "Financial Constraints and Foreign Market Entries of Exits: Firm – Level Evidence from France" [J]. Banque de France Working Paper, 2011, No. 328.

[14] Aw B. Y., A. Hwang, 1995, "Productivity and the export market: a firm level analysis" [J]. Journal of Development Economics, 1995, 47 (2), 313 – 332.

[15] Aw B. Y., X. Chen, and M. Roberts, "Firm – Level Evidence on Productivity Differentials and Turnover in Taiwanese Manufacturing" [J]. Journal of Development Economics, 2001, 66 (1), 51 – 86.

[16] Aw B. Y., M, Roberts, and T. Winston, "Export Market Participation, Investments in R&D and worker Training, and the Evolution of Firm Productivity" [J]. The World Economy, 2007, 30 (1), 83 – 104.

[17] Aw B. Y., Chung, Sukkyun and Roberts M. J., "Productivity and Turnover in the Export Market: Micro Evidence from Taiwan and South Korea" [J]. The World Bank Economic Review, 2000, 14 (1), 65 – 90.

[18] Baldwin R. E., "Heterogeneous Firms and Trade: Testable and Untestable Properties of the Melitz Model" [J]. Working Paper, 2005, 6.

[19] Baldwin R. E., R. Forslid, "Trade Liberalization with Heterogeneous Firms" [J]. Review of Development Economics, 2010, 14 (2), 161 – 176.

[20] Bartelsman E., J. Haltiwanger, and S. Scapetta, "Cross – Country Differences in Productivity: the Role of Allocation and Selection" [J]. American Economic Review, 2013, 130 (1), 305 – 334.

[21] Beata S. Javorcik and Mariana Spatareanu, "Liquidity Constraints and Firms' Linkages with Multinationals" [J]. World Bank Economic Review, 2009, 23 (2), 323 – 346.

［22］ Bellone F. , Musso P. , Nesta L. and Schiavo S. , "Financial Constraints and Firm Export Behavior" ［J］. World Economy, 2010, 33 （3）, 347 - 373.

［23］ Bellone F. , Musso P. , Nesta L. and Schiavo S. , "Financial Constraints as a Barrier to Export Participation" ［J］. Documents de Travail del OF-CE, 2008, No. 2008 - 29.

［24］ Bernard A. B. , Jonathan Eaton, Bradford Jensen, and Samuel Kortum, "Plants and Productivity in International Trade" ［J］. American Economic Review, 2003, 93 （4）, 1268 - 1290.

［25］ Bernard A. B. , B. Jensen, "Why Some Firms Export?" ［J］. Review of Economics and Statistics, 2004, 86 （2）, 561 - 569.

［26］ Bernard A. B. , B. Jensen, "Exceptional Exporter Performance: Cause, Effect, or Both?" ［J］. Journal of International Economics, 1999, 47 （1）, 1 - 25.

［27］ Bernard A. B. , J. B. Jensen, S. J. Redding, and P. K. Schott, "The Empirics of Firm Heterogeneity and International Trade" ［J］. Annual Review of Economics, 2012, 4, 283 - 313.

［28］ Bernard A. B. , J. B. Jensen, and P. K. Schott, "Trade Costs, Firms and Productivity" ［J］. Journal of Monetary Economics, 2006, 53 （5）, 917 - 937.

［29］ Bernard A. B. , Redding S. , Schott R. , "Comparative Advantage and Heterogeneous Firms" ［J］. Review of Economic Studies, 2007, 74 （1）, 31 - 66.

［30］ Brandt L. , Johannes VAN BIESEBROECK, and Y. F. Zhang, "Creative Accounting or Creative Destruction? Firm - level Productivity Growth in Chinese Manufacturing" ［J］. Journal of Development Economics, 2012, 97 （2）, 339 - 351.

［31］ Brooks E. , "Why don't Firms Export More? Product Quality and Colombian Plants" ［J］. Journal of Development Economics, 2006, 80 （1）, 160 - 178.

［32］ Buch C. M. , Kesternich I. , Lipponer A. , Schnitzer M. , "Financial constraints and the margins of FDI" ［J］. Discussion Paper Series 1: Economic Studies 2009, No. 29.

[33] Castellani D. , F. Serti, and C. Tomasi, "Firms in International Trade: Importers' and Exporters' Heterogeneity in the Italian Manufacturing Industry" [J]. World Economy, 2010, 33 (3), 424 – 457.

[34] Chaney T. , "Liquidity Constrained Exporters" [J]. NBER Working Paper, 2013, No. 19170.

[35] Charles W. L. , Hill P. , Hwang W, Chan Kim, "An Eclectic Theory of the Choice of International Entry Mode" [J]. Strategic Management Journal, 1990, 11 (2), 117 – 128.

[36] Chen M. , Guariglia A. , "Financial Constraints and Firm Productivity in China: Do Liquidity and Export Behavior Make a Difference?" [J]. Journal of Comparative Economics, 2013, 41 (4), 1123 – 1140.

[37] Claver E. , Rienda, L, and Quer, D, "The Internationalization Process in Family Firms: Choice of Market Entry Strategies" [J]. Journal of Management, 2007, 33 (1), 1 – 16.

[38] Clerides, Sofronis K. , S. Lach and J. R. Tybout, "Is Learning by Exporting Important? Microdynamic Evidence from Colombia, Mexico and Morocoo" [J]. Quarterly Journal of Economics, 1998, 113 (3), 903 – 947.

[39] Corcos G. , M. D. Gatto, G. Mion, and G. Ottaviano, "Productivity and Firm Selection: Quantifying the 'New' Gains from Trade" [J]. Economic Journal, 2012, 122, 754 – 798.

[40] Dai M. , Madhura M. and Miaojie Y. , "Unexceptional Exporter Performance in China? the Role of Processing Trade" [J]. CCER Working Paper, 2012, Peking University.

[41] Danijan J. , S. Polanec and J. Prasnikar, "Outward FDI and Productivity: Micro-evidence from Slovenia" [J]. World Economy, 2007, 30 (1), 135 – 155.

[42] Das S. , Roberts M. , Tybout J. , "Market Entry Costs, Producer Heterogeneity, and Export Dynamics" [J]. Econometrica, 2007, 75 (3), 837 – 873.

[43] DeLoecker J. , "Do Exports Generate Higher Productivity? Evidence from Slovenia" [J]. Journal of International Economics, 2007, 73 (1), 69 – 98.

[44] DeLoecker J. , "A Note on Detecting Learning by Exporting" [J].

NBER Working Paper, No. 16548, 2010.

[45] Dixit A. , and J. Stiglitz, "Monopolistic Competition and Optimum Product Diversity" [J]. American Economic Review, 1977, 67 (3), 297 – 308.

[46] Eaton J. , S. Kortum, Francis Kramarz, "Dissecting Trade: Firms, Industries, and Export Destinations" [J]. The American Economic Review, 2004, 94 (2), 150 – 154.

[47] Eaton J. , S. Kortum and Francis K. , "An Anatomy of International Trade: Evidence from French Firms" [J]. Econometrica, 2011, 79 (5), 1453 – 1498.

[48] Eck K. , Engemann M. , Schnitzer M. , "How Trade Credits Foster International Trade" [J]. BGPE Working Paper, 2012.

[49] Egger P. and Michaela Kesina, "Financial Constraints and Exports: Evidence from Chinese Firms" [J]. ETH Zurich, mimeo, 2010.

[50] Egger P. and Michaela Kesina, "Financial Constraints and Exports: Evidence from Chinese Firms" [J]. CESifo Economic Studies, 2013, 59, 676 – 706.

[51] Engemann M. , Eck K. , Monika S. , "Trade Credits and Bank Credits in International Trade: Substitutes or Complements" [J]. BGPE Working Paper, 2011.

[52] Fan Haichao, Lai Edwin L. – C. , Li Yao Amber, "Credit Constraints, Quality, and Export Prices: Theory and Evidence from China" [J]. CESifo Working Paper, 2013, No. 4370.

[53] Farinas, Jose C. and Ana Martin – Marcos, "Exporting and Productivity: Firm – Level Evidence for Spanish Manufacturing" [J]. The World Economy, 2007, 30 (4), 618 – 646.

[54] Feenstra R. C. , Z. Li and M. Yu, "Exports and Credit Constraint under Private Information: Theory and Application to China" [J]. University of California, Davis, mimeo, 2010.

[55] Feenstra R. C. , A. M. Taylor, "International Economics (second edition)" [M]. Worth Publishers, 2011.

[56] Fernandes A. M. , "Trade Policy, Trade Volumes and Plant – Level Productivity in Colombian Manufacturing Industries" [J]. Journal of Internation-

al Economics, 2007, 71 (1), 52 –71.

[57] Fernandes A. M. , C. Paunov, "Foreign Direct Investment in Services and Manufacturing Productivity: Evidence from Chile" [J]. Journal of Development Economics, 2012, 97 (2), 305 –321.

[58] Forlani E. , "Liquidity Constraints and Firm's Export Activity" [J]. Working Paper, University Catholique de Louvain – CORE, 2008.

[59] Ghironi F. , and Melitz M. J. , "International Trade and Macroeconomic Dynamics with Heterogeneous Firms" [J]. The Quarterly Journal of Economics, 2005, 120 (3), 865 –915.

[60] Girma S. , A. Greeaway and R. Kneller, "Does Exporting Increase Productivity? A Microeconometric Analysis of Matched Firms" [J]. Review of International Economics, 2004, 12 (4), 855 –866.

[61] Gordon H. , Hanson and Chong Xiang, "Testing the Melitz Model of Trade: An Application to U. S. Motion Picture Exports" [J]. NBER Working Paper, 2008, No. 14461.

[62] Greenaway D. , R. Kneller, "Exporting and Productivity in the United Kingdom" [J]. Oxford Review of Economic Policy, 2004, 20 (3), 358 –371.

[63] Greenaway D. , R. Kneller, "Exporting Productivity and Agglomeration" [J]. European Economic Review, 2008, 52 (5), 919 –939.

[64] Greenaway D. , R. Kneller, "Firm Heterogeneity, Exporting and Foreign Direct Investment" [J]. Economic Journal, 2007, 117, 134 – 161.

[65] Greenaway D. , Guariglia A. , and R. Kneller, "Do Financial Factors Affect Exporting Decisions?" [J]. GEP Research Paper, 2005, No. 528.

[66] Greenaway D. , Gullstrand J. and Kneller R. , "Export May Not Always Boost Firm Productivity" [J]. Review of World Economics, 2005, 141 (4), 561 –582.

[67] Hahn C. , "Exporting and Performance of Plants: Evidence from Korean Manufacturing" [J]. NBER Working Paper, NO. 10208, 2004.

[68] Hansen J. D. , Nielsen U. M. , "Choice of Technology, Firm Heterogeneity, and Exports" [J]. Working Paper, 2007.

[69] Harrison A. , Mcmillan M. , "Does FDI Affect Domestic Firms' Credit Constraints" [J]. Journal of International Economics, 2003, 61 (1),

73 – 100.

[70] He Q. , "Do Financial Liberalization Policies Promote Exports? Evidence from China's Panel Data" [J]. Emerging Markets Finance and Trade, 2012, 48 (6), 95 – 105.

[71] He, Q. and M. Sun, "Does Financial Reform Promote the Inflow of FDI? Evidence from China's Panel Data" [J]. Global Economic Review, 2013, 42 (1): 15 – 28.

[72] Head K. , J. Ries, "Heterogeneity and the FDI versus Export Decision of Japanese Manufacturers" [J]. Journal of the Japanese International Economics, 2003, 17 (4), 448 – 467.

[73] Helpman E. , "Trade, FDI and Organization of Firms" [J]. Journal of Economic Literature, 2006, 44 (3), 589 – 630.

[74] Helpman E. , M. Melitz and S. R. Yeaple, "Export vs. FDI with Heterogeneous Firms" [J]. American Economic Review, 2004, 94 (1), 300 – 316.

[75] Hericourt J. , Sandra P. , "FDI and Credit Constraints: Firm – Level Evidence from China" [J]. Economic Systems, 2009, 33, 1 – 22.

[76] Hericourt J. , Sandra P. , "Exchange Rate Volatility, Financial Constraints and Trade: Empirical Evidence from Chinese Firms" [J]. CESifo Working Paper, 2013, No. 4303.

[77] Hopenhayn H. , "Entry, Exit, and Firm Dynamics in Long Run Equilibrium" [J]. Econometrica, 1992, 60 (5), 1127 – 1150.

[78] Hsieh, Chang – Tai and Peter J. Klenow, "Misallocation and Manufacturing TFP in China and India" [J]. Quarterly Journal of Economics, 2009, 124 (2), 1403 – 1448.

[79] Hu A. , G. Jefferson and J. Qian, "R&D and Technology Transfer: Firm – Level Evidence from Chinese Industry" [J]. Review of Economics and Statistics, 2005, 87 (4), 780 – 786.

[80] Jacks D. S. , C. M. Meissner, and D. Novy, "Trade Booms, Trade Busts, and Trade Costs" [J]. Journal of International Economics, 2011, 83 (2), 185 – 201.

[81] Jarreau J. , Poncet S. , "Export Performance and Credit Constraints in China" [J]. CEPII research center, Working Papers, 2010.

[82] JoelStiebale, "Do Financial Constraints Matter for Foreign Market Entry? A Firm – Level Examination" [J]. The World Economy, 2011, 34 (1), 123 – 153.

[83] Julan Du, Yi Lu, Zhigang Tao, Linhui Yu, "Do Domestic and Foreign Exports Differ in Learning by Exporting? Evidence from China" [J]. China Economic Review, 2012, 23, 296 – 315.

[84] Kasahara H. , B. Lapham, "Productivity and the Decision to Import and Export: Theory and Evidence" [J]. CESIFO Working Paper, 2008, No. 2240.

[85] Keller W. , "International Technology Diffusion" [J]. Journal of Economic Literature, 2004, 42, 252 – 282.

[86] Kox H. L. M. , H. Rojas Romagosa, "Exports and Productivity Selection Effects for Dutch Firms" [J]. De Economist, 2010, 158 (3), 295 – 322.

[87] Krugman P. , "Increasing Returns, Monopolistic Competition, and International Trade" [J]. Journal of International Trade, 1979, 9, 469 – 479.

[88] Krugman P. , "Scale Economies, Product Differentiation and the Pattern of Trade" [J]. American Economic Review, 1980, 70 (5), 950 – 959.

[89] Kurgman P. , "Increasing Returns and Economic Geography" [J]. Journal of Political Economy, 1991, 99, 483 – 499.

[90] Levinsohn J. , A. Petrin, "Estimating Production Functions Using Inputs to Control for Unobservable" [J]. Review of Economic Studies, 2003, 70 (2), 317 – 341.

[91] Lileeva A. and D. Trefler, "Improved Access to Foreign Markets Raises Plant – Level Productivity for Some Plants" [J]. Quarterly Journal of Economics, 2010, 125 (3), 1051 – 1099.

[92] Lu Dan, "Exceptional Exporter Performance? Evidence from Chinese Manufacturing Firms" [J]. University of Chicago, mimeo, 2011.

[93] Lu J. , Y. Lu and Z. Tao, "Exporting Behavior of Foreign Affiliates: Theory and Evidence" [J]. Journal of International Economics, 2010, 81 (2), 197 – 205.

[94] Manole V. , Spatareanu M. , "Exporting, Capital Investment and

Financial Constraints" [J]. LICOS Discussion Paper Series, 2009, No. 252.

[95] Manole V. , Spatareanu M. , "Exporting, Capital Investment and Financial Constraints" [J]. Review of World Economy, 2010, 146, 23 – 37.

[96] Manova K. , "Credit Constraints, Equity Market Liberalizations and International Trade" [J]. Journal of Internatonal Economics, 2008, 76 (1), 33 – 47.

[97] Manova K. , "Credit Constraints, Heterogeneous Firms and International Trade" [J]. NBER Working Paper, 2008, No. 14531.

[98] Manova K. , "Credit Constraints, Heterogeneous Firms and International Trade" [J]. Review of Economic Studies, 2013, 80 (2), 711 – 744.

[99] Manova K. , "Credit Constraints and the Adjustment to the Trade Reform" [J]. Working Paper, The International Bank for Reconstruction and Development/The World Bank, 2010.

[100] Manova K. , Shang – Jin Wei, Zhiwei Zhang, "Firm Exports and Multinational Activity Under Credit Constraints" [J]. NBER Working Paper, 2011, No. 16905.

[101] MaríaGarcía – Vega, Alessandra Guariglia, Marina – Eliza Spaliara, "Volatility, Financial Constraints, and Trade" [J]. International Review of Economics & Finance, 2012, 21 (1), 57 – 76.

[102] Martinez Zarzoso I. , "Exporting and Productivity: Evidence for Egypt and Morocco" [J]. Center for European Governance and Economic Development Research Discussion Paper, No. 136.

[103] Martins M. , Y. Yang, "The Effects of Exporting on Firm Productivity: A Meta-analysis of the Learning-by – Exporting Hypothesis" [J]. Review of World Economics, 2009, 145 (3), 431 – 445.

[104] Melitz M. J. , "The Impact of Trade on Intra – Industry Reallocations and Aggregate Industry Productivity" [J]. Econometrica, 2003, 71, 1695 – 1725.

[105] Melitz M. J. , G. I. P. Ottaviano, "Market Size, Trade, and Productivity" [J]. Review of Economic Studies, 2008, 75 (1), 295 – 316.

[106] Melitz M. J. , S. J. Redding, "Heterogeneous Firms and Trade" [J]. NBER Working Paper, 2012, No. 18652.

[107] Miaojie Yu, "Processing Trade, Tariff Reductions and Firm Pro-

ductivity: Evidence from Chinese Product" [J]. Peking University, mimeo, 2011.

[108] Miaojie Y. , Wei T. , "China's Firm – Level Processing Trade: Trends, Characteristics, and Productivity" [J]. CCER Working Paper, 2012, No. E2012002.

[109] Minetti, Zhu, "Credit Constraints and Firm Export: Microeconomic Evidence from Italy" [J]. Journal of International Economics, 2011, 83, 109 – 125.

[110] Muuls M. , "Exporters and Credit Constraints: A Firm – Level Approach" [J]. National Bank of Belgium Working Paper, 2008, No. 139.

[111] Nagaraj P. , "Financial Constraints and Export Participation" [J]. Working Paper, City University of New York, 2010.

[112] Nicolas Berman, JérômeHéricourt, "Financial Factors and the Margins of Trade: Evidence from Cross – Country Firm – Level Data" [J]. Journal of Development Economics, 2010, 93 (2), 206 – 217.

[113] Olley Steven, Ariel Pakes, "The Dynamics of Productivity in the Telecommunications Equipment Industry" [J]. Econometrica, 1996, 64 (6), 1263 – 1297.

[114] Pavcnik N. , "Trade Liberalization, Exit, and Productivity Improvements: Evidence from Chilean Plants" [J]. Review of Economic Studies, 2002, 69 (1), 245 – 276.

[115] RaoulMinetti, Susan Chun Zhu, "Credit Constraints and Firm Export: Microeconomic Evidence from Italy" [J]. Journal of International Economics, 2011, 83, 109 – 125.

[116] Redding S. J. , "Theories of Heterogeneous Firms and Trade" [J]. Annual Review of Economics, 2011, 3 (1), 77 – 105.

[117] Rob, Rafael and Vettas, Nikolaos, "Foreign Direct Investment and Exports with Growing Demand" [J]. Review of Economic Studies, 2003, 70 (3), 629 – 648.

[118] Roberts M. , Tybout J. , "An Empirical Model of Sunk Costs and the Decision to Export" [J]. Policy Research Working Paper Series, The World Bank, 1999, No. 1436.

[119] Roberts M. , Tybout J. , "The Decision to Export in Colombia: an

Empirical Model of Entry with Sunk Costs" [J]. American Economic Review, 1997, 87 (4), 545 – 564.

[120] Roberts M. , Tybout J. , "Market Entry Costs, Producer Heterogeneity, and Export Dynamics" [J]. Working Paper, 2004.

[121] Rosanna C. , "Why Liquidity Matters to the Export Decision of the Firm" [J]. World Bank MPRA Paper, 2010, No. 27154.

[122] Sandra P. , Walter S. , Hylke V. "Financial Constraints in China: Firm – level Evidence" [J]. China Economic Review, 2010, 21 (3), 411 – 422.

[123] Silva A. , "Financial Constraints and Exports: Evidence from Portuguese Manufacturing Firms" [J]. International Journal of Economic Sciences and Applied Research, 2011, 3, 7 – 19.

[124] Silva A. , O. Afonso, and A. P. Africano, "Do Portuguese Manufacturing Firms Self Select to Exports?" [J]. Universidade de Porto FEP Working Papers, 2010, No. 371.

[125] Silva A. , A. P. Africano, and O. Afonso, "Learning-by – Exporting: What We Konw and What We Would Like to Know" [J]. International Trade Journal, 2012, 26 (3), 255 – 288.

[126] Silva A. , Carreira C. , "Financial Constraints and Exports: An Analysis of Portuguese Firms During the European Monetary Integration" [J]. Notas Económicas, 2011, 35 – 56.

[127] Stiglitz J. and A. Weiss, "Credit Rationing in Markets with Imperfect Information" [J]. American Economic Review, 1981, 71, 393 – 410.

[128] Tibor B. , Byung – Cheol K. , and Volodymyr L. , "Export Growth and Credit Constraints" [J]. Working Paper, Indiana University, 2011.

[129] Tomiura E. , "Foreign Outsourcing, Exporting, and FDI: A Productivity Comparison at the Firm Level" [J]. Journal of International Economics, 2007, 73, 113 – 127.

[130] TopalovaPetia, AmitKhandelwal, "Trade Liberalization and Firm Productivity: The Case of India" [J]. Review of Economics and Statistics, 2011, 93 (3), 995 – 1009.

[131] Tornell A. , F. Westermann, "Credit Market Imperfections in Mid-

dle Income Countries" [J]. NBER Working Paper, 2003, No. 9737.

[132] Tybout, James R. "Plant and Firm-level Evidence on 'New' Trade Theories" in E. Kwan Choi and James Harrigan, eds. , Handbook of international trade. Oxford: Basil Blackwell, 2003, 388 – 415.

[133] VanBiesebroeck J. , "Exporting Raises Productivity in Sub – Saharan African Manufacturing Firms" [J]. Journal of International Economics, 2005, 67 (2), 373 – 391.

[134] Vernon R, "International Investment and International Trade in the Product Cycle" [J]. Quarterly Journal of Economics, 1966, 80 (2), 190 – 207.

[135] Wagner J. , "The Causal Effect of Exports on Firm Size and Labor Productivity" [J]. Economics Letters, 2002, 77, 287 – 292.

[136] Wagner J. , "Exports and Productivity: A Survey of the Evidence from Firm – Level Data" [J]. World Economy, 2007, 30 (1), 60 – 82.

[137] Wagner J. , "International Trade and Firm Performance: A Survey of Empirical Studies since 2006" [J]. Review of World Economics, 2012, 148 (2), 235 – 267.

[138] Wagner J. , "Credit Constraints and Exports: Evidence for German Manufacturing Enterprises" [J]. Applied Economics, 2014, 46 (3), 294 – 302.

[139] Wang C. Q. , J. J. Hong, and M. Kafouros, "What Drives Outward FDI of Chinese Firms: Testing the Explanatory Power of Three Theoretical Frameworks" [J]. International Business Review, 2012, 21 (3), 425 – 438.

[140] Xiao Wang, "Financial Constraints and Exports" [J]. Working Paper, 2010.

[141] Yang Y. and S. Mallick, "Export Premium, Self – Selection, and Learningby Exporting: Evidence from Matched Chinese Firms" [J]. The World Economy, 2010, 33 (10), 1218 – 1240.

[142] Yeaple S. , "A Simple Model of Firm Heterogeneous, International Trade, and Wages" [J]. Journal of International Economics, 2005, 65, 1 – 20.

[143] Yeaple S. , "Firm Heterogeneity and the Structure of US Multina-

tional Activity: An Empirical Analysis"［J］. NBER Working Paper, 2008, No. 14072.

［144］Yi Jingtao, "Firm Heterogeneity, Sunk Costs, Spatial Characteristics and Export Market Participation: Evidence from China"［J］. Journal of International Trade and Economic Development, 2014, 23 (3), 361 – 386.

［145］Zhao W., L. Liu, and T. Zhao, "The Contribution of Outward Direct Investment to Productivity Changes within China, 1991 – 2007"［J］. Journal of International Management, 2010, 16, 121 – 130.

［146］Zhiyuan Li, Miaojie Yu, "Exports, Productivity, and Credit Constraints: A Firm Level Empirical Investigation of China"［J］. Global COE Hi – Stat Discussion Paper Series, 2009.

［147］安虎森，皮亚彬，薄文广. 市场规模、贸易成本与出口企业生产率"悖论"［J］. 财经研究, 2013 (5): 41 – 50.

［148］安苏，王茂斌，吴亮. 金融约束差异与省区对外贸易：基于面板数据的研究［J］. 金融发展研究, 2011 (10): 20 – 29.

［149］柴忠东，施慧家. 新新贸易理论"新"在何处——异质性企业贸易理论剖析［J］. 国际经贸探索, 2008 (12): 14 – 18.

［150］陈策. 外国直接投资的国际贸易效应——基于我国行业数据的分析［J］. 国际贸易问题, 2007 (3): 28 – 33.

［151］陈静，蔡敏，陈敬贵. 企业异质性———一种基于演化经济学视角的解释［J］. 西南民族大学学报（人文社科版）, 2007 (5): 199 – 200.

［152］陈建中. 社会信用管理体系建设构想［M］. 北京：中国经济出版社, 2009.

［153］陈俊龙. 融资约束下我国中小企业的投资行为研究［D］. 广州：暨南大学, 2012.

［154］陈立敏. 贸易创造还是贸易替代——对外直接投资与对外贸易关系的研究综述［J］. 国际贸易问题, 2010 (4): 122 – 128.

［155］陈立敏，杨振，侯再平. 出口带动还是出口代替——中国企业对外直接投资的边际产业战略检验［J］. 财贸经济, 2010 (2): 78 – 85.

［156］陈琳，何欢浪，罗长远. 融资约束与中小企业的出口行为：广度和深度［J］. 财经研究, 2012 (10): 134 – 144.

［157］陈恩，王方方. 中国对外直接投资影响因素的实证分析——基于2007 – 2009 年国际面板数据的考察［J］. 商业经济与管理, 2011 (8):

43 – 50.

[158] 陈文玲. 美国信用体系的架构及其特点 [J]. 南京经济学院学报, 2003 (1): 1 – 8.

[159] 陈文玲. 中美信用制度建设的比较与建议 [J]. 南京经济学院学报, 2003 (2): 1 – 5.

[160] 陈维涛, 刘健. 融资约束与中小企业出口 [J]. 世界经济研究, 2012 (8): 43 – 48.

[161] 陈勇兵, 蒋灵多. 外资参与、融资约束与企业生存——来自中国微观企业的证据 [J]. 投资研究, 2012 (6): 65 – 78.

[162] 陈媛媛, 王海宁. 出口贸易、后向关联与全要素生产率 [J]. 财贸研究, 2011 (1): 46 – 51.

[163] 曹元芳. 发达国家社会信用体系建设经验与我国近远期模式选择 [J]. 现代财经, 2006 (6): 20 – 23.

[164] 崔喜君. FDI、融资约束与民营企业发展 [D]. 天津: 南开大学, 2010.

[165] 戴觅, 余淼杰. 企业出口前研发投入、出口及生产率进步 [J]. 经济学 (季刊), 2011 (10): 211 – 230.

[166] 戴觅, 余淼杰, MadhuraMaitra. 中国出口企业生产率之谜: 纯出口企业的作用 [J]. 北京大学中国经济研究中心讨论稿系列, No. C2011018, 2011.

[167] 戴翔. 中国企业"走出去"的生产率悖论及其解释——基于行业面板数据的实证分析 [J]. 南开经济研究, 2013 (2): 44 – 59.

[168] 邓翔, 路征. "新新贸易理论"的思想脉络及其发展 [J]. 财经科学, 2010 (2): 41 – 48.

[169] 范剑勇, 冯猛. 中国制造业出口企业生产率悖论之谜: 基于出口密度差别上的检验 [J]. 管理世界, 2013 (8): 16 – 29.

[170] 范思琦. 企业异质性与企业国际化经营研究 [D]. 吉林: 吉林大学, 2011.

[171] 樊瑛. 新新贸易理论及其进展 [J]. 国际经贸探索, 2007 (12): 4 – 8.

[172] 傅薇. 美国信用档案管理模式在我国社会文化环境下适应性研究 [J]. 档案管理, 2003 (4): 18 – 20.

[173] 傅勇, 白龙. 中国改革开放以来的全要素生产率变动及其分解

（1978－2006 年）［J］. 金融研究，2009（7）：38－51.

［174］冯鹏程. 中国企业对外直接投资研究［M］. 北京：印刷工业出版社，2009.

［175］国务院研究发展中心课题组. 建立我国社会信用体系的政策研究［J］. 经济研究参考，2002（17）：2－9.

［176］国务院研究室赴美考察组. 美国信用体系考察报告［J］. 经济研究参考，2002（67）：1－6.

［177］郭熙保，徐淑芳. 全球征信体系的制度安排及其影响［J］. 学术研究，2005（11）：31－37.

［178］高越，李荣林. 异质性、分割生产与国际贸易［J］. 经济学（季刊），2008（8）：159－178.

［179］韩剑，王静. 中国本土企业为何舍近求远——基于金融信贷约束的解释［J］. 世界经济，2012（1）：98－113.

［180］韩媛媛. 融资约束、出口与企业创新：机理分析与基于中国数据的实证［D］. 杭州：浙江大学，2013.

［181］何淑明. 征信国家失信惩罚机制建设对中国的启示［J］. 重庆工商大学学报（西部论坛），2007（2）：85－88.

［182］洪联英，罗能生. 出口、投资与企业生产率：西方贸易理论的微观新进展［J］. 国际贸易问题，2008（7）：22－26.

［183］胡宗彪. 企业异质性、贸易成本与服务业生产率［D］. 武汉：武汉理工大学，2013.

［184］黄静波，黄小兵. 异质企业、金融约束与出口［J］. 中山大学学报，2012（2）：181－182.

［185］黄玖立，冼国明. 企业异质性与区域间贸易：中国企业市场进入的微观证据［J］. 世界经济，2012（4）：3－22.

［186］金碚. 债务支付拖欠对当前经济及企业行为的影响［J］. 经济研究，2006（5）：13－19.

［187］金祥荣，刘振兴，于蔚. 企业出口之动态效应研究——来自中国制造业企业的经验：2001－2007［J］. 经济学（季刊），2012（3）：1097－1112.

［188］康志勇. 融资约束、贷款拖欠与中国本土企业出口：机理与实证［J］. 世界经济研究，2013（8）：41－47.

［189］孔祥贞. 商业信用、银行信贷与企业出口行为［D］. 大连：

大连理工大学，2013.

[190] 孔祥贞，刘海洋，徐大伟. 出口固定成本、融资约束与中国企业出口参与 [J]. 世界经济研究，2013 (4)：46－53.

[191] 李春顶. 出口贸易、FDI 与我国企业的国际化路径选择 [J]. 南开经济研究，2009 (2)：15－28.

[192] 李春顶. 出口与企业生产率——基于中国制造业 969 家上市公司数据的检验 [J]. 经济经纬，2009 (4)：43－46.

[193] 李春顶. 异质性企业国际化路径选择研究 [D]. 上海：复旦大学，2009.

[194] 李春顶. 中国出口企业是否存在"生产率悖论"：基于中国制造业企业数据的检验 [J]. 世界经济，2010 (7)：64－81.

[195] 李春顶. 新－新贸易理论文献综述 [J]. 世界经济文汇，2010 (1)：102－117.

[196] 李春顶，石晓军，邢春冰. "出口——生产率悖论"：对中国经验的进一步考证 [J]. 经济学动态，2010 (8)：90－95.

[197] 李春顶，唐丁祥. 出口与企业生产率：新－新贸易理论下我国的数据检验 (1997－2006 年) [J]. 国际贸易问题，2010 (9)：13－21.

[198] 李春顶，尹翔硕. 我国出口企业的"生产率悖论"及其解释 [J]. 财贸经济，2009 (11)：84－90.

[199] 李春顶，赵美英. 出口贸易是否提高了我国企业的生产率？——基于中国 2007 年制造业企业数据的检验 [J]. 财经研究 2010 (4)：14－24.

[200] 李利军. 美国信用法律制度简介 [J]. 北京工商大学学报，2004 (3)：63－68.

[201] 李曙光. 中国征信体系框架与发展模式 [M]. 北京：科学出版社，2006.

[202] 李新庚. 我国企业征信模式及管理办法 [N]. 中国企业报，2002，10 (16).

[203] 李豫. 中国金融市场信用风险模型研究与应用 [M]. 北京：企业管理出版社，2011.

[204] 李志远，余淼杰. 生产率、信贷约束与企业出口：基于中国企业层面的分析 [J]. 经济研究，2013 (6)：85－98.

[205] 林玲，李江冰，李青原. 金融发展、融资约束与中国本土企业

出口绩效 [J]. 世界经济研究, 2009 (4): 45－48.

[206] 林钧跃. 美国信用管理的相关法律体系 [J]. 世界经济, 2000 (4): 62－67.

[207] 刘海洋, 孔祥贞, 谷宇. 中国企业通过什么途径缓解了出口融资约束 [J]. 财贸经济, 2013 (6): 85－96.

[208] 刘海洋, 孔祥贞, 宋巧. 融资约束与中国制造业企业出口——基于 Heckman 样本选择模型的经验研究 [J]. 世界经济研究, 2013 (1): 50－58.

[209] 刘建洲. 社会信用体系建设: 内涵、模式与路径选择 [J]. 中共中央党校学报, 2011 (6): 50－54.

[210] 刘琳. 贸易、FDI 与异质性企业组织选择: 一个文献综述 [J]. 国际经贸探索, 2012 (9): 47－55.

[211] 刘淑琳, 黄静波. 对外直接投资与企业生产率——基于中国上市公司的实证分析 [J]. 国际经贸探索, 2011 (27): 64－68.

[212] 鲁道夫法西亭. 金融资本——资本主义最新发展研究 [M]. 北京: 商务印书馆, 1999.

[213] 罗长远, 陈琳. FDI 是否能够缓解中国企业的融资约束 [J]. 世界经济, 2011 (4): 42－61.

[214] 马克思. 《资本论》第三卷 [M]. 北京: 人民出版社, 1975.

[215] 马述忠, 郑博文. 中国企业出口行为与生产率关系的历史回溯: 2001－2007 [J]. 浙江大学学报 (人文社会科学版), 2010 (5): 144－153.

[216] 毛毅. 融资约束、金融发展与企业出口行为 [J]. 山西财经大学学报, 2013 (4): 9－19.

[217] 美国信用体系考察团. 美国信用服务体系发展状况及对我国当前社会信用体系建设的启示 [J]. 经济研究参考, 2005 (8): 1－8.

[218] 孟夏, 陈磊. 金融发展、FDI 与中国制造业出口绩效 [J]. 经济评论, 2012 (1): 108－115.

[219] 潘华: 商业信用管理概论 [M]. 北京: 中国书籍出版社, 2013.

[220] 任兴洲. 建立社会信用体系的模式比较 [J]. 重庆工学院学报, 2003 (2): 1－7.

[221] 宋惠昌. 诚信——商道之本 [M]. 北京: 民主与建设出版社, 2002.

[222] 施炳展, 齐俊妍. 金融发展、企业国际化形式与贸易收支 [J]. 世界经济, 2011 (5): 42 – 73.

[223] 孙建波, 吴迪. 融资约束、金融发展与企业出口 [J]. 南大商学评论, 2012 (12): 23 – 44.

[224] 孙灵燕, 李荣林. 融资约束限制中国企业出口参与吗? [J]. 经济学 (季刊), 2012 (10): 231 – 252.

[225] 孙灵燕, 崔喜君. FDI、融资约束与民营企业出口 [J]. 世界经济研究, 2011 (1): 61 – 66.

[226] 史长宽, 梁会军. 行政垄断、市场进入成本与出口生产率悖论——基于中国工业生省级动态面板数据的经验分析 [J]. 经济与管理研究, 2013 (9): 28 – 37.

[227] 史青. 出口和生产率: 基于异质性企业的实证研究综述 [J]. 国际经贸探索, 2012 (8): 22 – 35.

[228] 石晓军. 征信体系的巴西模式及国际实证比较 [M]. 北京: 经济科学出版社, 2008.

[229] 石晓军. 巴西征信体系的三维分析及政策启示 [J]. 学术研究, 2007 (5): 50 – 56.

[230] 石晓军, 蒋虹. 征信体系中的行业合作模式及对我国的启示 [J]. 金融观察, 2006 (6): 12 – 15.

[231] 邵宇, 毕丽莎. 建立社会信用体系的国际经验与启示 [J]. 金融教学与研究, 2002 (4): 12 – 14.

[232] 盛丹. 地区行政垄断与我国企业出口的 "生产率悖论" [J]. 产业经济研究, 2013 (4): 70 – 80.

[233] 谭中明. 社会信用管理体系 [M]. 合肥: 中国科学技术大学出版社, 2005.

[234] 汤二子, 刘海洋. 中国出口企业的 "生产率悖论" 与 "生产率陷阱"——基于 2008 年中国制造业企业数据实证分析 [J]. 国际贸易问题, 2011 (9): 34 – 47.

[235] 汤二子, 李影, 张海英. 异质性企业、出口与 "生产率悖论"——基于 2007 年制造业企业层面的证据 [J]. 南开经济研究, 2011 (3): 79 – 96.

[236] 汤二子, 孙振. 异质性生产率、产品质量与中国出口企业的 "生产率悖论" [J]. 世界经济研究, 2012 (11): 10 – 15.

[237] 唐宜红，林发勤. 异质性企业贸易模型对中国企业出口的适用性检验 [J]. 南开经济研究，2009 (6)：88 - 99.

[238] 田巍，余淼杰. 企业生产率和企业"走出去"对外直接投资：基于企业层面数据的实证研究 [J]. 经济学（季刊），2012，11 (2)：383 - 408.

[239] 王方方. 企业异质性条件下中国对外直接投资区位选择研究 [D]. 广州：暨南大学，2012.

[240] 王方方，陈恩. 中国对外直接投资路径选择研究述评 [J]. 云南财经大学学报（社科版），2011 (1)：25 - 29.

[241] 王峰，郑俊义. 国外信用制度与我国信用体系建设问题研究 [J]. 兰州商学院学报，2003 (8)：37 - 40.

[242] 王海军. 新新贸易理论综述、发展与启示 [J]. 经济问题探索，2009 (12)：50 - 54.

[243] 王静. 融资约束对中国企业出口的影响研究 [D]. 南京：南京大学，2013.

[244] 吴晶妹. 信用规模、信用结构与经济增长 [J]. 金融论坛，2004 (2)：34 - 39.

[245] 文学舟，张静. 社会信用体系建设的现状与对策——以浙江省为例 [J]. 浙江金融，2007 (3)：52 - 53.

[246] 王引. 美国的社会信用管理体系及其借鉴 [J]. 商业研究，2003 (6)：156 - 158.

[247] 习谏. 论我国社会信用体系的建立及其模式选择 [J]. 中州大学学报，2006 (10)：1 - 4.

[248] 冼国明，崔喜君. 外商直接投资、国内不完善金融市场与民营企业的融资约束 [J]. 世界经济研究，2010 (4)：54 - 59.

[249] 徐蕾，尹翔硕. 贸易成本视角的中国出口企业"生产率悖论"解释 [J]. 国际商务——对外经济贸易大学学报，2012 (3)：13 - 26.

[250] 徐蕾，尹翔硕. 中国制造业企业内外贸市场选择的贸易成本解释 [J]. 南方经济，2012 (10)：214 - 227.

[251] 徐新彦. 南非征信体系对我国征信业发展的启示 [J]. 征信，2010 (3)：53 - 56.

[252] 杨东峰. 融资环境对我国出口影响的理论与实证分析 [D]. 南京：南京大学，2011.

［253］阳佳余．融资约束与企业出口行为［J］．经济学（季刊），2012（6）：1503－1523．

［254］叶陈毅．企业信用管理［M］．北京：高等教育出版社，2008．

［255］易靖韬．2009．企业异质性、市场进入成本、技术溢出效应与出口参与决定［J］．经济研究（9）：106－115．

［256］易靖韬，傅佳莎．企业生产率与出口：浙江省企业层面的证据［J］．世界经济，2011（5）：74－92．

［257］于洪霞，龚六堂，陈玉宇．出口固定成本、融资约束与企业出口行为［J］．经济研究，2011（4）：55－67．

［258］于建勋．融资约束对企业出口行为的影响［J］．现代管理科学，2012（5）：52－54．

［259］于良春，余东华．中国地区性行政垄断程度的测度研究［J］．经济研究，2009（2）：119－131．

［260］余淼杰．中国的贸易自由化与制造业企业生产率［J］．经济研究，2010（12）：97－110．

［261］余淼杰，徐静．中国企业"走出去"会减少其出口吗？——浙江省企业对外直接投资与出口关系层次的实证研究［J］．北京大学中国经济研究中心工作论文，No. C2011002，2011．

［262］徐宪平．关于美国信用体系的研究与思考［J］．管理世界，2006（5）：1－9．

［263］朱冰．从国外经验看我国社会信用体系建设［J］．中国经贸导刊，2005（3）：38－39．

［264］张礼卿，孙俊新．出口是否促进了异质性企业生产率的增长：来自中国制造业企业的实证分析［J］．南开经济研究，2010（4）：110－122．

［265］张杰，李勇和刘志彪．出口与中国本土企业生产率——基于江苏制造业企业的实证分析［J］．管理世界，2008（11）：50－64．

［266］张杰，李勇和刘志彪．出口促进中国企业生产率提高吗？——来自中国本土制造业企业的经验证据：1999－2003［J］．管理世界，2009（12）：11－26．

［267］张庆昌．工资、出口贸易与全要素生产率：1979－2009［J］．财经研究，2011（4）：26－36．

［268］张为付．影响我国企业对外直接投资影响因素研究［J］．中国

工业经济，2008（11）：130－140.

［269］张燕，谢建国. 出口还是对外直接投资：中国企业"走出去"影响因素研究［J］. 世界经济研究，2011（3）：63－68.

［270］张亦春. 中国社会信用问题研究［M］. 北京：中国金融出版社，2004.

［271］张亦春，郑燕洪，雷连鸣. 国外信用评级制度与对我国的启示［J］. 河南金融管理干部学院学报，2005（5）：54－57.

［272］张永红. 借鉴西方经验健全我国社会征信体系［J］. 河南金融管理干部学院学报，2006（4）：40－44.

［273］赵金亮. 异质性视角下的出口与生产率：企业动因及行业绩效［D］. 杭州：浙江大学，2012.

［274］赵君丽，吴建环. 新新贸易理论评述［J］. 经济学动态，2008（6）：96－101.

［275］赵伟，李淑贞. 出口与企业生产率：由实证而理论的最新拓展［J］. 国际贸易问题，2007（7）：27－30.

［276］赵伟，赵金亮，韩媛媛. 企业出口决策："被迫"还是"自选择"——浙江与广东的经验比较［J］. 当代经济科学，2011（1）：78－84.

［277］赵伟，赵金亮，韩媛媛. 异质性、沉没成本与中国企业出口决定：来自中国微观企业的经验证据［J］. 世界经济，2011（4）62－79.

［278］赵伟，赵金亮. 生产率决定中国企业出口倾向吗？——企业所有制异质性视角的分析［J］. 财贸经济，2011（5）：100－105.

［279］赵学军. 中国商业信用的发展与变迁［M］. 北京：方志出版社，2008.

［280］赵忠秀，吕智. 企业出口影响因素的研究述评——基于异质性企业贸易理论的视角［J］. 国际贸易问题，2009（9）：123－128.

［281］中国人民银行《中国征信业发展报告》编写组. 中国征信业发展报告（2003－2013）［J］. 2013（12）.

［282］中国人民银行扬州中心支行课题组. 对中国人民银行征信法规建设与执法效能的思考［J］. 征信，2010（2）：37－39.

［283］中华人民共和国商务部. 中国对外投资合作发展报告（2011～2012）［J］. 2012（12）.

［284］中华人民共和国商务部，中华人民共和国国家统计局，国家外

汇管理局.2012年度中国对外直接投资统计公报 [M]. 北京：中国统计出版社，2013.

[285] 周梅妮. 新兴古典经济学超边际分析方法的理解与应用 [J]. 兰州学刊，2008 (8)：54-57.

[286] 周世民，沈琪. 中国出口企业的"生产率之谜"：理论解释 [J]. 宏观经济研究，2013 (7)：26-31.

[287] 周悦丽. 我国政府在社会信用体系建设中的功能与定位分析 [J]. 北京国家行政学院学报，2008 (4)：60-63.

[288] 朱希伟，金祥荣，罗德明. 国内市场分割与中国的出口贸易扩张 [J]. 经济研究，2005 (12)：68-76.

[289] 朱英杰. 融资约束、生产率与异质性企业的出口竞争力 [J]. 世界经济研究，2012 (9)：57-65.

[290] 朱延福，史长宽. 企业异质性、国内市场贸易成本与扩大中国内需——Melitz模型在中国主要制造业的理论扩展及经验分析 [J]. 财经论丛，2013 (2)：15-19.

[291] 朱延珺，李宏兵. 异质企业假定下的新新贸易理论：研究进展与评论 [J]. 国际经济合作，2010 (4)：81-86.

[292] 曾康霖，王长庚. 信用论 [M]. 北京：中国金融出版社，1993.

后　　记

　　改革开放 30 多年来，中国国际化首先通过国际贸易，之后是引进外资，2008 年以后对外投资明显加速，已经成为国际资本市场的重要力量。我国经贸活动空间上主要以东南沿海为主，"一带一路"后沿边的贸易投资和跨境经贸合作区迅速发展，开放空间格局变化显著。云南财经大学西南边疆山地开发开放协同创新中心是云南省的首批省级 2011 协同创新中心，主要从事中国西南地缘环境与边疆发展研究，永远恪守为中国企业走出西南做好智库服务，与云南财经大学的印度洋研究中心一道共同服务好中国大陆企业在西南沿边国家投资贸易活动。本书的作者正是考虑中国企业已经大规模对外投资，信用风险对成为企业决策的必备环节，本书得到复旦大学经济学院尹翔硕教授的指导，感谢陆铭教授对于数据的支持。

作者

2014 年 12 月

作者简介

　　梁振，男，1986 年 11 月生，复旦大学国际贸易学博士，云南富滇银行工作，云南财经大学西南边疆山地开发开放 2011 协同创新中心研究员，主要从事国际经济与创新研究，在国内发表多篇学术论文。

　　钟昌标，男，1964 年 1 月生，云南财经大学西南边疆山地开发开放 2011 协同创新中心主任，商学院院长，主要从事国际经济与区域发展研究。